Lo que han dicho los lectores

«El libro más generoso y asombroso que he leído nunca. Gracias, Annie Grace, por tu sabiduría, tu inteligencia, tu sentido del humor y tu cariño. Creo que me has salvado la vida. Hoy mi hija menor ha recibido los resultados de su último control y comienza la siguiente fase de su vida. No estará sola. Gracias, Annie Grace, por este regalo». *Bernie M., Dublín, Irlanda*

«¡Qué libro tan asombroso! *Libera tu mente* me ha abierto los ojos. Pensaba que podía decidir de forma consciente dejar el alcohol y ahora comprendo la necesidad de informar a la mente subconsciente de los males de la bebida, ¡y entonces el deseo desaparece! También he leído y aplicado el trabajo del Dr. John Sarno y conocía el poder de la mente subconsciente. Aun así, no puedo creer lo eficaces que este libro y su método han sido para mí. Gracias!».
Theresa G., Chapel Hill, Carolina del Norte

«Me encantó esta explicación amable y realista de los problemas que conlleva el consumo de alcohol, y la forma clara y estructurada de cuestionar el modo de pensar y los comportamientos que hay respecto a la bebida. Me ayudó a pasar de la vergüenza y la culpa a la acción real y positiva». *Elizabeth R., Australia*

«Sin que suene extremista, este libro me ha cambiado muchísimo —y creo que para siempre—, tanto a mí como mi actitud hacia la bebida. He utilizado la sabiduría de Annie y he hecho sin alcohol algunas cosas que jamás habría pensado que podría hacer. No puedo decir nada lo bastante bueno sobre él; aconsejo a quienes tengan dudas sobre si beber o no que lo lean. Gracias de nuevo, Annie Grace. De verdad, me has devuelto la vida».

Katy F., Albuquerque, Nuevo México

«Como gran admiradora de Jason Vale, me entusiasmó leer *Libera tu mente*. Fue muy interesante leer más sobre la base científica que hay tras la adicción y la mente inconsciente. ¡Añadió un nuevo nivel a mi comprensión de por qué quiero vivir una vida sobria y feliz! Recomiendo encarecidamente este libro a cualquier persona, tanto si le interesa reducir el consumo de alcohol como no consumirlo en absoluto. Está lleno de consejos prácticos y sugerencias. ¡Me ha encantado!».

Sarah L., Londres

«Filosofía y práctica en verdad esperanzadoras y realistas. Gracias, Annie Grace».

Louise P., Des Moines, Iowa

«*Libera tu mente* aportó una claridad y un enfoque que nunca había contemplado sobre mi forma de beber y mi lucha de diez años por estar sobrio. Annie lleva a sus lectores por un camino lógico de descubrimiento, de forma metódica. Sentí que me hablaba solo a mí y que sabía con precisión dónde me encontraba mental y físicamente. Sigo volviendo a ciertos pasajes para reafirmarme. Recomiendo sin reservas este excelente libro a cualquiera que busque un enfoque novedoso para ver el alcohol a plena luz del día y con los ojos bien abiertos».

Sam G., Sydney, Australia

«*Libera tu mente* se adentra en la psicología y la fisiología que subyacen a la adicción, y las aborda muy bien, mediante capítulos estructurados al detalle y analogías memorables. Te darás cuenta de que el alcohol no tiene por qué formar parte de tu vida y de los mitos a los que recurrimos para justificar su consumo. No puedo dejar de recomendar este breve y minucioso libro».

Cheryl W., Melbourne, Australia

«Leer *Libera tu mente* ha sido poco menos que un milagro. Me ha ayudado a ver el alcohol tal y como es, y ha puesto fin a un ciclo de

25 años de borracheras y de "intentos" de dejar o moderar el consumo de alcohol. No he tenido ni un solo antojo desde que lo leí, algo inaudito para mí. No me incomoda que otras personas beban, y no siento la necesidad de evitar la tentación, ¡porque no la hay! Me siento más feliz, estoy recuperando la confianza en mí misma y mi salud mejora cada día. Lectura imprescindible para quien quiera recuperar el control sobre su forma de beber, pero no quiera toda una vida de lucha». *Kay W., The Lake District, Reino Unido*

«El libro de Annie nos ofrece una perspectiva única y estimulante sobre nuestra relación con el alcohol y cómo se puede modificar. Presenta la falsa idea de que el alcohol es parte esencial de una vida interesante y feliz. Pero la verdadera perla del libro de Annie es la idea de que cambiar la relación con el alcohol no tiene por qué suponer una vida de sufrimiento y privaciones interminables, sino que puede ser una decisión bastante sencilla y liberadora. Este libro nos obliga a replantearnos la relación que tenemos, como sociedad, con el alcohol. Cambiará vidas». *Tony S., Sydney, Australia*

«No me di cuenta de mi impotencia frente al alcohol hasta que recuperé mi capacidad de control. Veinteañera bebedora (con un consumo de moderado a excesivo), quise beber menos según iba cumpliendo años. Para mi sorpresa, el deseo no era suficiente, y siempre estaba luchando por mantener el control de mis ansias. Después de leer *Libera tu mente* noto, por primera vez en mi vida, una extraordinaria sensación de libertad y felicidad respecto a mi relación con el alcohol. Siempre estaré agradecida a Annie Grace por este increíble regalo». *Mary P., Brooklyn, Nueva York*

«Este es un libro honesto. Es auténtico. Está contado de una manera sencilla que resulta convincente y fácil de tener presente. Me ayudó, y es probable que vuelva a leerlo alguna vez. Gracias, Annie Grace». *Steve G., Toronto, Ontario*

«Era imposible plantearme moderar mi consumo de alcohol, que ha sido un hábito diario durante los últimos 28 años. Imposible hasta que leí el libro de Annie. En una semana pasé de ser una bebedora empedernida a estar plena y felizmente libre de alcohol, evitando por completo la fase de moderación en el consumo. Estoy muy agradecida a Annie Grace por su franca, convincente y científicamente sólida exposición sobre la engañosa naturaleza del alcohol. Si alguien está pensando en librarse del control que ejerce el alcohol, esta es una lectura obligada, inspiradora e innovadora. Me ha inspirado y cambiado para siempre».

Kate S., Los Ángeles, California

«No hay más que verdad en sus palabras. *Libera tu mente* es un libro impresionante que ha llenado mi vida de esperanza en el futuro». *Jacob K., Springvale, Minnesota*

«Un libro increíble. Había llegado a un punto en el que era hora de poner fin a ese viaje destructivo, y fue este último fin de semana cuando sucedió. Mientras procesaba su excelente libro, mi único hijo me anunció que vendría a pasar el fin de semana. Mi problema con el alcohol me golpeó con tanta fuerza que me dejó aturdido, ya que entré en pánico al pensar en dejar de beber por unos días. Este libro me abrió los ojos, y me tocó el corazón y el alma ante el control que este monstruo tenía sobre mí, mientras ponía en la balanza mi capacidad para beber, y las pocas y valiosas ocasiones en las que puedo ver a mi hijo; él es mi razón de vivir. Gracias, Annie. Son palabras sencillas, pero no soy capaz de expresarlo de otro modo. Tus palabras fueron como un bálsamo, justo el elixir que necesitaba. Humildemente suyo». *Victor L., Austin, Texas*

«Tu voz en el libro es clara como el agua y aporta una precisión asombrosa a la situación existente respecto a la bebida, los bebedores, la adicción y el círculo vicioso de la propia sustancia causante del malestar que creemos que solucionamos al beber. A pesar de lo escéptica que soy, creo que tu pequeño libro encierra un gran universo de esperanza». *Heidi M., Plymouth, Massachusetts*

«*Libera tu mente* me ha permitido ver mis hábitos de consumo de alcohol desde una nueva perspectiva. Ahora que conozco la base científica de mis tendencias adictivas, la sobriedad se ha convertido en menos lucha y más celebración, porque por fin soy libre para vivir la vida con mis propias reglas en lugar de bajo el control del alcohol. El mensaje de *Libera tu mente* es una verdadera liberación».

Marcus J., Londres, Reino Unido

«Como esposa, madre y consejera psicológica, estaba cada vez más angustiada por mi patrón de consumo diario de alcohol y mi creciente dependencia de este. Sin embargo, *Libera tu mente* me proporcionó la visión crítica sobre mi mente que necesitaba para superar estos problemas. Ahora he recuperado energía, vitalidad y salud. No cabe duda de que recomiendo *Libera tu mente* a cualquier persona preocupada por su forma de beber».

Rhiana N., Sydney, Australia

«Tropecé con *Libera tu mente* tras otra fuerte recaída en el abismo del alcohol: cuatro semanas bebiendo sin parar que me llevaron al borde del suicidio. He sido bebedor empedernido desde los dieciocho años y alcohólico severo en los últimos diez. Con el último vestigio que me quedaba de mí mismo, me arriesgué a sufrir un *delirium tremens* y, en lugar de acudir a otro centro de desintoxicación (solución que nunca funcionó) o ir a otra reunión de AA (que tampoco me sirvieron para nada), me encontré con un enfoque nuevo e innovador, titulado *Libera tu mente*. Llevaba tres días de abstinencia estricta cuando me puse los auriculares y empecé a escuchar el audiolibro de Annie. Sentí una conexión instantánea con sus palabras y las experiencias por las que ella había pasado. Durante los tres días y noches siguientes escuché sin descanso sus palabras respaldadas por hechos, y me vi llegando a la conclusión de que el alcohol es veneno, y que todo lo que necesitaba era que me lo explicaran con hechos y con un corazón comprensivo y compasivo. Hasta la fecha, no he vuelto a tomar una copa; solo puedo recomendar este método a cualquiera que tenga un problema serio con el alcohol. Simplemente funciona».

Wilder D., Melbourne, Australia

«Antes de leer *Libera tu mente*, yo era un bebedor moderado, con lo que creía una relación muy sana con el alcohol. Pensé que este libro no era para mí, pero decidí darle una oportunidad de todos modos. ¡Qué equivocado estaba! Cuando terminé de leerlo, había llegado a creer que no puede existir una relación sana con el alcohol. Los ejemplos, analogías e historias personales de la autora son muy convincentes. Mi perspectiva cambió por completo. Me pregunté por qué bebía… y me di cuenta de que no había una razón de peso. Nada más leer el libro, se me quitaron las ganas de mis copas nocturnas, y hallé la fuerza para cenar con amigos sin beberme un par de cervezas. No me malinterpreten, no he dejado de beber por completo: sigo tomando una copa o dos de vez en cuando. Pero es mucho menos frecuente y lo hago por voluntad propia, no por el hábito o la presión social. Si este libro puede tener un impacto tan fuerte en alguien que no quería cambiar, me imagino lo poderoso que puede ser para las personas que sí buscan un cambio en su vida».

John D., Nueva Jersey

«Los niveles de consumo que antes considerábamos alcoholismo son ahora la norma. Los vinos gourmet y las cervezas artesanales se promocionan como lujos cotidianos, casi imprescindibles. Si tú, como yo, has descubierto que el alcohol se ha vuelto más una carga que un placer, el libro de Annie Grace es la clave para que recuperes el control. Se trata de una mirada honesta y elocuente a las peligrosas realidades de nuestra cultura de la bebida que te proporciona todas las herramientas necesarias para recuperar el control de tu vida y abrir la puerta a una existencia nueva y más feliz».

Victoria W., Perth, Australia

LIBERA TU MENTE

DEL ALCOHOL

Recupera tu libertad
y transforma tu vida

LIBERA TU MENTE

DEL ALCOHOL

Recupera tu libertad
y transforma tu vida

Annie Grace

REM*life*

Descuentos y ediciones especiales

Los títulos de Reverté Management (REM) se pueden conseguir con importantes descuentos cuando se compran en grandes cantidades para regalos de empresas y promociones de ventas. También se pueden hacer ediciones especiales con logotipos corporativos, cubiertas personalizadas o con fajas y sobrecubiertas añadidas.

Para obtener más detalles e información sobre descuentos tanto en formato impreso como electrónico, póngase en contacto con revertemanagement@reverte.com o llame al teléfono (+34) 93 419 33 36.

This Naked Mind
Libera tu mente

Loreto 13-15, Local B.
08029 Barcelona – España
revertemanagement.com

Fecha de publicación: julio 2025

Edición en papel
ISBN: 978-84-10121-24-9

Edición en ebook
ISBN: 978-84-291-9956-7 (ePub)
ISBN: 978-84-291-9957-4 (PDF)

Editores: Ariela Rodríguez / Ramón Reverté
Coordinación editorial y maquetación: Patricia Reverté
Traducción: Irene Muñoz Serrulla
Revisión de textos: M.ª del Carmen García Fernández

Impreso en España – *Printed in Spain*
Depósito legal: B 11348-2025
Impresión y encuadernación: Liberdúplex
Barcelona – España

#141

Para ti

Porque me quisiste antes de conocer tu nombre y me enseñaste que siempre hay espacio para un poco más.

A mi marido

Gracias por tu increíble fortaleza y tu asombrosa bondad.

Si quieres contactar conmigo...

thisnakedmind.com
thisnakedmindcommunity.com
hello@thisnakedmind.com
Twitter: @thisnakedmind
Facebook: This Naked Mind

AGRADECIMIENTOS

«Por los locos. Los inadaptados. Los rebeldes. Los alborotadores. Los que ven las cosas de manera diferente. No les gustan las reglas y no respetan el statu quo. Puedes citarlos, estar en desacuerdo con ellos, glorificarlos o vilipendiarlos. Pero lo único que no puedes hacer es ignorarlos. Porque cambian las cosas. Empujan a la raza humana hacia adelante. Y mientras algunos los ven como locos, por nuestra parte vemos genios. Porque las personas que están lo bastante locas como para pensar que pueden cambiar el mundo son las que lo hacen».

Apple Inc.

Quiero expresar mi especial gratitud al Dr. John Sarno y al señor Allen Carr (1934-2006). El Dr. Sarno, considerado el padre del síndrome mente-cuerpo (TMS son sus siglas en inglés), me abrió la mente al poder del inconsciente; este libro es mi adaptación de sus métodos al trastorno mental de la adicción. Su redacción no habría sido posible sin el trabajo de este pionero.

Allen Carr es el autor de *La manera fácil de dejar de fumar, Deje de beber ahora* y muchos otros libros de Easyway™. Carr fue una fuente de inspiración e influencia enormes en todo lo relacionado con la drogadicción. Yo, como muchos otros autores influyentes, aprendí de las ideas revolucionarias, los hallazgos y la forma de entender la adicción de Allen.

Ambos siempre contarán con mi más sincera admiración y gratitud.

También me gustaría dar las gracias a las brillantes mentes cuyas ideas han contribuido en gran medida a este trabajo:

- Thad A. Polk, profesor de Psicología y EECS en la Universidad de Michigan y creador del programa *El cerebro adictivo*, por su enfoque neurológico sobre el circuito de recompensa y el ciclo de la adicción;

- Dave Gray, autor de *Liminal Thinking*, por su forma única y metódica de abordar el cambio de creencias que experimentamos, incluso cuando se basan en una realidad equivocada;
- Steve Ozanich, autor especializado en la sanación mente-cuerpo, que impulsó el trabajo del Dr. Sarno y se tomó el tiempo de inspirarme en los primeros días de este viaje;
- Dan Harris, autor de *Un 10 % más feliz*, por aportar sentido práctico y un toque de humor al viaje al interior de la mente;
- Malcolm Gladwell, autor de bestsellers, conferenciante y periodista, por animarnos a cuestionar las formas de pensar habituales;
- Charles Duhigg, redactor del *New York Times* y autor de *El poder del hábito*, por su innovador trabajo sobre el hábito y la fuerza de voluntad;
- Johann Hari, autor del bestseller *Persiguiendo el grito*, por su nueva perspectiva sobre la adicción y su profunda pasión por transformar la forma en que la sociedad percibe y trata a las personas con adicciones;
- Carl Jung, fundador de la corriente de la psicología analítica, por su visión de «la sombra» y su contribución al viaje de Bill Wilson hacia la sobriedad;
- Bill Wilson, fundador de Alcohólicos Anónimos, que no era médico ni psicólogo, solo un hombre que se salvó a sí mismo de la adicción mediante métodos, en apariencia, poco convencionales. Y cambió la vida de millones de personas al mirar lo de siempre con otros ojos.

CONTENIDOS

PREFACIO

3:33 de la madrugada. Todas las noches me despierto a la misma hora. Me pregunto por un instante si eso significa algo. Tal vez no, lo más probable es que solo sea una coincidencia. Sé lo que se avecina y me preparo. Los pensamientos habituales empiezan a aflorar. Trato de recordar la noche anterior, intento hacer recuento de las copas que tomé: llego hasta cinco de vino y luego los recuerdos se vuelven borrosos. Sé que tomé algunas más, pero ya he perdido la cuenta. Me pregunto cómo puede alguien beber tanto. Sé que no puedo seguir así. Empiezo a preocuparme por mi salud; inicio el trillado camino del miedo y el reproche: «¿En qué estabas pensando? ¿No te importa nada? ¿Nadie? ¿Qué sentirás si acabas teniendo cáncer? Lo tendrías bien merecido. ¿Qué pasa con los niños? ¿No puedes parar por los niños? ¿O por Brian? Te quieren; no hay una buena razón para ello, pero te quieren. ¿Por qué eres tan débil? ¿Tan estúpida?». Si pudiera comprender el espanto de lo bajo que he caído, tal vez sería capaz de recuperar el control. Luego vienen las promesas que me hago para afrontar las cosas de otra manera a partir de mañana; para arreglar esto. Promesas que nunca cumplo.

Sigo despierta durante una hora. A veces lloro, otras estoy tan asqueada que lo único que siento es rabia. Desde hace algún tiempo me escabullo a la cocina y bebo más; lo justo para desconectar el cerebro, volver a dormirme y que deje de dolerme.

Estas madrugadas son el único momento en que soy sincera conmigo misma: admito que bebo demasiado y que necesito cambiar. Es la peor parte del día: siempre igual, noche tras noche. Al día siguiente es como si tuviera amnesia: vuelvo a ser una persona, en general, feliz. No soy capaz de hacer frente a mi angustia, así que la ignoro. Si me preguntaras por la bebida te diría que me encanta, me relaja y hace la vida divertida. De hecho, me sorprendería que no bebieras conmigo. Me preguntaría: «¿Por qué demonios no quiere?». Durante el día siento que poseo el control. Tengo éxito y cosas que hacer. Los signos externos de cuánto bebo apenas son perceptibles. Estoy tan ocupada que no dejo espacio para la honestidad, las preguntas y las promesas rotas. Cuando llega la noche, empiezo a beber y el ciclo continúa. Ya no tengo el control, y solo soy lo bastante valiente para admitirlo (incluso ante mí misma) en soledad, en la oscuridad, a las 3 de la madrugada.

Las consecuencias de lo que podría suponer esto para mí son aterradoras. ¿Y si de verdad tengo un problema? ¿Y si soy alcohólica? ¿Y si no soy normal? Y lo peor de todo: ¿y si tengo que dejar de beber? Me preocupa que mi orgullo me mate, porque no tengo intención alguna de etiquetarme; temo la vergüenza y el estigma. Si mis opciones son vivir una existencia desdichada por una abstinencia enfermiza o beber hasta una muerte prematura, elijo lo segundo. Espantoso, pero cierto.

Lo que sé sobre cómo obtener ayuda lo sé por mi hermano, que pasó un tiempo en prisión. En las cárceles de Estados Unidos suele haber reuniones de Alcohólicos Anónimos (entidad conocida también por sus iniciales, AA). Mi hermano dice que en cada reunión empiezas admitiendo que eres alcohólico, que no puedes controlarte con el alcohol. Dice que en AA creen que el alcoholismo es una enfermedad mortal sin cura. Y conozco a personas que han reconocido ser alcohólicas y que, en lugar de encontrar la paz, libran una batalla diaria por la sobriedad. En nuestra cultura parece un infierno estar sobrio; supone vivir una vida entera evitando la tentación. Recuperarse parece sinónimo de admitir que la vida apenas es aceptable y adaptarse a una nueva realidad de perderse ciertas cosas.

La idea de recuperarme parece darle más poder, incluso, al alcohol, y quizás en especial cuando me mantengo alejada de él. Y yo quiero libertad. Ahora está claro que el alcohol me quita más de lo que me da. Quiero que deje de tener importancia en mi vida en lugar de darle más poder sobre mí. Quiero cambiar. Tengo que encontrar otro camino. Y lo he encontrado.

Ahora tengo libertad. Vuelvo a poseer el control y he recuperado mi autoestima. No estoy atrapada en una batalla por la sobriedad. Bebo tanto como quiero, cuando quiero. Pero la verdad es que ya no quiero beber. Ahora veo que el alcohol es adictivo y que era adicta. Parece obvio, ¿verdad? Pues no del todo. De hecho, en la sociedad actual, en la que se bebe de forma constante, no es tan obvio. Admitir que el alcohol es una droga peligrosa y adictiva como la nicotina, la cocaína o la heroína tendría graves implicaciones. Así que nos enredamos con todo tipo de enrevesadas teorías.

Nunca he sido tan feliz. Me divierto más que nunca. Es como si hubiera despertado de *Matrix* y me hubiera dado cuenta de que el alcohol estaba nublando mis sentidos y manteniéndome atrapada en lugar de aportar algo a mi vida. Sé que esto puede parecer difícil (si no imposible) de creer. Estoy de acuerdo. Pero has de saber que puedo proporcionarte la misma libertad, la misma alegría y el mismo control sobre el alcohol en tu vida. Soy capaz de llevarte por el mismo camino que he recorrido yo: uno construido a base de hechos, neurociencia y lógica; un camino que te dé poder en lugar de hacerte caer en el desamparo. Un camino que no implica el dolor de la renuncia.

Puedo ayudarte a recuperar el control eliminando tu deseo de beber, pero ten en cuenta que liberarte de tu deseo de alcohol es la parte fácil; la difícil es ir contra el pensamiento de grupo, esa mentalidad colectiva en una cultura saturada de alcohol. Al fin y al cabo, es la única droga que necesita una justificación *para no* tomarla.

Los expertos dicen que se necesitan meses, incluso años, de penurias para dejar de beber. Es este un enigma que puede hacerte caer en la locura y sin garantías de resolverlo. Pero si alguien te da la respuesta resolver el enigma se vuelve sencillo. Espero que este libro sea la respuesta que estás buscando.

Te ofrezco una perspectiva de aprendizaje y esclarecimiento basada en el sentido común y en los conocimientos más recientes de la psicología y la neurociencia; una perspectiva que te empoderará y te encantará, permitiéndote cambiar para siempre tu relación con el alcohol. Y recuerda: a veces lo que buscas está en el trayecto más que en el destino.

Con mis mejores deseos,
Annie Grace

LIBERA TU MENTE
DEL ALCOHOL
Recupera tu libertad
y transforma tu vida

INTRODUCCIÓN

«No podemos tener miedo al cambio.
Es posible que sientas mucha seguridad en el estanque en el que te encuentras, pero si nunca te aventuras fuera de él no descubrirás que existen el océano y el mar».
C. JoyBell C.

¿Y si, al cambiar años de condicionamiento inconsciente, fueras capaz de recuperar el enfoque de una persona que no bebe? No el de un alcohólico en recuperación (sobrio), sino el de una persona con el mismo deseo, necesidad y ansia de alcohol que alguien que nunca ha tomado una copa: un verdadero no bebedor. Bien, pues sí que puedes. Al terminar este libro serás libre para valorar los pros y los contras de la bebida, y para definir el papel del alcohol en tu vida sin ansias emocionales o irracionales. Podrás disfrutar tu elección porque será solo tuya, decidida desde un lugar de libertad y no por obligación o coacción. El deseo de beber habrá desaparecido, así que elijas lo que elijas no sentirás que te estás perdiendo algo. No desearás tomar una copa ni tendrás que evitar situaciones sociales por culpa de la tentación. Y es que sin deseo no existe tal tentación. Y lo que es más importante: no tendrás que autopercibirte como alguien enfermo o incapaz.

Este libro cambiará tu percepción, mostrándote por qué bebemos, tanto desde lo psicológico como desde lo neurológico. Puede que creas que ya entiendes el porqué: para aliviar el estrés, relacionarte con otras personas o animar una fiesta. Estas son tus justificaciones para beber, pero en realidad bebes por razones más sutiles y menos conscientes. Comprender estos motivos te devolverá el control, acabará con tu confusión y te hará recuperar la felicidad. Pero primero debemos deshacer años —décadas— de condicionamiento inconsciente en torno al alcohol.

Y no te castigues por nada contra lo que hayas luchado (incluidos los intentos fallidos de dejarlo). Es contraproducente. Existe una poderosa (pero falsa) creencia de que quienes no controlan su forma de beber son débiles. Sin embargo, según mi experiencia, suelen ser las personas más fuertes, inteligentes y con más éxito las que beben más de la cuenta. Dicho de otro modo: el hecho de beber —o de querer hacerlo— no implica que seas débil; beber, o querer beber, no te hace débil. Puede que te cueste creerlo, pero la incapacidad para controlar cuánto bebes no es un signo de debilidad. Así que dejemos a un lado, ahora mismo, el autodesprecio.

Tal vez te resulte imposible creer que beber menos no implica privaciones. La sola idea te llena (como me ocurrió a mí) de pavor. Te preocupa que las fiestas y otras situaciones sociales se vuelvan aburridas y ni siquiera te apetezca asistir. Si bebes para aliviar el estrés, la idea de perder el apoyo que crees que te proporciona el alcohol puede ser aterradora. Pero es cierto: con este método serás capaz de beber menos sin esfuerzo y te sentirás bien con tu decisión. ¡Qué experiencia tan emocionante y reveladora! Te entusiasmará volver a salir con amigos, incluso a los bares, sabiendo que no beberás ni una gota.

Ahora bien, ¿beber menos significa no beber nada? ¿Necesitas dejar de beber para siempre? Bueno, eso depende de ti.

Tomarás tus propias decisiones basándote en información que te fortalezca, recuperarás el control de tu vida en lugar de someterte a ciertas normas. A partir de ahora exploraremos todos los aspectos del ciclo de la bebida. No te preocupes por tomar una decisión sobre cuánto o con qué frecuencia beberás; lo importante en este momento es que sepas que hay esperanza. Debes saber que este método puede funcionar y funcionará: que te librarás de las garras del alcohol.

Quizá pienses que no comprendo tu situación, hasta qué punto eres dependiente del alcohol. Es posible que lleves muchos años bebiendo en exceso y estas afirmaciones te parezcan absurdas. No importa, tu nivel de escepticismo no influirá en el resultado.

Da igual por qué tienes en tus manos este libro, en él solo hallarás buenas noticias. Si lees, analizas con criterio y absorbes la información de estas páginas, te llegará la inspiración para terminar (o reducir) tu relación con el alcohol sin experimentar frustración alguna. De hecho, te sentirás feliz, quizá incluso notes cierta euforia por tu decisión. Sabrás que has recuperado el control de tu vida y que puedes tomar decisiones conscientes, lógicas y con fundamento sobre el lugar que ocupará el alcohol en tu existencia. Te animo a que leas uno o dos capítulos al día; avanza con energía, pero dándote el tiempo suficiente para asimilar el contenido.

No modifiques tus rutinas, aunque estas incluyan beber. Sí, has leído bien: siéntete libre de seguir bebiendo mientras lees este libro. Esto puede parecer ilógico, pero verás que es importante para el proceso. Por supuesto, si ya has dejado de beber no hay razón para empezar de nuevo. En ningún caso te estoy animando a hacerlo. Lo importante es que sigas con tus costumbres para no estresarte ni generar una sensación de abstinencia mientras asimilas esta información. Vas a tener que concentrarte y reflexionar con espíritu crítico sobre lo que *Libera tu mente* te presenta. No obstante, y si es posible, te recomiendo que leas con serenidad para poder captar por completo el contenido. No te saltes nada. Los conceptos se construyen sobre sí mismos. Este libro te hará replantearte muchas cosas, así que debes disponerte a abrir la mente y a cuestionar ciertas creencias arraigadas.

Por último, ten esperanza. Estás a punto de lograr algo increíble: recuperar el control. Sé que todavía no ha sucedido, pero ya puedes empezar a emocionarte. Así que, mientras lees, haz lo posible por mantener un estado de ánimo positivo. Con frecuencia, el cambio se produce cuando el dolor de la situación es tan grande que te lleva a cambiar sin necesidad de comprender del todo lo que te deparará el futuro. Puede que imagines que una vida sin alcohol será dolorosa, incluso aterradora. Esto te hará posponer el cambio todo lo posible. Bien, pues yo te mostraré que modificar tus hábitos de consumo de alcohol no te causará dolor; al contrario, te permitirá disfrutar de la vida más de lo que nunca imaginaste. Con este método no estarás aferrándote a un imposible; no tendrás que elegir entre el menor de dos males (seguir bebiendo o vivir una vida de privaciones). En realidad, solo tendrás dos opciones: tu estado actual y un futuro brillante y emocionante. Está bien, incluso deberías sentir esperanza. Este libro te ofrece un método revolucionario que cambiará tu vida a mejor.

1.
LIBERA TU MENTE: CÓMO Y POR QUÉ FUNCIONA

inconsciente: De *in-* (negación) y *consciente.*

1. adj. Que no tiene conocimiento de algo concreto, o de sus propios actos y sus consecuencias. *Era inconsciente del peligro que corría.* U. t. c. s.
2. adj. Que ha perdido la consciencia o capacidad de reconocer la realidad. *Se encuentra inconsciente en el hospital.*
3. adj. Propio de la persona **inconsciente.** *Una reacción inconsciente.*
4. m. Psicol. Conjunto de caracteres y procesos psíquicos que, aunque condicionan la conducta, no afloran en la conciencia.

consciente: Del lat. *consciens, -entis,* part. pres. act. de *conscīre* 'saber perfectamente'.

1. adj. Dicho de una persona: que tiene conocimiento de algo o se da cuenta de ello, especialmente de los propios actos y sus consecuencias. *Consciente de su error.*

2. adj. Propio de la persona **consciente**. *Actos conscientes.*
3. adj. Que tiene consciencia o capacidad de reconocer la realidad. *Se dio un golpe fuerte en la cabeza, pero está consciente.*

consciencia: Del lat. *conscientia.*

1. f. Conocimiento inmediato o espontáneo que el sujeto tiene de sí mismo, de sus actos y reflexiones. *Perdió la consciencia de lo que le estaba pasando.*
2. f. Capacidad de algunos seres vivos de reconocer la realidad circundante y de relacionarse con ella. *El coma consiste en la pérdida total de la consciencia.*
3. f. Conocimiento reflexivo de las cosas. *Actuó con plena consciencia de lo que hacía.*
4. f. Psicol. Facultad psíquica por la que un sujeto se percibe a sí mismo en el mundo.

Definiciones extraídas del *Diccionario de la lengua española.*

¿Pensamiento consciente o inconsciente?

¿Sabías que tu mente inconsciente es la responsable de tus deseos? Casi nunca nos paramos a pensar en la diferencia entre pensamientos conscientes e inconscientes, pero esa distinción es una pieza clave del rompecabezas del alcohol. La investigación al respecto confirma que poseemos dos sistemas cognitivos (es decir, de pensamiento) separados: el consciente y el inconsciente.[1] El tira y afloja entre las decisiones inconscientes y los objetivos conscientes puede ayudar a explicar las desconcertantes realidades del alcohol.[2]

Todo el mundo está bastante familiarizado con la mente consciente (o explícita). El aprendizaje consciente requiere la comprensión consciente e intelectual de conocimientos o procedimientos específicos, que puedes recordar y explicar con claridad.[3] Cuando queremos cambiar algo en nuestra vida, solemos empezar con una decisión consciente. Sin embargo, beber ya no es una decisión del todo consciente en tu vida. Por lo tanto, cuando tomas la decisión de beber menos es casi imposible cumplirla, porque no te ha llegado ese mensaje.

El aprendizaje inconsciente se produce de forma automática e involuntaria, a través de las experiencias, las observaciones, el condicionamiento y la práctica.[4] Nos han hecho creer que disfrutar de la bebida es normal; creemos que mejora nuestra vida social y alivia el aburrimiento y el estrés. Creemos estas cosas en el marco de nuestra conciencia. Por eso, incluso reconociendo de forma consciente que el alcohol nos quita más de lo que nos da, mantenemos el deseo de beber.

Los cambios neurológicos que produce el alcohol en el cerebro agravan este deseo inconsciente. Thad A. Polk, neurocientífico, profesor y autor de *The Addictive Brain* (un curso de 2015 sobre la investigación más reciente acerca de la adicción), afirma que ver la adicción desde la óptica de la neurociencia nos permite «mirar más allá del comportamiento en apariencia extraño de las personas adictas y ver lo que ocurre dentro de su cerebro».[5] En mis primeros días de este viaje, el hecho de que mi deseo de beber menos se viera minado por el opuesto de beber más me resultaba extraño, no entendía nada.

La mente, en concreto la inconsciente, es una poderosa fuerza que controla el comportamiento. La información que sugiere que el alcohol tiene beneficios nos rodea, pero rara vez somos conscientes de ella. Según el modelo de comunicación de la programación neurolingüística (PNL), nos asaltan más de dos millones de bits de datos por segundo, pero solo somos conscientes de siete bits de esa información.[6] La televisión, las películas, la publicidad y las reuniones sociales influyen en nuestras creencias. Desde la infancia hemos observado (con pocas excepciones) que nuestros padres, amistades y conocidos parecen disfrutar de un consumo de alcohol moderado y «responsable». Estas imágenes enseñan, por tanto, a la mente inconsciente que el alcohol es placentero, relajante y sofisticado.

Dicho de otro modo, tu opinión sobre el alcohol y tu deseo de beber nacen del tradicional condicionamiento psicológico de tu mente inconsciente. Tal vez ese deseo se haya visto agravado por cambios neurológicos específicos en el cerebro. El objetivo de *Libera tu mente* es cambiar el condicionamiento de la mente inconsciente educando a la consciente. Al modificar la primera, eliminamos su deseo de beber. Sin deseo no hay tentación. Sin tentación no hay adicción.

Como la mayoría de las cosas que nos han inculcado desde la infancia, creemos en el alcohol sin cuestionarlo, igual que creemos que el cielo es azul. Durante la lectura de este libro, pensarás de forma crítica sobre tus creencias más arraigadas acerca del alcohol y descartarás las falsas. Esto convencerá a tu todopoderosa mente inconsciente y permitirá la armonía y el acuerdo entre ambas mentes, la consciente y la inconsciente.

Cuando el cerebro provoca dolor

No puedes ignorar la importancia de la mente inconsciente. Aprendí esto del Dr. John Sarno, un prestigioso médico que investiga la conexión entre el dolor físico y las emociones. Un artículo de *Forbes* califica al Dr. Sarno como «el mejor médico de Estados Unidos»;[7] gracias a su metodología se ha curado a todo tipo de personas, incluido el controvertido locutor de radio Howard Stern. Sarno acuñó la expresión «síndrome mente-cuerpo», una teoría que sostiene que la mente, en un nivel inconsciente, puede ser la causa real del dolor, por encima de cualquier lesión o dolencia física. Tras el nacimiento de mi segundo hijo yo misma sufrí un dolor de espalda paralizante. Pasé semanas incapacitada y gasté miles de dólares en tratamientos. Probé quiropráctica, acupuntura, medicina tradicional, relajantes musculares y analgésicos. Asistí cada semana a fisioterapia, que incluía estiramientos y masajes. Durante tres años no pude llevar en brazos a mis hijos, y ningún tratamiento me fue de ayuda.

Gracias al trabajo de Sarno, descubrí el verdadero origen de mi dolor, y leyendo su libro me curé. Sé que es difícil de creer. Sin embargo, aquí estoy sentada: llevo años sin sentir dolor. Miles de personas se han curado para siempre del dolor crónico gracias al trabajo del Dr. Sarno. Hasta hay un sitio web creado por personas a las que el Dr. Sarno ha curado. ¿El propósito? Proporcionar un lugar donde la gente escriba cartas al Dr. Sarno para expresar su gratitud por haberles devuelto la vida. En efecto, es asombroso; puedes encontrarlo en thankyoudrsarno.org. El enfoque del Dr. Sarno, que consiste en dirigirse a la mente inconsciente y hablar con ella, es el mismo que yo empleo para recuperar el control sobre el consumo de alcohol.

El Dr. Sarno me demostró de forma metódica que el dolor de espalda que sentía —uno que ningún profesional de la medicina pudo diagnosticar— estaba relacionado con el estrés y la ira reprimidos.[8] Pero ¿cómo acumulamos todo ese estrés y esa ira reprimidos? Imagina a un padre joven; su mujer (que ya no tiene tiempo para él) le entrega a su bebé que grita; está agotada y necesita un descanso. Él toma al niño e intenta consolarlo por todos los medios. 40 minutos después, el bebé sigue gritando; el padre está frustrado y enfadado. ¿Cómo no va a estarlo? Sus propias necesidades no se ven satisfechas, el llanto del bebé no tiene sentido para él. En su mente, es inaceptable estar enfadado con un bebé indefenso, así que esas emociones quedan enterradas en su subconsciente o, como lo llama el psiquiatra Carl Jung: «la sombra».[9]

Escondemos en «la sombra» aquellas emociones que nos parecen repugnantes. No aceptamos esta parte nuestra. Así que afirmamos: «Soy una buena persona; de ninguna manera quiero hacer daño a este bebé indefenso», y de manera inconsciente reprimimos nuestras emociones negativas. Así, con el fin de enterrar por completo las emociones reprobables, tu cerebro puede distraerte provocándote dolor físico. Y ese dolor es real. Las pruebas de laboratorio demuestran que el dolor se produce cuando el cerebro corta el flujo de oxígeno hacia esa zona. Los epidemiólogos llaman a esta transferencia de síntomas *amplificación*;[10] esta impide que salgan a la superficie ideas inaceptables.

Tu mente inconsciente en acción

«Todo lo inconsciente se disuelve cuando se ilumina con la luz de la consciencia».
Eckhart Tolle

¿Por qué te cuento todo esto? La bebida y el dolor de espalda parecen dos problemas muy diferentes. Entonces, ¿qué tienen que ver «la sombra» y la intensificación con el consumo de alcohol? Es difícil creer que leer un libro curase mi dolor de espalda, pero quizá puedas ver que el dolor físico podría originarse en tus emociones. A lo mejor ahora tu mente consciente está dispuesta a considerar esta teoría. En mi caso, si solo hubiera necesitado aceptar el hecho de que el dolor procedía de mis emociones y no de una lesión física, la curación habría sido instantánea. Tan solo escuchar la teoría y aceptarla de forma consciente habría bastado para curarme la espalda. Pero, aunque mi consciencia pudo captar los conceptos con relativa facilidad, el dolor permaneció. Esto se debe a que era mi mente inconsciente, y no la consciente, la que necesitaba comprender, captar la realidad de la situación. Y ese proceso, el de que el Dr. Sarno le hablara a mi inconsciente, me llevó a leer un libro de 300 páginas.

La mente inconsciente no es lógica, es todo sentimientos. Es la fuente del amor, el deseo, el miedo, los celos, la tristeza, la alegría, la ira y mucho más. Ella dirige tus emociones y deseos. Cuando tomas la decisión consciente de eliminar o reducir el consumo de alcohol, tus deseos inconscientes permanecen inalterados. De modo que, sin saberlo, has creado un conflicto interno. Quieres reducir ese consumo o abandonarlo, pero sigues deseando una copa y te frustras cuando no te permites tomarla.

Además, la mente inconsciente trabaja muchas veces sin el conocimiento o el control de la consciente.[11] Estudios efectuados ya en 1970 demostraron que el cerebro se prepara para la acción un tercio de segundo antes de que decidamos actuar de manera consciente. Esto significa que, incluso cuando pensamos que estamos tomando decisiones conscientes, la mente inconsciente es quien en realidad toma la decisión.[12]

Puedes comprobarlo con facilidad y descubrir hasta qué punto tu mente inconsciente controla tus decisiones conscientes. Recuerda un día en el que estuvieras de mal humor sin motivo. No sabías con seguridad qué te pasaba; tan solo te sentías mal. Si tu mente consciente controlara tus emociones, podrías pensar: «Voy a ser feliz», y tu estado de ánimo cambiaría. ¿Lo has intentado? ¿Ha funcionado?

Cuando estoy de mal humor, un pensamiento consciente para intentar ser más feliz —o, peor aún, que alguien me diga que sea feliz, sin más— no logra mejorar mi estado de ánimo. Más bien lo contrario. ¿Por qué? Porque la mente consciente no controla las emociones. De acuerdo, se puede entrenar con patrones de pensamiento más positivos o negativos, lo que en última instancia altera la forma de sentir. Estos pensamientos conscientes repetidos acaban influyendo en el inconsciente y, por tanto, en los sentimientos.

¿Qué crees que opina tu mente inconsciente sobre el alcohol? La sociedad actual la ha condicionado para que crea que proporciona placer, disfrute y apoyo, que es vital en situaciones tanto sociales como estresantes. Este libro invierte ese condicionamiento, despojándote de tus falsas creencias sobre el alcohol. Y lo haremos con la ayuda del «pensamiento liminar», un método desarrollado por Dave Gray. El pensamiento liminar define cómo, a través de la exploración consciente y la aceptación de nuevas ideas y verdades, se puede influir en la mente inconsciente. Esto te devuelve la capacidad para tomar decisiones racionales y lógicas sobre el alcohol; decisiones que ya no estarán influenciadas por deseos ilógicos, emocionales o irracionales. Te dará control y libertad al cambiar la forma de entender el alcohol y, por tanto, tu relación con él. Mientras que la tradición cultural, la publicidad y las normas sociales condicionan nuestro inconsciente para que creamos que el alcohol es beneficioso, el pensamiento liminar y el material de este libro destaparán ese condicionamiento y reacondicionarán tu inconsciente, sacando a la luz la verdad sobre el alcohol y proporcionándote libertad.

La experiencia y la mente inconsciente[13]

Para influir en la mente inconsciente, primero tenemos que hablar de la forma en que la experiencia personal se vincula con el inconsciente. Quizás hayas oído la vieja historia de los ciegos y el elefante: tres hombres ciegos son llevados a una habitación con un elefante, y cada uno toca una parte diferente del animal: uno le toca la cola, otro la trompa y otro el costado. Cuando se les pregunta qué están tocando comienzan a discutir. El que toca la trompa cree que está palpando una serpiente; el que toca el cuerpo, una pared; y el que toca la cola, una cuerda.

Cada ciego dice lo que cree que es verdad. Y su experiencia lo demuestra. Así pues, como tendemos a confiar, por defecto, en nuestras experiencias, podemos entender cómo empezó la discusión. Por supuesto, ninguno de ellos está en lo cierto; todos están experimentando una parte de la realidad y formándose sus propias opiniones, todas ellas muy diferentes.

Gray explica que solo vemos y experimentamos una parte de la realidad y que, por muchas experiencias que hayamos tenido, el cerebro no es lo bastante potente como para experimentarlo y observarlo todo. Señala, además, que nos limita aquello a lo que prestamos atención: «En un momento dado, cuanto más nos centremos en un aspecto de nuestra experiencia, menos nos fijaremos en todo lo demás».[14] En general, solo nos fijamos en las cosas específicas de nuestra realidad inmediata: la sociedad en la que crecimos, los medios de comunicación, las personas influyentes en nuestras vidas y las propias experiencias vitales.

Gray afirma que a partir de esas experiencias y observaciones relevantes hacemos suposiciones, de esas suposiciones sacamos conclusiones y a partir de esas conclusiones formamos creencias.[15] Gray define la creencia como todo lo que «sabemos» que es verdad.[16]

Esta ilustración demuestra que las cosas que «sabemos» que son ciertas, a decir verdad, no están formadas por la realidad, sino por la realidad «tal y como la hemos interpretado» a partir de nuestras experiencias, observaciones, suposiciones y conclusiones. Considera entonces cómo se relaciona esto con el alcohol. Las creencias colectivas no se construyen sobre la base directa de la realidad.

Estas creencias pueden incluir afirmaciones como:

- El alcohol proporciona placer.
- El alcohol proporciona alivio.
- El alcohol es la clave de las situaciones sociales.
- Una fiesta no es una fiesta de verdad si no hay bebida.
- El alcohol nos vuelve personas más graciosas o creativas.
- El alcohol tiene la capacidad de aliviar el estrés o el aburrimiento.

- Hay gente para la que puede ser difícil, si no imposible, dejar de beber.
- La definición misma de alcohólico y alcoholismo.

Estas creencias pueden ser muy difíciles de cambiar por varias razones. Una de ellas es que, sin darnos cuenta, las validamos buscando cosas que sean congruentes con ellas. Es lo que se denomina «sesgo de confirmación», la tendencia a buscar o interpretar la información de forma que confirme las ideas preconcebidas. Y, en lo que respecta al alcohol, podemos hallar esa confirmación de muchas formas, incluyendo los medios de comunicación, la gente con la que bebemos y nuestras propias racionalizaciones. Los lemas sobre la bebida que se encuentran colgados en muchos hogares ilustran el sesgo de confirmación. Algunos de mis favoritos son:

- Si los niños están en casa no es beber solo.
- Nunca nadie ha dicho que bebemos demasiado vino.
- No es resaca; es la gripe del vino.
- Cocino con vino; a veces incluso se lo pongo a la comida.
- ¡Vino! Porque ninguna gran historia empezó con alguien comiendo ensalada.

El truco está en que estas creencias han arraigado tanto en cada mente y en nuestra sociedad, y las hemos validado tantas veces, que están programadas en el inconsciente. Y ese inconsciente controla emociones y deseos.[17] Por definición, el inconsciente no es de fácil acceso ni sencillo de cambiar;[18] necesitamos un proceso específico para llegar a los cimientos de nuestras creencias, examinarlas y modificar nuestra realidad percibida.

Entonces, ¿qué ocurre cuando tus experiencias con el alcohol empiezan a contradecir esa burbuja de creencias propias en apariencia inexpugnables? Porque quizá tus experiencias ya no sean del todo positivas y comiences a cuestionarte tu forma de beber; o tal vez te llegue nueva información sobre los peligros de la bebida.

Gray afirma que una de las formas de dar sentido a estas nuevas ideas que no encajan con las propias creencias es buscar validez externa. ¿Podemos tomar la nueva información y ponerla a prueba para demostrar su valor? Sin embargo, con el alcohol no solemos llegar tan lejos. Esto se debe a que la nueva información no tiene coherencia interna, no encaja con lo que «sabes» que es verdad. Y, como carece de coherencia interna, *la rechazarás sin darte cuenta antes de tener la oportunidad de considerarla de forma consciente.* Esto ocurre todo el tiempo. De manera consciente e inconsciente desestimamos la información que no queremos oír. Y, al hacerlo, nunca tenemos la ocasión de ver si esta nueva información es cierta; nunca damos el paso de contrastarla con la realidad.[19]

¿Por qué ocurre esto? Porque nos gusta la certeza; nos da seguridad. Gray explica que este comportamiento inconsciente nos ayuda a enfrentarnos a las realidades de la vida, muchas de las cuales son incómodas. Nos permite deshacernos de parte del miedo que nos ataca al afrontar ciertas verdades. La realidad es incierta, y la incertidumbre provoca miedo. Intentamos protegernos de él permaneciendo en nuestra burbuja de creencias hasta que ocurre algo que no podemos ignorar. En ese momento nos vemos en la obligación de enfrentarnos a la realidad.

Para mí, ese «algo» fue una fuerte resaca que me dejó incapacitada todo el día por el consumo excesivo de alcohol de la noche anterior. Llegué a un punto en el que ya no podía ignorar que el alcohol estaba afectando a mi carrera y a mis relaciones. Esto me obligó a afrontar la nueva información, que decía que el vino no era ese néctar de la felicidad que yo creía.

Pero, a esas alturas, intentar beber menos se me antojaba casi imposible. ¿Por qué? Pues porque vivía en una enorme burbuja de autocreencia en torno a mi forma de beber: creía que el alcohol potenciaba mi creatividad, que me hacía más divertida y extrovertida, me permitía disfrutar de las situaciones sociales, me aliviaba el estrés al final de una larga jornada y me consolaba cuando algo iba mal. Dejar de beber me parecía un sacrificio increíble, algo así como la pérdida de un amigo íntimo. Eran creencias que nunca me había cuestionado y que se habían ido construyendo a lo largo de toda una vida de experiencias, observaciones, suposiciones y conclusiones.

Sabía que estas creencias eran ciertas. Sentía que nunca sería capaz de relajarme sin una copa de vino. De verdad estaba convencida de que las reuniones sociales serían aburridas y hasta deprimentes sin alcohol. Incluso una vez que me di cuenta de que estas creencias eran ilógicas, seguían *pareciéndome* ciertas, porque estaban incrustadas en mi inconsciente y eran mucho más fuertes que mi razonamiento lógico y consciente. Como dice Gray, «la construcción de creencias no es algo que hagamos de forma consciente, es algo que hacemos sin darnos cuenta».[20] En la siguiente ilustración puedes ver que todo lo que está sombreado por debajo de la línea de nuestras creencias representa las cosas de las que no somos conscientes.

Entonces, ¿qué podemos hacer? ¿Cómo es posible explorar la realidad y cambiar esa creencia inconsciente de que el alcohol es el «elixir de la vida» para que encaje con el deseo consciente de beber menos? Pues te diré que es, más o menos, sencillo. Lo que hay que hacer es llevar las experiencias, observaciones, suposiciones y conclusiones inconscientes al pensamiento consciente. Esto permitirá que tu inconsciente cambie. El concepto está científicamente probado: los investigadores saben hoy en día que el cerebro es capaz de cambiar y adaptarse en respuesta a nuevas experiencias, en un proceso llamado neuroplasticidad.[21]

El proceso de «iluminar» tu base inconsciente de creencias influirá en tu mente inconsciente. Para ello, te proporcionaré de forma lógica y crítica información sobre el alcohol y la adicción. Expondré tus creencias, suposiciones y conclusiones presentándote argumentos sistemáticos, objetivos y racionales para que los cuestiones y evalúes. Así tendrás todo el control. Desmontaré la información errónea y te presentaré nuevos conceptos que aún no has considerado de forma crítica. Te daré las herramientas para que descubras tu propia verdad, tu realidad, para que comprendas que esa cuerda que crees estar sujetando puede ser en realidad la cola de un elefante. Empecemos.

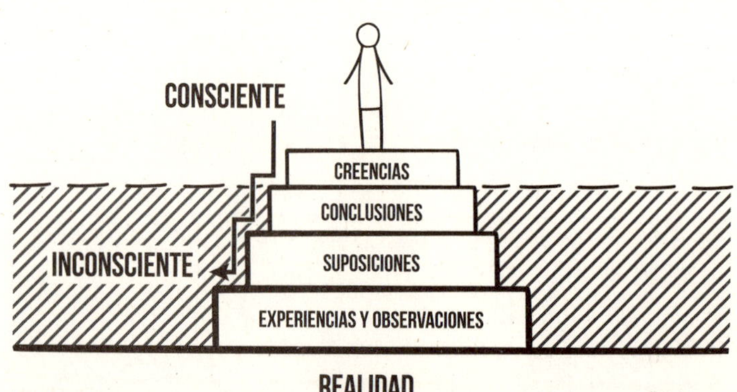

El alcohol: ¿el «elixir de la vida»?

El alcohol es adictivo. Este hecho se ha demostrado una y otra vez. Es la naturaleza de la sustancia, y no importa quién seas o cuánto control creas poseer. Tu respuesta física cuando bebes alcohol es querer más. El alcohol te engancha por su naturaleza adictiva y deshidratante. De nuevo, se trata de un hecho fisiológico. Antes de beber alcohol no lo echabas de menos; no pensabas en ello. Eras feliz y libre.

Si tienes problemas con el alcohol, ya te habrás dado cuenta de que no es un elixir milagroso. Sabes que te está costando dinero, salud, amistades y quizá incluso tu relación de pareja. Tu mente consciente sabe todo esto. El problema es que tu inconsciente se ve asaltado sin cesar por mensajes sobre la «alegría» que aporta y el estrés que alivia. Estos proceden de fuentes externas: amistades, familia y, por supuesto, la publicidad. Y son confirmados por fuentes internas: tus experiencias pasadas con el alcohol. Este libro abordará ambas cosas.

A lo largo del próximo día, fíjate en la cantidad de mensajes a los que te expones sobre los «placeres» y «beneficios» del alcohol. Mira a tu alrededor: desde tus amistades hasta lo que ves en televisión, casi todo en nuestra sociedad te dice, tanto de forma *consciente* como *inconsciente*, que el alcohol es el «elixir de la vida» y que sin él a tu existencia le faltaría un ingrediente clave.

El miembro número doce del jurado

«La verdad reside en la minoría… porque la minoría está formada en general por aquellos que sí tienen una opinión».
Søren Kierkegaard

El alcoholismo parece complejo porque es incomprendido, no solo por los bebedores y sus familias, también por los expertos.

Debemos ver a través de estas impresiones, convertirnos en detectives y sacar a la luz la información, evaluarla y descubrir la verdad.

Quizá te preguntes lo siguiente: si la creencia popular sobre el alcohol y la adicción es falsa, ¿por qué la asumimos como cierta? ¿Cómo es posible que, como sociedad, aceptemos proposiciones falsas como hechos? Bien, sin duda son grandes preguntas. Para responderlas, fijémonos en un jurado deliberando tras un juicio. De sus doce miembros, once tienen el convencimiento de la culpabilidad del acusado y solo uno cree en su inocencia. Entonces ¿creemos a los once miembros que componen la mayoría o a esa única nota discordante? Para que ese miembro aislado se imponga ante un jurado que ya se encuentra agotado (porque la decisión debe ser unánime) debe estar seguro al cien por cien de su posición. De hecho, se podría argumentar que está más seguro que los otros once. Porque ir a contracorriente no es fácil: hay que ver algo que el resto no vea. Supongamos que los once miembros son personas expertas. ¿Cuánto más firme debe estar ese único miembro del jurado en su postura? Parece que ese individuo está considerando una perspectiva que los otros once no sopesan.

Uno de mis autores favoritos, Terry Pratchett, hizo una vez estas conocidas declaraciones: «Debemos ser capaces, en cualquier momento, de aceptar el hecho de que todos podríamos estar absolutamente equivocados». Desde luego, puede resultar difícil aceptar que la mayoría podría estar equivocada, pero es una posibilidad que no debemos obviar. Es sorprendente cómo la gente que bebe puede tener una mentalidad muy abierta sobre muchas cosas, pero cerrada cuando se trata del alcohol. Esto se debe a la segmentación que se produce en la mente de cualquier persona adicta a una sustancia. Así que mantén siempre tu mente abierta.

Visualiza el éxito

Ahora es el momento de hacer una pausa en el juicio; para explorar tu deseo inconsciente de beber, para comprender las razones por las que bebes. Esto es estupendo, y si eres capaz de tratarte con sinceridad y mirar en lo más profundo de tu sistema de creencias, hallarás el éxito.

Libera tu mente te ayudará a explorar tu inconsciente —y, por lo tanto, a influir en él— a medida que avanzas en la lectura. Este tipo de libros anima a la mente a tener en cuenta la información cuando no se está leyendo e incluso mientras se duerme. Dicho esto, puedes tomar ciertas medidas para asegurarte el éxito. Notarás que algunas cosas se repiten a lo largo de estas páginas. Seguro que eres una persona ocupada y quieres que vaya al grano. Pero es que estas repeticiones tienen una razón de ser. La mayor parte de tu vida te has expuesto en múltiples ocasiones a los medios de comunicación, a la presión de tu entorno y a muchas otras influencias. Así pues, la repetición es vital para deshacer toda una vida de creencias arraigadas. En cualquier caso, y a pesar de ello, he intentado que el contenido sea lo más interesante posible.

Las emociones y las imágenes —no tienen por qué ser las que ves, sino simplemente que estén en tu mente— constituyen el lenguaje de tu mente inconsciente. De modo que cuando experimentes emociones relacionadas con este tema hablarás de forma más directa con tu inconsciente. Es importante que sientas esperanza al leer este libro. La teoría es sólida y he incluido la información científica, médica y psicológica más actualizada. Funciona. Te funcionará. Concéntrate en ello y ten esperanza.

Visualizar el éxito siempre ayuda. Un creciente número de investigaciones sugiere que la mente inconsciente no es capaz de ver la diferencia entre una experiencia real y una falsa, pero imaginada con gran intensidad.[22] Así que visualiza el éxito, como si fueras muy feliz, estuvieras riendo y pasándotelo en grande con tus amigos mientras bebes limonada. Incluso puedes dedicar unos minutos cada mañana y cada noche a imaginar la vida que deseas mientras sientes emociones positivas. Esto inspira el éxito.

Emociónate con lo que te depara el futuro. Cultiva sentimientos de éxito incluso antes de tenerlo. Posees todas las herramientas que necesitas para recuperar el control sobre tu forma de beber. Empieza a pensar en el poder de tu mente y en la fuerza de tu cuerpo. ¡Es emocionante, en serio! De hecho, recuperar el control de mi vida a través de *Libera tu mente* es una de las cosas más excitantes que me han sucedido. Puede que a ti te ocurra lo mismo.

No te obsesiones con las experiencias pasadas. El pasado es pasado. Lo que quiera que sucediera te atrapó, y gracias a este libro te darás cuenta de que tu problema con el alcohol no es culpa tuya. Así que perdónate. Tú eres el héroe o la heroína de esta historia. No hay razón para que te ancles en la negatividad del pasado, pero sí muchas para perdonarte. Prepárate para un futuro increíble.

Por último, ¡relájate! Suelta las expectativas, piensa en positivo y deja que ocurra. Shawn Achor afirma, en su libro *The Happiness Advantage* (*La ventaja de la felicidad*), que «las emociones positivas amplían nuestro ámbito de cognición y comportamiento [...] marcan los centros de aprendizaje de nuestro cerebro a niveles superiores. Nos ayudan a organizar la información nueva, a mantener esa información en el cerebro más tiempo y a recuperarla con rapidez después de un tiempo. Y nos permiten crear y mantener más conexiones neuronales, lo que a su vez nos hace pensar más rápido [...] y ver nuevas formas de hacer las cosas».

Por tanto, haz todo lo posible para mantener un estado de ánimo positivo mientras lees. ¡Hay tanto que esperar…! Confía en el método y, lo que es más importante, en que tu inconsciente hará lo correcto para ti. No puedes controlar del todo a tu inconsciente. La preocupación y el estrés son actividades conscientes, así que no te preocupes.

2.
¿EL BEBEDOR O LA BEBIDA? PARTE 1. EL BEBEDOR

«El mundo que hemos creado es producto de nuestro pensamiento. No puede ser cambiado sin cambiar nuestro propio pensamiento».
Albert Einstein

Para encontrar una cura debemos comprender el problema. ¿Qué causa la epidemia de adicción al alcohol en la sociedad: el bebedor o la bebida? Examinaremos con detenimiento cada uno de estos factores.

El juego de las culpas 1.0: yo

¿Quién tiene la culpa? Parece que la sociedad quiere que creas que eres tú: la persona que bebe. Tal vez pienses que tu incapacidad para controlar el consumo de alcohol —a diferencia de los bebedores «habituales», que pueden «beber o no»— se debe a un defecto que tienes y esas otras personas no. Pero ¿y si eso no es cierto?

Seguro que si bebes más de lo que deberías o si te despiertas con resaca, te machacas. Sé que yo lo hacía. Me tomaba una botella o más de vino cada noche y me dormía enseguida. Pero me despertaba a las 3 de la mañana, cuando los carbohidratos y la energía del alcohol inundaban mi organismo. Y así, noche tras noche, me tumbaba y me reprendía por haberme excedido, jurando ser mejor a la mañana siguiente.

El día siguiente siempre me parecía largo y agotador, y al caer la tarde ansiaba mi dosis de vino. Cuando llegaba la noche, olvidaba las promesas que me había hecho. ¿Te suena? A lo mejor tú consumes otra bebida, o tienes un ciclo de consumo diferente. Quizá tu forma de beber no sea tan mala, o quizá sea peor que la mía. La conclusión es que cuando descubrimos que somos incapaces de controlar el alcohol nos echamos la culpa. Es fácil hacerlo. La propia sociedad nos culpa; nuestras familias nos culpan; nuestros amigos nos miran con lástima, preguntándose por qué no podemos controlar nuestra vida. Vivimos en un estado de autodesprecio constante. Pero ¿y si resulta que la culpa no es tuya?

Es difícil aceptar que estás bebiendo más de lo que deberías. Empiezas a odiarte, a sentirte débil y fuera de control. Si no hubieras ocultado tan bien tu problema, más gente te juzgaría y se preguntaría por qué no puedes «controlarte», «ser responsable» y «tomar las riendas». Después de todo, ellos beben, pero no parece que tengan un problema.

Si eres como la mayoría de los bebedores problemáticos, interpretarás tu incapacidad para controlarte ante la bebida como escasa fuerza de voluntad o un defecto de personalidad. Si tuvieras más fuerza de voluntad, serías capaz de beber menos o incluso de no beber. Si tan solo pudieras dejar de beber un tiempo indeterminado, seguro que no desearías consumir tanto alcohol; por fin serías como todas las personas que conoces, que no parecen tener problemas para controlar el alcohol, da la impresión de que pueden elegir beber o no. Pero, espera…, ¿tu voluntad es débil en otras áreas tu vida o el alcohol es una extraña excepción? Yo no soy de voluntad débil, como puede corroborar la gente que me conoce. ¿No es raro que parezca que carezco de fuerza de voluntad solo en este ámbito?

¿Tiene algún sentido que las personas alcohólicas —las que más necesitan controlar su forma de beber— sean las mismas que son incapaces de hacerlo? ¿Por qué no pueden ejercer su libre albedrío y dejar de hacerlo? ¿Hay algo, en apariencia no diagnosticable, que hace a ciertas personas menos capaces de controlar el consumo de alcohol que a otras?

¿Soy alcohólico?

¿Qué es un alcohólico? ¿Y cómo puedo saber si lo soy? La mayoría de los adultos beben. Según el Instituto Nacional sobre el Abuso del Alcohol y el Alcoholismo, la friolera del 87 % de la población estadounidense adulta bebe.[23] Entonces, ¿qué diferencia al bebedor ocasional, al moderado, al empedernido, al problemático y al alcohólico en toda regla?

Según *Paying the Tab* (*Pagar la cuenta: costes y beneficios del control del alcohol*), de Philip J. Cook, si bebes una sola copa de vino cada noche te encuentras entre el 30 % de las personas que son bebedoras. Si son dos, estás entre el 20 %.[24] Esto significa que el 80 % de los individuos adultos bebe *menos* que tú. Pero mucha gente que bebe una o dos copas de vino con la cena no se ajusta a la descripción estereotípica de un alcohólico. El alcoholismo no se define en sentido estricto por cuánto o con qué frecuencia se bebe. Hay una línea invisible (y mal definida) que categoriza al «verdadero alcohólico». Ahora bien, dado que la línea es arbitraria y que el alcoholismo no tiene una definición estándar, ¿cómo se supone que puedes saber si de verdad tienes un problema?

Si buscas en Google verás que hay docenas de preguntas de autoevaluación para aclarar la cuestión del millón: «¿Soy alcohólico/a?». Todas presentan una descarga de responsabilidad en la que dicen que no pueden proporcionar un diagnóstico de alcoholismo. Dicen que esa es una decisión que debes tomar tú.

¿Cómo es posible que la mayoría de los estadounidenses beban y, sin embargo, para unos pocos elegidos (que se diagnostican por sí solos), un pasatiempo divertido y social se convierta en un secreto oscuro y destructivo? ¿Y por qué negamos entonces el problema y aplazamos la petición de ayuda todo lo posible, hasta que ya no se puede controlar el problema?

Es bastante fácil que nos autodiagnostiquemos como «no alcohólicos» cuando empezamos a pensar que tenemos un problema. La mayoría cree que las personas alcohólicas son, de algún modo, diferentes a las demás, diferentes a «nosotros». Mucha gente asume que el alcoholismo es el resultado de algún tipo de defecto; no sabemos con seguridad si físico, mental o emocional, pero sí que «ellos» (los individuos alcohólicos) no son como «nosotros» (los bebedores habituales).

Jason Vale explica que la mayoría de los médicos pertenecen a la brigada de «decir lo obvio». Te sueltan algo así como «estás bebiendo mucho y eso está empezando a afectar a tu salud. Mi recomendación es que bebas menos o dejes el alcohol».[25] Luego continúa diciendo que solo tú puedes decidir si tienes adicción al alcohol. ¿En serio? ¿Quizá tenga una enfermedad mortal, pero nadie es capaz de diagnosticarme? Como persona bebedora, la sospecha de que tengo un problema grave es posible que me lleve a beber más. ¿Y por qué no? Creemos que el alcohol alivia el estrés, y el camino para superar la negación, dejar a un lado el orgullo y determinar si sufro adicción al alcohol es muy estresante.

Si existe un atributo físico o mental específico que sea responsable del alcoholismo, ¿por qué no podemos hacer pruebas para detectarlo y segmentar a la población en alcohólicos y bebedores habituales? Eso nos permitiría evitar que los individuos afectados cayeran víctimas de la bebida. Si existe algo propio y diferente en las personas alcohólicas, sin duda podríamos detectar algún indicio de ello antes de que se dañen a sí mismas, a su familia y a la sociedad en su conjunto.

Solemos aplaudir, y con razón, los avances científicos en medicina. Las personas amputadas con prótesis ahora pueden controlar los movimientos de sus prótesis con el pensamiento, que se traduce a la extremidad mediante señales eléctricas procedentes del cerebro.[26] El Dr. Sergio Canavero, un neurocientífico que reside en Italia, se está preparando para trasplantar una cabeza humana.[27] Los avances más recientes en medicina nos dejan con la boca abierta. De modo que, si existe un defecto físico o mental específico que sea responsable del alcoholismo, me cuesta creer que no seamos capaces, en los tiempos que corren, de diagnosticarlo y prevenirlo.

¿Estoy diciendo con ello que todas las personas responden igual al alcohol, al margen de su disposición genética o física? En absoluto. Lo mismo que una copa de vino afecta de forma diferente a dos personas, la exposición prolongada al alcohol tiene efectos distintos en cada cual. No estoy discutiendo eso. Tampoco estoy diciendo que no haya pruebas de la existencia de un gen que aumente la propensión a tener adicción al alcohol. Se han descubierto muchas relaciones vagas entre los genes y el consumo de alcohol, pero ninguna lo bastante concluyente como para que pueda ser declarada responsable.

Los responsables del Laboratorio de Genética de la Universidad de Utah, un departamento que estudia el papel de los genes en la adicción, afirman que la composición genética de una persona nunca la condenará a convertirse en adicta.[28] Y Polk confirma que, pese a cualquier conexión genética, nadie puede convertirse en alcohólico sin beber alcohol una y otra vez.[29]

Parece extraño utilizar el término «alcohólico». No decimos que alguien es tabacoadicto, sino que es una persona que ha fumado y, por lo tanto, se ha hecho adicta a los cigarrillos. Del mismo modo, no se oye hablar de personas adictas a la cocaína que sufren de cocainismo.[30] Si te consideras bebedor habitual, a lo mejor no estás de acuerdo con mis palabras. ¿Por qué? Porque si coincides conmigo en que ningún defecto físico específico y diagnosticable separa a la población alcohólica de la de bebedores «responsables», cualquiera que beba será susceptible a —y quizás esté en el camino de— la dependencia del alcohol. Creo que, con el tiempo y el nivel adecuado de exposición, cualquiera puede desarrollar esa dependencia física. Y como cada ser humano es diferente, nadie puede determinar en qué momento un individuo desarrollará la dependencia. Este mensaje no es popular, ya que va en contra de nuestra próspera industria del alcohol, de nuestra dependencia social de la droga y de las actitudes de los bebedores «habituales» y «responsables» que se enorgullecen de mantener el control.

El juego de las culpas 2.0: Alcohólicos Anónimos y la teoría de la alergia al alcohol

Antes aceptaba la idea de que los alcohólicos eran individuos diferentes de los bebedores habituales. ¿Por qué no? Los que conocía decían que tenían un trastorno o un defecto, así que, ¿quién era yo para discutirlo? Pero desde entonces he investigado muchísimo. Me llevó algún tiempo averiguar de dónde partió esta creencia y por qué se aceptó. Entendí enseguida cómo la genética interviene en el diagnóstico. El neurocientífico Thad Polk afirma que «no existe un único gen de la adicción; se han identificado decenas de genes que afectan a la susceptibilidad a la adicción, y la mayoría de ellos solo tienen un leve efecto por sí mismos».[31] Es decir, todavía no se ha encontrado una forma de diagnosticar o prevenir la adicción basándonos en la genética.[32] Entender por qué los propios alcohólicos creen que son diferentes de la población normal resulta más difícil.

Aceptamos esta teoría por un buen número de razones bastante sencillas: a los bebedores habituales les gusta porque les permite creer que tienen el control, que pueden seguir bebiendo sin preocuparse de cruzar la línea que lleva al alcoholismo. A los alcohólicos les gusta la teoría porque, una vez que «sales del armario» como alcohólico, tus amigos se esfuerzan por ayudarte a no beber, en lugar de presionarte para que bebas; te preparan cócteles falsos y te prestan apoyo en tu periplo de lucha contra la enfermedad. Es más fácil mantenerse sobrio cuando nadie te ofrece alcohol. Además, la diferencia física implica que tienes menos culpa. No culpamos a las personas que padecen cáncer; la enfermedad permite el perdón. Por último, es más fácil mantener la sobriedad si crees que un simple descuido te llevará a recaer en una enfermedad mortal.

AA es el método de mayor éxito del mundo para tratar el alcoholismo. Se trata de una organización con más de dos millones de miembros en 175 países.[33] Vamos a examinar el método de AA para trabajar contra el alcoholismo con el fin de comprender qué suposiciones hemos hecho como sociedad y cómo estas se traducen en creencias sobre este problema. La base de información principal de AA se llama, de manera informal, «el libro grande». Su título oficial es *Alcohólicos Anónimos, la historia de cómo muchos miles de hombres y mujeres se han recuperado del alcoholismo.* Este libro hace una semblanza del Dr. William D. Silkworth, que trató, pero no curó, a Bill Wilson, fundador de AA. El Dr. Silkworth se especializó en el tratamiento del alcoholismo, y en 1934 trató sin éxito a un paciente que concluyó que no tenía remedio. Cuando más tarde AA curó a este paciente, el Dr. Silkworth escribió esta carta a Bill Wilson:

> *Hace tiempo que los médicos nos hemos dado cuenta de que alguna forma de psicología moral era de vital importancia para los alcohólicos, pero su aplicación presentaba dificultades más allá de nuestra propia concepción. Con nuestras normas ultramodernas, nuestro enfoque científico de todo, quizá no estemos bien equipados para aplicar los poderes del bien que se encuentran fuera de nuestro conocimiento sintético.*[34]

Aquí, el Dr. Silkworth reconoce que las soluciones que AA propuso tienen éxito más allá de lo que la medicina fue capaz de ofrecer. Y esa medicina «ultramoderna» de 1939 sigue aplicándose hoy en día.

La carta continúa hablando de cómo, allí donde los procedimientos médicos se quedaron cortos, el «altruismo y el espíritu comunitario de los miembros recuperados de AA, que quieren ayudar a los afligidos, han sido un éxito asombroso».[35]

Incluyo la parte más importante de la carta:

> *Creemos [...] que la acción del alcohol en estos alcohólicos crónicos es una manifestación de una alergia; que el fenómeno del ansia se limita a esta clase [de personas] y nunca se produce en el bebedor moderado medio. Estos tipos alérgicos nunca pueden consumir alcohol de forma segura en ninguna circunstancia; y una vez que han creado el hábito se dan cuenta de que no pueden abandonarlo, cuando ya se han perdido a sí mismos.*[36]

La carta habla de la incapacidad que siente el personal médico para ayudar a estas personas alcohólicas, y el doctor comenta que está asombrado de ver cómo un cambio psicológico —derivado de entrar en AA— permite a los alcohólicos dejar de beber. Ahora bien, te darás cuenta de que esta carta contiene una contradicción: ¿cómo puede ser el alcohol un «alérgeno» que solo se activa una vez creado el hábito? Parece indicar que creen que el alcohol es la manifestación de una alergia, pero que a la vez debe «crearse el hábito» para que esa alergia se manifieste. Tiene más sentido pensar que es una sustancia adictiva a la que cualquier ser humano puede engancharse una vez consumida la suficiente.

La idea de que los individuos alcohólicos difieren del resto desde el punto de vista físico fue planteada —sin ningún estudio de laboratorio que la corroborara— por un médico que sospechaba que había personas que sufrían alergia al alcohol. Los alérgenos son más o menos fáciles de detectar, y de diagnosticar la correspondiente alergia, y aun así 76 años después no hemos sido capaces de encontrar que una alergia sea responsable del alcoholismo. Pero el Dr. Silkworth necesitaba una explicación para el éxito de AA a la hora de ayudar a esos alcohólicos para los que la medicina no funcionaba.

Quizá te preguntes cómo se ha extendido tanto la creencia de que un defecto físico es lo que diferencia a los bebedores habituales de los alcohólicos. La respuesta de AA a la teoría del Dr. Silkworth es reveladora:

> *En esta afirmación [el Dr. Silkworth] confirma lo que debemos creer quienes hemos sufrido la tortura alcohólica: que el cuerpo del alcohólico es tan anormal como su mente. No nos bastaba que nos dijeran que no podíamos controlar nuestra forma de beber solo porque éramos gente inadaptada, que huíamos de la realidad o que nuestra mente era defectuosa. Estas cosas eran ciertas hasta cierto punto, de hecho, hasta un punto considerable en ciertos casos. Pero sabemos con seguridad que nuestros cuerpos también estaban enfermos. En nuestra opinión, cualquier imagen del alcohólico que deje de lado este factor físico es incompleta.*[37]

Qué alivio debieron de sentir los pioneros de AA. Es terrible sentir que tu mente no es lo bastante fuerte para resistirse al alcohol; es mejor creer que algo va mal en tu cuerpo, algo que escapa al control de la propia persona. Un defecto físico, en cierto sentido, nos libra de la incapacidad para mantener el control cuando bebemos. La literatura de AA de hoy en día sigue sosteniendo la teoría de que el alcohol es un alérgeno. Un folleto que se distribuye en reuniones actuales afirma que:

> *Por lo que a nosotros respecta, el alcoholismo es una enfermedad, una enfermedad progresiva que nunca puede «curarse», pero que, como algunas otras enfermedades, se puede controlar [...] Estamos más que dispuestos a admitir que somos alérgicos al alcohol y que es de sentido común mantenernos alejados de la fuente de nuestra alergia.*[38]

«Nosotros» y «ellos»

Aunque con esta teoría AA salva a muchas personas del alcoholismo, hay que señalar el peligro de la creencia en el defecto físico como origen de esta adicción, dado el consumo generalizado de alcohol en nuestra sociedad. Seguimos bebiendo sin control, a menudo pasando por alto el peligro de la adicción, porque hemos llegado a creer que el alcoholismo es algo que solo les pasa a los demás. Para cuando nos damos cuenta de que tenemos un problema, nos enfrentamos al autodiagnóstico de una enfermedad mortal e incurable o a admitir que somos de voluntad débil y carecemos de autocontrol. Y tendemos a evitar esta horrible valoración hasta que las cosas se han descontrolado tanto que ya es imposible eludir el problema. En cierto modo, este enfoque ha definido el alcoholismo como una enfermedad de negación: es habitual que los bebedores toquen fondo antes de buscar ayuda. Cuando le conté a una amiga que había dejado de beber, su respuesta inmediata fue: «No puedo imaginar lo que habrás pasado para tomar esa decisión». La suposición era clara: debo de haber tocado fondo.

Veamos cómo se desarrolla esta teoría del defecto físico en cada reunión de AA. La sesión empieza con una ronda de presentaciones: «Hola, me llamo_______ y soy alcohólico». Al obligarme a nombrar el problema —soy alcohólica, una persona con un defecto físico que da al alcohol un control irracional sobre mí— la dolencia es más fácil de tratar. Los miembros de AA disfrutan del compañerismo de personas con ideas afines que libran una batalla similar, y a través de esa comunidad y ese apoyo alcanzan la sobriedad. Pero ¿cómo afecta esta teoría del defecto físico a los bebedores que no consideran (o no quieren considerar) la posibilidad de padecer una enfermedad incurable? ¿A quienes no se consideran (o no quieren considerarse) alcohólicos?

En lugar de tratar el alcohol con precaución —porque sabemos que es peligroso y adictivo— nos convencemos de que somos diferentes de esas personas «defectuosas» a las que conocemos como alcohólicas. Hablo por experiencia. Y nadie trata esto como un insulto. Los propios alcohólicos confirman que son «diferentes» a la población normal. Así, millones de bebedores «normales» siguen con su vida sin temor a caer en el alcoholismo.

También creemos que la adicción al alcohol es distinta a otras adicciones, porque el ritmo del enganche se produce de forma diferente en cada persona. Vemos a mucha gente que parece «controlar» su forma de beber y puede «beber o no». Por eso es difícil entender por qué a algunos individuos ya los primeros sorbos los conducen a una dependencia total, mientras que otros nunca llegan a ese punto. Pero no solo los alcohólicos aumentan de forma sistemática la cantidad que beben; los bebedores habituales empiezan con unos pocos tragos y pronto están consumiendo una copa de vino cada noche. De hecho, los alcohólicos empiezan siendo bebedores «regulares», en muchos casos tardan años en cruzar la difusa línea que los separa del alcoholismo.

El juego de las culpas 3.0: genes alcohólicos

El libro grande afirma que el alcoholismo «se limita a esta clase [de personas] y nunca se da en los bebedores moderados medios».[39] La idea es que muchas personas pueden beber y no sufrir ningún efecto físico, mental o social, lo que se traduce en que el alcohol no es un problema para la gente normal. Dado que el 87 % de la población bebe,[40] y que esos bebedores van desde quien solo brinda en las bodas hasta el desgraciado que duerme en la cuneta, no es difícil entender por qué la sociedad se esfuerza por comprender esta enfermedad.

Los miembros de AA se autodescriben como un grupo de hombres y mujeres que han descubierto que no pueden controlar su forma de beber.[41] Aunque no estoy de acuerdo con que las personas alcohólicas hayan perdido el control debido a un defecto físico, mental o emocional, sí coincido con ellos en que un alcohólico debe definirse como alguien que ya no tiene la capacidad de controlar su forma de beber.

Pero, con esta definición, sé que hay muchos alcohólicos que no reconocen que han perdido el control. Hay muchos bebedores que viven en el limbo. A veces pasan varios años desde el momento en que uno empieza a preguntarse si tiene un problema hasta que lo acepta. Diez años después de que una vocecita en mi cabeza empezara a cuestionar mi consumo nocturno de alcohol, decidí que tenía que dejar de negarlo y reducir la dosis. Me apena pensar en el daño que les hice a mi cuerpo y a mis relaciones, y el dolor que le causé a mi marido. Quiero que *Libera tu mente* sea un salvavidas, una llamada de atención mucho antes de tocar «fondo» y de que el consumo de alcohol sea incontrolable.

Si alrededor del 87 % de la población adulta bebe, parece justo suponer que la mayoría cree tener el control.[42] Dicho de otro modo, no estoy afirmando que todo el que beba haya desarrollado una dependencia física y neurológica del alcohol. No es que quienes degustan el alcohol o beben apenas unos tragos tengan una adicción, sino que todo el mundo que consume alcohol tiene posibilidades de caer en ella. Además, el punto de adicción o dependencia es desconocido para el bebedor y, en general, no se descubre hasta que se intenta reducir el consumo. El problema evidente es que no es posible saber cuándo ocurre. Nada parece diferente y, de hecho, como seres humanos tendemos a sentir que tenemos el control hasta que algo nos demuestra que lo hemos perdido. Pero incluso entonces nos negaremos a admitirlo.

El fin del juego de las culpas

¿Por qué nos cuesta aceptar que el problema principal es el alcohol en sí mismo? ¿Que esta sustancia, como cualquier otra droga, es adictiva y peligrosa? ¿Que las circunstancias de la vida, la personalidad y el condicionamiento llevan a algunas de sus víctimas al abismo del alcoholismo más rápido que a otras, pero que todo el mundo está ingiriendo la misma sustancia nociva y adictiva? ¿Que el alcohol es peligroso seas quien seas? ¿Has oído alguna vez el dicho: «Cuando oigas ruido de cascos, piensa en caballos, no en unicornios»? Quizá necesitemos darnos cuenta de que la respuesta más sencilla es la que tiene más sentido.

Si aún no lo ves claro, no pasa nada; hablaremos más sobre esto. Lo importante ahora es que te hagas a la idea de que quizá no controles por completo tu forma de beber. Después de todo, no es posible resolver un problema del que no eres consciente.

Y esto nos lleva a preguntarnos lo siguiente: con exactitud, ¿cuándo perdimos el control?

3.
¿EL BEBEDOR O LA BEBIDA? PARTE 2. LA BEBIDA

«Primero tomas una copa, luego esa copa toma otra copa, luego la copa te toma a ti».
F. Scott Fitzgerald

Una delicia peligrosa: el néctar de la muerte

Allen Carr, autor y experto en adicciones, conocido sobre todo por ayudar a los fumadores a superar la dependencia de la nicotina, emplea una analogía perfecta para explicar cómo funciona la adicción: la de la planta carnívora.[43] Esta analogía es potente tanto para dar sentido a la adicción en la mente consciente como para reacondicionar la mente inconsciente.

¿Has oído hablar de las plantas carnívoras o plantas odre? Se trata de un tipo de planta mortal, originaria de la India, Madagascar y Australia. Imagina que pasas por delante de una tienda de dónuts Krispy Kreme y te llega el olor de su fritura. Es difícil resistirse a ese olor. Bien, pues una planta carnívora es como el Krispy Kreme de los insectos: tú serías como un desprevenido abejorro que vuela por el bosque; de repente, el aire te embriaga con su perfume y hace que tu barriguita de abeja empiece a rugir… y, sea lo que sea eso, quieres probarlo.

Volando, te aproximas a la planta; parece un delicioso manjar de néctar fresco, huele muy bien. Pero para probarlo debes volar a su interior. Aterrizas sobre el néctar y empiezas a beber. Pero no te das cuenta de la pendiente gradual que hay bajo tus patas; estás viviendo el momento, disfrutando del manjar. Poco a poco, empiezas a deslizarte hacia el interior de la planta sin percatarte, solo puedes notar el sabor del seductor néctar. De pronto, captas un ligero deslizamiento; la gravedad conspira en tu contra… pero tienes alas, así que confías en ser capaz de salir volando de la planta en cualquier momento. Solo necesitas unos sorbos más. El néctar es bueno, así que ¿por qué no?

Piensas, como la mayoría de la gente que bebe alcohol, que tienes el control, que puedes abandonar la planta en cualquier momento. Pero al final la pendiente es muy pronunciada y la luz del día parece más lejana conforme la oscuridad se cierne sobre ti. Dejas de beber lo suficiente para ver los cuerpos muertos y flotantes de otras abejas e insectos a tu alrededor. Ahora te das cuenta de que no estás disfrutando de una bebida: descubres que lo que bebes son los restos de otras abejas muertas. Tú eres la bebida.

Pero ¿es que no podemos tener lo mejor de ambos mundos? ¿Disfrutar del néctar y luego salir volando? Quizá puedas ponerte límites y controlar el consumo de alcohol. Montones de personas son capaces de hacerlo y, de hecho, lo hacen… por un tiempo, hasta que algo cambia, algún factor estresante aparece o sucede una tragedia. O tal vez nada cambie y, como yo, descubras poco a poco que estás bebiendo más de lo que habías planeado.

Todos los médicos y expertos en alcohol coinciden en que se trata de una sustancia adictiva. ¿A cuántas personas conoces que beban cada vez menos con el tiempo? Por ahora, centrémonos en los patrones de consumo «responsables» de los adultos. Claro, a los estudiantes se les conoce bien por beber sin medida mientras están en la universidad, pero una vez que salen del ambiente de fiesta de las fraternidades y lo sustituyen por trabajos estables y vida familiar suelen reajustar la cantidad de alcohol que beben. Aun así, cuando se han establecido unas rutinas a largo plazo, ¿no es cierto que se tiende a beber más, no menos, con el tiempo?

Solíamos burlarnos de una de mis amigas porque se mareaba con medio vaso de vino. Su baja tolerancia fue el blanco de todas las bromas durante años; sin embargo, cuando la vi la semana pasada se bebió dos copas grandes en la cena y se sintió lo bastante sobria como para conducir hasta casa. El alcohol es adictivo y su tolerancia aumenta con el tiempo. Se trata de un camino peligroso, no importa lo poco que bebas o lo controlado que creas tenerlo. De hecho, estudios neurológicos recientes demuestran que el alcohol modifica el cerebro: estos cambios aumentan la tolerancia, disminuyen el placer derivado de la bebida y afectan a la capacidad del cerebro para ejercer el autocontrol.[44] Hablaremos en detalle sobre los efectos del alcohol en el cerebro en un capítulo posterior.

Una advertencia ignorada: el borracho indigente

Pero ¿por qué las abejas muertas del fondo de la planta carnívora no nos previenen? Todo el mundo ha visto a gente que lo ha perdido todo por la adicción, que mendiga en la calle con una botella metida en una bolsa de papel marrón. ¿No es ese vagabundo como los cuerpos putrefactos de las otras abejas atrapadas en el fondo de la planta? ¿Nos ayuda esta persona a ver el peligro? Quizá solo a unos pocos, pero la mayoría nos escondemos tras la arbitraria línea que hemos trazado entre «alcohólicos» y «bebedores habituales». Es decir, no culpamos a la droga que contiene nuestro vaso, en vez de eso creemos que «algo le pasa» al individuo adicto que vemos en la calle.

Pensar que ese alcohólico de la calle es diferente nos permite creernos inmunes; pensar que lo que le ha ocurrido a él no puede ocurrirnos a nosotros. No corremos peligro de convertirnos en una de «esas» personas. Por supuesto, no conocemos su historia; la de que era, por ejemplo, un hombre de negocios inteligente y de éxito con una próspera familia. No sabemos cómo le atrapó el alcohol y lo perdió todo por culpa de la más aceptada, extendida y mortal de las drogas.[45]

Veámoslo desde otra perspectiva. Contemplamos al vagabundo del mismo modo que una abeja ve a una hormiga que se ha metido en la planta carnívora. La hormiga no tiene alas; por lo tanto, no es como yo, que soy una abeja y tengo alas; tengo el control. Puedo escapar cuando quiera. Pero, en realidad, tanto la hormiga como la abeja están en peligro mortal.

La última vez que estuve en Las Vegas, todo el mundo, en todas partes, estaba bebiendo. Bueno, vale, es Las Vegas. Había bebedores de todo tipo: desde chicas risueñas con «vasos interminables» de bebidas afrutadas hasta chicos que celebraban una despedida de soltero con sus cervezas de litro. Eran jóvenes, vibrantes y llenos de vida. Los vi pasar junto a un mendigo que dormía en la calle; no tenía comida, pero aferraba una botella oculta en una bolsa de papel. Era evidente que el alcohol le había destrozado la vida. Todos esos bebedores «habituales» lo miraban cara a cara; muchos incluso le daban calderilla.

Pero ¿se preguntaron acaso por la sustancia que había en sus propios vasos? ¿Se dieron cuenta de que estaban bebiendo el mismo veneno destructor de vidas que el vagabundo? ¿Les impidió aquello pedirse su siguiente bebida? Por desgracia, no.

El abismo: ¿cuándo perdí el control?

¿Es tan difícil aceptar que los jóvenes que experimentan con el alcohol son como la abeja que se posa en el borde de la planta y prueba el néctar? ¿Que el vagabundo que mendiga comida solo se encuentra en un nivel más profundo del abismo?

Un estudio reciente del Centro de Investigación y Metodología de la Prevención de la Universidad Estatal de Pensilvania midió los hábitos de consumo excesivo de alcohol, en la universidad, de los estudiantes cuyos padres les habían permitido beber en el instituto. Los resultados demuestran que los adolescentes que beben durante la secundaria tienen un riesgo mucho mayor de descontrolar su consumo de alcohol en la universidad. Este estudio también confirma cuánta influencia tiene el comportamiento de los padres en adolescentes y niños. Y no se trata solo de que los chicos imiten a sus padres o las chicas a sus madres; si alguno de los progenitores bebe en casa, tanto el hijo como la hija se verán influidos.

La conclusión es clara: empezar a beber en el instituto lleva a beber más en la universidad.[46] ¿Por qué? Porque cuando la caída en el abismo comienza a una edad temprana, se entra en los años universitarios estando más abajo en la pendiente que quienes esperaron hasta la universidad para probar el «néctar».

Yo misma no me percaté de cómo aumentaba mi consumo de alcohol con el tiempo. Cerré la mente al hecho de que estaba bebiendo más de lo que había previsto. ¿Y tú? ¿Bebes más o menos que hace tres, cinco o incluso diez años? ¿Y tus amistades? ¿Beben al mismo nivel o más a medida que pasa el tiempo? Cuando nos damos cuenta de que estamos bebiendo más de lo que queremos, empezamos la batalla para dejarlo del todo o al menos reducir el consumo. Pero, como la abeja en la planta carnívora, cuanto más luchamos, más nos atascamos.

¿Cuándo pierde la abeja el control? ¿Cuándo comienza su caída gradual hacia el fondo? ¿Cuando intenta salir volando y no puede? Sin duda, es entonces cuando cunde el pánico. Pero está claro que perdió el control mucho antes de ser consciente, antes del momento en que vio que no podía escapar. Como afirma Allen Carr, quizá desde que aterrizó en la planta carnívora, esa abeja ya nunca tuvo el control.

Y tú, ¿cuándo perdiste el control? ¿Fue la primera vez que tu pareja comentó que estabas bebiendo demasiado? ¿O cuando alguien notó el olor de tu aliento? ¿Cuando bebiste tanto que vomitaste, otra vez, quizá sobre tu pareja? ¿Cuando te multaron por conducir bajo los efectos del alcohol? Tal vez sientas que todavía tienes el control. No te estoy preguntando cuándo te diste cuenta de que tenías un problema; lo más probable es que ese fuera un instante definitivo: otra resaca, un desmayo o incluso destrozar el coche. Perder el control es diferente a *darse cuenta* de que lo has perdido.

Entonces, ¿cuándo fue? ¿O siempre tenemos el control? Nadie insiste tanto en que bebamos; nadie nos pone una pistola en la cabeza. Pero si tenemos el control, ¿no lo tienen también los alcohólicos? Nadie les obliga a beber. Pero eso tiene que ser diferente, ¿no? ¿Lo es? ¿O solo hay diferentes niveles de lo mismo? Desde fuera, nadie habría adivinado cuánto bebía yo, porque era una «alcohólica de alto rendimiento»: no falté al trabajo ni descuidé mis responsabilidades por culpa del alcohol. De hecho, destacaba en mi empresa y me ascendían con frecuencia. No conducía bebida. Había pocos signos externos de cuánto bebía. ¿Significa eso que no tenía problemas? ¿O que el alcohol no me estaba matando poco a poco? Al contrario.

Tal vez esto sea como el viejo cuento de la rana hirviendo. Se coloca una rana en una olla de agua fría que se pone en un hornillo caliente. El agua se calienta, pero la rana no salta para salvarse. ¿Por qué no lo hace? Porque el calentamiento del agua sucede a un ritmo tan gradual que el momento en el que debería saltar… pasa. Cuando se da cuenta de que está hirviendo y va a morir, es demasiado tarde. ¿Será entonces que el 87 % de los adultos que beben son como la rana? ¿Está todo el mundo en esa misma olla de agua que hierve despacito?

¿Cuándo perdiste el control sobre tu forma de beber? ¿Cuándo experimentaste una crisis vital relacionada con el alcohol? ¿Fue cuando te percataste de que estabas perjudicando tu salud y decidiste reducir su consumo? No, debió de ser antes, porque si de verdad tuvieras el control no habrías permitido que ocurriera ninguna de esas cosas. ¿Cuándo con exactitud? ¿Puedes precisarlo? Lo más probable es que no sepas en qué momento el consumo normal y habitual de alcohol se convirtió en un problema. ¿Puedes contemplar la posibilidad de que nunca hayas tenido el control? ¿De que, como la abeja, no controles el alcohol, sino que el alcohol te controle a ti? Y si sabes con seguridad que sigues teniendo el control y puedes dejarlo cuando quieras, ¿sabes también que seguirás pudiendo decidir la semana próxima? ¿Y el año que viene? ¿Apostarías tu vida por ello?

Encontrar la libertad: puedes hacerlo

Aún tendrás muchas preguntas: ¿qué hay de la personalidad adictiva? ¿Qué pasa con el hecho de que algunas personas tienen diferentes antecedentes y razones para beber? ¿Y nuestro intelecto? Al fin y al cabo, somos más listos que una abeja. ¿Y qué sucede con todas esas personas que disfrutan de una sola copa con la cena y nunca parecen ir más allá? ¿Qué hay de toda la gente que sí parece capaz de decidir si beber o no beber?

Veremos estas cuestiones en los próximos capítulos. Pero, por ahora, considera la posibilidad de que —puesto que somos seres humanos, y puesto que el alcohol es adictivo para el ser humano— una vez que empezamos a beber iniciamos de manera inconsciente el lento deslizamiento hacia la adicción. ¿Significa esto que cualquiera desciende al mismo ritmo? ¿O que todo el mundo llega al fondo? No. Muchos beberán toda su vida y nunca llegarán a un punto en el que intenten dejarlo. Quizás esto signifique que se deslizan a un ritmo muy lento, o bien que el alcohol los mata antes de que se den cuenta de que se volvieron dependientes. Muchos factores contribuyen a la velocidad del hundimiento de una persona. Exploraremos todos ellos en detalle. Pero ahora sigamos haciéndonos estas preguntas: el pensamiento crítico es la clave de la comprensión.

Lo importante en este momento es que veas que el alcohol es una sustancia adictiva cuya naturaleza no cambia dependiendo de quién la consuma. Esto significa que no eres débil; no es tu fuerza de voluntad ni tu carácter lo que falla. Eres tan culpable de la situación como el abejorro que, por instinto, se deja seducir por el néctar de la planta carnívora.

Los insectos que caen en esa planta no tienen esperanza; no cuentan con el nivel intelectual para comprender y, por tanto, huir de su trágico destino. Los seres humanos sí lo tenemos, gozamos de la inteligencia y la capacidad de comprender lo que ocurre en mentes y cuerpos. Sé que la planta carnívora resulta aterradora, pero ten esperanza: puedes alcanzar la libertad y tal vez sea una de las experiencias más felices de tu vida.

Cuando me libré del alcohol me sentí eufórica. Fui consciente de ello y lloré de alegría. A lo mejor sigues creyendo que el alcohol te beneficia de alguna manera, así que la mera idea de beber menos o de dejarlo del todo te resulta incómoda. Puedo entenderlo. Da miedo pensar en renunciar a algo que crees que te proporciona placer o alivio. Pero no pasa nada. Cuando comprendas los principios de este libro ya no sentirás ningún temor, solo alegría. La esperanza es más fuerte que el miedo, así que intenta mantener una actitud esperanzada.

Y recuerda que no es culpa tuya. Has caído en una trampa mortal que fue diseñada para atrapar y matar poco a poco. Es sutil e insidiosa, y millones de personas son engañadas cada día. La trampa está diseñada para mantenerte en esa prisión de por vida, haciéndote creer que bebes porque quieres. Pero ahora vamos a desvelar la verdad.

4.
PUNTO DE INFLEXIÓN: ¿BEBER ES UN HÁBITO?

«Las cadenas del hábito son demasiado débiles para notarse hasta que son demasiado fuertes para romperlas».
Samuel Johnson

He organizado el libro de tal forma que podamos emplear el pensamiento liminar para arrojar luz desde el pensamiento consciente acerca de las creencias arraigadas sobre el alcohol. Encontrarás los capítulos narrativos del libro intercalados con minicapítulos llamados «Punto de inflexión». Un punto de inflexión te conducirá a través de ciertas creencias arraigadas sobre el alcohol. Quiero tratarlas a lo largo del libro, en lugar de todas a la vez, para permitirte poner a prueba su lógica en tu vida cotidiana. Esto te permitirá examinar lo que crees que es cierto, contrastándolo con fuentes externas. ¿Qué observaciones y suposiciones has hecho? ¿Qué experiencias has tenido? ¿Qué conclusiones has sacado?

En primer lugar, para desmontar la creencia de que beber es un hábito debemos analizar cómo se generó dicha creencia de manera inconsciente.

Ya hemos hablado de cómo experiencias y observaciones afectan a la mente inconsciente y al deseo de beber. Dado que es imposible notarlo, experimentarlo u observarlo todo, sin darnos cuenta filtramos nuestras **experiencias** y **observaciones** a través de una lente subjetiva moldeada por nuestras necesidades personales. A partir de estas experiencias y observaciones relevantes hacemos **suposiciones**, y de esas suposiciones sacamos **conclusiones**. A partir de las conclusiones formamos nuestras **creencias**. Una vez que hayamos establecido un marco detallado de por qué crees lo que crees te presentaré otra perspectiva que puede estar más cerca de la realidad, una en forma de relato. De este modo, nos sumergiremos bajo la superficie de tu conciencia y analizaremos a fondo tus creencias sobre el alcohol.

Nota. Con cada punto de inflexión recorreremos los pasos anteriores, por lo que quizá desees marcar esta página y volver a consultarla de vez en cuando.

Tu **experiencia** es que bebes con regularidad. También **observas** un consumo regular y frecuente a tu alrededor. Debido a la frecuencia con la que se bebe, no solo tú, sino también quienes te rodean, **supones** que beber debe de ser un hábito. Es fácil suponerlo, de hecho. Es más apetecible, en cualquier caso, que suponer que todo el mundo bebe porque ha desarrollado una dependencia del alcohol. Un hábito no parece una amenaza. Por tanto, **concluyes** que beber, al ser tan común, y por el temor a buscar una razón más siniestra, debe de ser eso: solo un hábito.

Exploremos, pues, la realidad:

Es solo un hábito

Muchas personas justifican su forma de beber diciendo que es solo un hábito. Y, en efecto, puede que al principio lo fuera. Fuiste a una fiesta y te tomaste una copa, o llegaste a casa del trabajo y bebiste algo con alcohol. Lo que ocurre con los hábitos es que, por definición, animan al cerebro a pensar menos.[47] Una vez que algo se vuelve hábito, sea conducir o cepillarse los dientes, ya no lo haces de forma consciente. Y eso está bien, porque libera espacio mental y permite centrarse en cosas nuevas y diferentes.[48] Así que si tu forma de beber empezó como un hábito es muy probable que a menudo bebas sin pensar demasiado en ello. Lo que ocurre es que, con el tiempo, beber pasó a ser algo más que un simple hábito.

Si beber fuera de verdad un hábito, mientras estaba embarazada habría sido muy feliz tomando cervezas sin alcohol. Tienen un sabor parecido, pero el caso es que no me animaba a beber más de una. Porque no era el sabor lo que buscaba, sino el efecto del alcohol. Del mismo modo, si el consumo de heroína fuera solo un hábito, ¿no bastaría con inyectarse suero fisiológico? ¿No suele ser suficiente un poco de esfuerzo para romper la mayoría de los hábitos?

Por otro lado, ¿permitirías que tu pareja te abandonara, que tus hijos te odiaran, que tu dinero se evaporara y que perdieras tu amor propio por culpa de un hábito? Y, si beber fuera tan solo un hábito, ¿por qué el alcohólico que lleva quince años sobrio sigue afrontando cada día como si fuera el primero? No hay ningún hábito que sea igual a este.

Cuando abandonamos un hábito como mordernos las uñas (algo difícil de conseguir) no sentimos que nos falte algo porque ya no nos mordisqueamos las puntas de los dedos. No nos preocupa seguir viviendo sin ese auténtico placer. Así, aunque bebamos por costumbre, sabemos que beber no es un hábito, sino una adicción. Sin embargo, la mayoría de los bebedores creen que lo hacen porque disfrutan y eligen con libertad.

Digamos que te ofrezco 200.000 dólares si dejas de beber. ¿Lo harías? ¿O tienes que pensártelo? ¿Y medio millón? Podrías comprarte una casa preciosa, pero nunca, jamás, podrías volver a beber. Si beber fuera un hábito, no lo dudarías. Por medio millón de dólares romperías cualquier hábito, por mucho esfuerzo que te supusiera.[49]

En realidad, con justificaciones como estas pretendemos convencernos de que tenemos el control. No obstante, el hecho de pasar tanto tiempo defendiendo nuestro consumo de alcohol prueba justo lo contrario. Y todas las drogas hacen esto: uno intenta demostrar que no es dependiente, que la sustancia no le controla. Pero es el miedo lo que nos hace seguir bebiendo, y es el propio alcohol el que genera ese miedo. Tememos no volver a ser felices o estar en paz si dejamos de beber. Tememos que dejarlo signifique renunciar a algo, sentirnos infelices, perdernos una cosa que tiene valor. Si sigues creyendo estas falsas justificaciones incluso tras haber dejado de beber, cuando tu salud haya mejorado y tus relaciones vuelvan a ser sanas, seguirás envidiando a los bebedores; creerás sus motivos para beber y no te parecerá justo que consuman alcohol y tú no. Pero una vez que reconozcas que sus razones no tienen fundamento, ya no sentirás ningún tipo de envidia: te alegrarás de tu recién adquirida libertad.

¿Es de verdad un hábito tu costumbre de beber?

5.
TÚ: SIMPLEMENTE LIBRE

«El daño más profundo que podemos autoinfligirnos es permanecer en la ignorancia al no tener el valor y el respeto para mirarnos con honestidad y delicadeza».
Pema Chödrön

Tu cuerpo y tu mente son lo más asombroso que existe en la naturaleza. Tu mente puede hacer más que cualquier ordenador; es más, crea ordenadores. Y tu cuerpo se autorregula, se cura y es consciente de sí mismo; te alerta de los mínimos problemas y está programado para protegerte, asegurando así tu supervivencia. Es mucho más complejo que la tecnología más avanzada. No tiene precio.

Dado que el alcohol afecta al funcionamiento de tu cuerpo, es vital que comprendas cómo funciona el organismo cuando está sobrio. Una vez que se ve atrapado en el ciclo de la adicción, es fácil olvidar lo competente que es en realidad. Tú eres una persona equilibrada y fuerte; estás equipada con dos fenomenales sistemas de orientación —los síntomas y los instintos— que ayudan a tu mente a comprender lo que necesita tu cuerpo.

Mente y cuerpo extraordinarios: complejos

Cada día aprendemos algo nuevo sobre el cerebro humano. Nos asombran sus capacidades y, a pesar de los avances tecnológicos, estamos lejos de replicarlo. Tu cerebro es capaz de hacer en un segundo más de lo que yo podría describir en horas. A decir verdad, puede hacer más de lo que yo podría llegar a explicar, porque gran parte de su poder todavía se desconoce. No tenemos constancia de nada más poderoso que el cerebro humano. Y lo más sorprendente es que la mayor parte de la actividad de tu cerebro ocurre sin pensamiento consciente; está diseñado para mantenernos con vida y funcionando sin que tengamos que pensar en ello. Mientras dormimos nos permite respirar, mantiene el corazón latiendo y regula la temperatura corporal. El sistema inmunitario libra una batalla diaria contra millones de toxinas, tanto externas como internas. Y damos todo esto por sentado.

Ese extraordinario cerebro está alojado en un cuerpo que lo sostiene y se comunica con él. Tus sentidos lo alertan de la nueva información. Nuestras capacidades para oler, sentir, saborear, oír y ver nos conectan con el entorno; nos permiten funcionar y nos protegen del peligro. La supervivencia depende de nuestros sentidos.

Impresiona todo lo que hemos logrado en ciencia y medicina y, sin embargo, nada de eso se puede comparar con el milagro de una sola célula humana. Y poseemos billones de células, cada una de ellas única. Los seres humanos son más sofisticados que cualquier otra cosa en el universo conocido. Puede afirmarse que somos la cúspide de ese universo. Es crucial, pues, ser conscientes de lo asombroso, complejo y poderoso que es el propio cuerpo. Nos han diseñado para garantizar la supervivencia de nuestra especie y la propia, pero además con capacidad para emocionarnos, tener empatía, reflexionar y sentir compasión. Por tanto, somos capaces de lograr mucho más que la mera supervivencia.

Mente y cuerpo extraordinarios: en equilibrio

Una de nuestras capacidades más milagrosas es alcanzar y mantener la homeostasis. El diccionario de la Real Academia Nacional de Medicina de España define así este concepto:

homeostasis: (ingl. *homoeostasis* [*homoio-* gr. 'igual' + *stásis* gr. 'detención']; acuñado por Cannon en 1926) [ingl. homeostasis].

1. s. f. Tendencia de los organismos vivos a mantener los sistemas fisiológicos en estado de equilibrio. **Sin.**: equilibrio homeostático.
2. s. f. Conjunto de fenómenos de autorregulación de los sistemas biológicos que, en equilibrio dinámico y por mecanismos neurohormonales, tienden a mantener las constantes fisiológicas del medio interno en el organismo frente a los cambios ambientales.

La homeostasis es una fuerza vital. Necesitamos estar en equilibrio para sobrevivir. Si tenemos demasiado ácido (pH bajo) en la sangre, nuestros órganos sufren daños. Piensa en cómo cuidamos una planta de interior: tenemos que asegurarnos de que la tierra esté húmeda, pero no empapada; necesitamos darle luz solar, pero sin abrasarla. Y hacemos todas estas cosas para garantizar el equilibrio adecuado de agua y nutrientes. Pues bien, como seres humanos hacemos algo similar dentro del cuerpo, de manera instintiva: sudamos cuando tenemos calor y al evaporarse el sudor el organismo se enfría y se regula la temperatura. Cuando intentamos librar al cuerpo de intrusos no deseados, como bacterias y virus, tenemos fiebre, pero no tan alta como para hacernos daño; así, al aumentar la temperatura, el organismo mata a los intrusos sin dañarse a sí mismo. Cuando necesitamos oxígeno para alimentar las células respiramos más rápido. Todas estas, además de otras incalculables funciones, actúan como un termostato de supervivencia óptimo del cuerpo, ayudando a mantener la homeostasis.

Mente y cuerpo extraordinarios: fuertes

Todo el tiempo nos exponemos a mensajes de los medios de comunicación sobre la fragilidad del cuerpo humano. Solo hay que fijarse en la gran cantidad de desinfectante de manos que consumimos. Estados Unidos invierte más en sanidad que muchos otros países y, sin embargo, tiene una tasa de mortalidad infantil más alta y una esperanza de vida relativamente menor que la del resto del mundo desarrollado.[50]

A menudo nos sentimos débiles, y como si nos faltara algo, pero nada más lejos de la realidad. A pesar de beber veneno en cantidades cada vez mayores, y en general a diario, seguimos funcionando. Al creernos débiles fomentamos la idea errónea de que necesitamos algo más para salir adelante.

No somos débiles; al revés, somos fuertes. Representamos el culmen de la existencia, más potentes y capaces que cualquier otro ser que conozcamos. Hemos explorado y habitado todos los rincones del planeta —e incluso llegamos a la Luna—, y todo ello mucho antes de contar con la mayoría de los avances médicos modernos.

En mi caso, es un milagro que haya salido indemne de tantos años de consumo excesivo de alcohol, y que mi cuerpo siga funcionando tan bien. Se trata de una prueba más de lo fuertes que somos. Cuando decidí dejar de beber esperaba perder peso y que mi salud mejorase. No me decepcioné:

perdí cinco kilos el primer mes. Pero la verdadera sorpresa fue ver hasta qué punto mejoró mi vida en aspectos que no esperaba. Para empezar, mi confianza se disparó. Además, cuando el cuerpo se me curó, me sorprendió lo diferente que me sentía cada día que pasaba. En mis años de borrachera constante no estaba muy mal, pero tampoco muy bien. Había olvidado por completo lo que se sentía al tener toneladas de energía. Ahora, con frecuencia me sorprendo de lo mucho que puedo hacer sin dejar de sentirme motivada y feliz. Es asombroso darse cuenta de las capacidades que tenemos cuando estamos mental y físicamente fuertes.

Hoy disponemos de más información que nunca sobre los peligros del alcohol y las drogas y, sin embargo, la adicción va en aumento. Como sociedad, seguimos sin entender qué está fallando. La campaña «Solo di no», apoyada por la entonces primera dama Nancy Reagan, sigue siendo una de las campañas antidroga más famosas de todos los tiempos.[51] Entre 1998 y 2004, el Congreso estadounidense invirtió casi mil millones de dólares en campañas nacionales antidroga en los medios de comunicación. ¿Por qué? Porque seguimos viendo aumentar la adicción y no entendemos por qué. Los jóvenes de hoy beben más que los de los años ochenta y, aunque esto nos preocupa, parece que no somos capaces de entender por qué aumentan los índices de consumo de drogas y alcohol. Creo que en parte es porque nos condicionamos a creer que somos débiles, incluso sin percatarnos de ello. Creemos que nos falta algún «ingrediente» necesario para disfrutar de la vida y hacer frente al estrés. Nos han convencido, aunque de manera inconsciente, para creer que el alcohol ayuda a compensar esa carencia, que nos dará fuerza, desinhibición, creatividad y seguridad. O tal vez lo que ocurre es que pensamos que nos ayudará a hacer frente a las presiones y molestias de la vida cotidiana.

Tus mecanismos de alerta: los síntomas

Veamos ahora, por un momento, la forma más común que tiene el cuerpo de avisarnos cuando algo no va bien: los síntomas. Cuando notamos un síntoma de enfermedad, solemos apresurarnos a acudir al botiquín o al médico más cercano para hacer desaparecer el malestar. La industria farmacéutica nunca ha sido tan inmensa.

Imagina que estás en un barco y te sorprende una tormenta. El capitán ya no divisa la costa ni las estrellas, y depende por completo de los sistemas de navegación de la embarcación. Una luz roja empieza a parpadear; indica que uno de los instrumentos de navegación tiene poca batería. Y no se puede navegar con precisión sin él. ¿Qué pasaría si, en lugar de sustituir la batería, el capitán apagase la luz roja? ¿Arreglaría el problema? Al contrario, lo agravaría.

Mi madre es una fanática de la salud. Consumía alimentos ecológicos antes de que la mayoría de la gente supiera lo que eran. Ni siquiera toma ibuprofeno, porque cree que nuestras dolencias pueden y deben curarse con remedios naturales, a base de hierbas y alimentos, y no con productos químicos. Aunque ignoré sus consejos muchos años —sobre todo en la universidad, cuando me rebelé contra mi educación «sana» con una dieta a base de Taco Bell y caramelos Nerds—, al final me he dado cuenta de lo acertado de su consejo: hay que tener precaución antes de hacer nada que altere nuestras funciones normales. Es aterrador darse cuenta de lo poco que sabemos sobre el funcionamiento interno del cuerpo y, sobre todo, de la mente; cuando alteramos sus funciones o anestesiamos los sentidos con alcohol y otras drogas, actuamos como ese capitán de barco: invitando a la catástrofe.

Tommy Rosen, fundador de Recovery 2.0 y especialista en adicciones, recalca que disponemos de una «farmacia interior infinita», es decir, que en nuestro organismo tenemos todos los instintos, hormonas y fármacos necesarios para vivir una vida larga, sana y feliz. Si observas la capacidad de tu cuerpo para producir adrenalina o endorfinas, verás que lo hace en la cantidad adecuada y en el momento exacto en que se requieren. Poseemos un sistema casi perfecto.

El sistema inmunitario es tu arma más poderosa contra la enfermedad. Es mucho más importante para tu salud que cualquier medicamento del mercado actual. Pregunta a un médico al azar y te dirá lo mismo que yo. Ya hemos hablado de cómo el alcohol daña sobremanera el funcionamiento del sistema inmunitario: beber es como apagar la señal luminosa roja de este sistema.

Una rara afección genética denominada «insensibilidad congénita al dolor» impide que quien la padece sienta dolor. En principio esto podría parecer positivo. ¿Quién se quejaría de tener una vida sin dolor? Pues todo lo contrario, en realidad se trata de uno de los trastornos más aterradores que existen: por ejemplo, no te darías cuenta de que el agua de la ducha te quema hasta que tu piel enrojeciera y te salieran ampollas; no sabrías que te has roto un hueso hasta que te sobresaliera del brazo. Las personas que sufren este trastorno no tienen ninguna posibilidad de llevar una vida normal. Para ellas es difícil sobrevivir a la infancia a menos que vivan en una burbuja. Y es que el dolor tiene mala fama, pero es nuestro amigo: nos mantiene con vida.

En la infancia queríamos ser mayores, tener nuestra propia casa, un coche y dinero para gastar. Ahora, en la edad adulta, echamos de menos ser jóvenes, porque tenemos una sensación constante de cansancio y la vida nos parece cada vez más estresante. Y no debería ser así. En realidad, a lo largo de la infancia y la adolescencia experimentamos más cambios que en cualquier otro momento de la vida; para el resto de los animales, la infancia es mucho más estresante que la edad adulta.[52]

Piensa en lo duros que fueron los años del instituto. Recuerda la tensión mental de los cambios que sufriste. En la infancia no sientes que tengas el control de tu vida ni de tu destino, lo cual genera miedo y estrés. Cuando, habiendo alcanzado la edad adulta, gozas de paz mental y buena forma física, experimentas lo mejor de ambos mundos: recuperas el vigor de la juventud y tu edad real ya no parece importar. Te sientes mejor en tu piel. Cuentas con más sabiduría y equilibrio. Son los mejores años de tu vida. Posees más energía, alegría, vigor, coraje y amor propio que nunca. Bien, pues el alcohol te roba todo esto. Bebemos cada vez más, y cada vez estamos más enfermos. Pero es algo gradual y no nos damos cuenta de que ya no nos sentimos tan bien; nos acostumbramos y llegamos a creer que es normal esa fatiga, ese estrés y esa infelicidad. Ahora bien, es cierto que el agotamiento puede estar causado por muchos otros motivos, no solo por el alcohol, pero si bebes no hay duda de que se agudizan esas tensiones, lo que convierte el agotamiento, e incluso las resacas habituales, en una desagradable forma de vida. No hay una señal clara de estar haciendo algo que nos perjudique… aparte de la resaca, claro. Pero quizás este agotamiento crónico sea la forma que tiene el cuerpo de decirnos que algo va mal.

Hoy tengo tanta energía que me parece increíble. Me llevó bastante tiempo recuperarla, pero me acabé curando de años de beber veneno. Una vez que notas tu fortaleza física, te sientes en la cima del mundo. Estás presente para disfrutar sin reservas de los grandes momentos de la vida. También ahora manejo mejor el estrés. Antes, mis factores estresantes se multiplicaban, porque en lugar de ocuparme de mis problemas los ignoraba bebiendo. Cuando los desatendía, crecían sin explicación aparente. En cambio, sin beber puedo gestionar el estrés de forma consciente. De hecho, afrontar con serenidad las cosas que antes me llevaban a beber me hace sentir más fuerte y capaz. No quiero decir con esto que no tenga días difíciles, claro que los hay. Pero cuando te sientes sana y feliz todo resulta más fácil.

Tus mecanismos de alerta: los instintos

Tenemos un intelecto asombroso que nos ayuda tanto como nos perjudica. Es útil cuando lo empleamos para reconocer las señales de alarma del cuerpo —los síntomas, ya mencionados— y buscar los problemas que hay en la raíz. Pero también nos perjudicamos al confiar solo en la inteligencia e ignorar el conocimiento instintivo del cuerpo. El instinto es el lenguaje de los sentidos: ellos nos alertan de lo que podría hacernos daño. Por desgracia, solemos ignorar este sistema de alerta tan básico.

Cuando algo va mal en el cuerpo, vamos al médico. Pero los propios profesionales de la medicina te dirán que aún sabemos muy poco sobre cómo somos y cómo curarnos. No dejamos de aprender, por supuesto, y cada vez desmentimos más teorías médicas previas. Hace siglos, por ejemplo, se pensaba que hacer una sangría —técnica consistente en drenar la sangre de una persona enferma— curaría la enfermedad al sacar el mal del cuerpo. Desde hace mucho sabemos que, en realidad, esto perjudicaba al paciente, ya que mina la fuerza vital del cuerpo enfermo. Hoy en día, por supuesto, nuestros conocimientos y la tecnología crecen a un ritmo sin precedentes. Contamos con más información que en ningún otro momento de la historia del mundo, pero sería ridículo imaginar que nuestros conocimientos son completos. Basta con leer las noticias para darse cuenta de que descubrimos día tras día cosas nuevas y refutamos teorías de forma constante.

La salud es lo más importante que tenemos. Sin ella, nada más importa. Y los instintos están diseñados para guiarnos. Sin embargo, el ser humano es tan terco que confiamos mucho en nuestro propio intelecto, y más en el conocimiento que en los sentidos, a pesar de que la realidad acaba muchas veces contradiciendo a aquel. Ignoramos los instintos en favor de la inteligencia sin percatarnos de que aquellos están diseñados para mantenernos con vida y en buen estado de salud. Y el alcohol embota los sentidos y silencia los instintos. Como ves, es crucial no ignorar nuestros instintos naturales, pues son la fuente de información más valiosa que tenemos sobre la salud y la propia vida.

Necesitamos ver que somos personas fuertes, íntegras y completas. Es imprescindible comprender que el alcohol, en lugar de actuar como un apoyo para afrontar la vida, en realidad atenúa los sentidos y daña el sistema inmunitario. Por tanto, consumir sustancias químicas que afectan al funcionamiento del organismo es una total imprudencia. Y en este caso el peligro aumenta, porque la sustancia química elegida es, además, adictiva. En realidad, no *necesitas* el alcohol para disfrutar de la vida o aliviar el estrés. Solo *crees* que lo necesitas; pero la verdad es que no te aporta nada. A medida que descubras la verdad, tu percepción empezará a cambiar, consciente e inconscientemente, y teniendo este conocimiento ya no desearás el alcohol. Serás libre.

6.
PUNTO DE INFLEXIÓN: ¿DE VERDAD BEBEMOS POR EL SABOR?

«La recuperación consiste en usar nuestro poder para cambiar creencias basadas en información errónea».
Kevin McCormack

Antes de beber una sola gota de alcohol, **observaste** que todo el mundo a tu alrededor lo hacía y parecía disfrutar de su sabor. Sin embargo, quizá tu primera y temprana **experiencia** contradijera esa creencia: a los niños, en general, no les gusta su primer sorbo de alcohol. Pero, como sigues viendo que la gente a tu alrededor bebe, **asumes** que debe de haber algo bueno y beneficioso en ello, a pesar del sabor. Y llegas a la **conclusión** de que es preciso insistir; puede que incluso te digan que necesitas «acostumbrarte al sabor». Y claro, con el tiempo te acostumbras. Así, tu experiencia acaba de encajar con lo que veías a tu alrededor y es más fácil creer que el alcohol sabe bien, y terminas creyendo que bebes porque te gusta el sabor.

Veamos ahora la realidad:

Solo hay que acostumbrarse al sabor

Esta justificación es el gran engaño que atrae a los nuevos bebedores. Mi colega Yani, que es francesa, me contó que sus padres la animaban a tomar sorbos de vino en la cena desde los ocho años, igual que mis padres me animaban a mí a que al menos pruebe las espinacas del plato. A ella nunca le gustó y se lo decía, pero ellos insistían en que tomara al menos un sorbo, que esperara y vería, que le gustaría cuando fuera mayor. En efecto, ahora Yani bebe vino todas las noches. Cuando damos nuestros primeros sorbos y casi nos dan arcadas, siempre hay alguien ahí para asegurarnos que el sabor del alcohol es algo que aprendes a apreciar.

Pero consideremos de nuevo nuestro asombroso cuerpo, cuyo propósito es asegurarse de mantenernos con vida. Sabemos que necesitamos comida y agua para sobrevivir, y si no comemos ni bebemos moriremos. Otros animales no son conscientes de ello, así que ¿cómo se asegura la naturaleza de que coman y beban? Pues porque por instinto sienten hambre y sed.

Sabemos que ciertas cosas son veneno porque nos lo dicen o lo pone en la etiqueta. Pero ¿cómo sabe una cierva qué es venenoso, qué hierbas debe comer y cuáles harán que enferme? Este es un aspecto brillante de su «diseño», aunque bastante simple: las hierbas que los ciervos deben comer huelen y saben bien, mientras que las que les harán daño huelen y saben mal.

Los sentidos del olfato y el gusto son vitales para nuestro bienestar; nos ayudan a distinguir entre los alimentos buenos y los podridos. Los productos del frigorífico pueden llevar fecha de caducidad, pero nuestra propia capacidad para oler cuándo la carne está podrida o saborear la leche estropeada es más sofisticada que cualquier fecha impresa en una etiqueta. Estos sentidos garantizan nuestra supervivencia.

Hace poco estuve en Brasil y vi etanol a la venta en las gasolineras. Te sorprenderá saber que el etanol que echas en el depósito de tu coche es el mismo que lleva el licor que bebes. Sí, porque el alcohol, sin aditivos, es etanol. El alcohol puro sabe fatal, y además bastaría una cantidad muy pequeña para matarte. Por tanto, nos servimos de numerosos procesos y aditivos para que sepa lo bastante bien como para beberlo. Por desgracia, ninguno de esos procesos reduce los daños asociados al consumo de… combustible.

El alcohol destruye la salud al atacar el hígado y el sistema inmunitario, y tiene relación con más de 60 enfermedades. Sin embargo, como apenas somos conscientes de sus daños, pero sí tenemos mucha familiaridad con los mensajes sociales a favor del alcohol, a menudo justificamos nuestro consumo diciendo que bebemos por el sabor. Y creemos que es cierto. Gozamos de una extraña habilidad para autoengañarnos sin saberlo.

Imagina a un universitario bebiendo una de sus primeras cervezas en un partido de fútbol. Es barata y está caliente, y casi seguro que no sabe bien. Es probable que él prefiriera tomarse un refresco. Si le preguntas por qué no lo hace, puede que te diga que le gusta el sabor de la cerveza. En realidad, lo que le pasa es que quiere encajar, y solo los críos beben refrescos en los partidos de fútbol. No puede admitirlo, quizá ni siquiera se dé cuenta, así que dice que le gusta el sabor. Pero esto no se corresponde con la realidad: ves que se esfuerza por tragarse la cerveza.

Si le preguntas unos meses después, en el partido de vuelta, volverá a decirte que le gusta. Como lleva ya unos meses bebiendo, su respuesta puede contener algo de verdad. Ha empezado a acostumbrarse al sabor. Y como el alcohol es adictivo genera un deseo sutil que, cuando se satisface, se confunde con el placer.

No conozco a nadie que haya bebido tantos refrescos como para vomitar. Sin embargo, ¿cuántas personas conoces que hayan consumido tantas bebidas alcohólicas como para vomitar? Incluso los bebedores más moderados que conozco lo llevan de vez en cuando demasiado lejos. Y vomitar es horrible. Horrible. Sin embargo, si lo piensas, también resulta increíble. Porque vomitar nos salva la vida, protegiéndonos de la intoxicación etílica. Es evidente: el alcohol no es bueno. Sin embargo, no nos detenemos; seguimos adelante y consideramos esas noches «abrazando el váter» como una especie de medalla. Al fin y al cabo, son nuestros años universitarios y tenemos el firme propósito de adquirir el gusto por la bebida.

Al final te acaba gustando el sabor del alcohol, pero sigue siendo la misma sustancia química que le pones al depósito del coche. Sigue dañándote hígado, el sistema inmunitario y el cerebro. Y el sabor no cambia. Es imposible que cambie.

Piensa en la típica persona que se ducha en colonia; se la huele a kilómetros, pero no se da cuenta. Pues es la misma idea. Yo fui a la escuela en una ciudad agrícola, rodeada de ranchos y granjas. Por si no lo sabes, en las ciudades agrícolas hay un olor muy intenso. Pues tras unos meses allí no era capaz de olerlo en absoluto. Es increíble cómo, con el tiempo suficiente, los sentidos se vuelven inmunes a las cosas más desagradables.

Vale, no hay duda de que el alcohol sabe mal. ¿Por qué, si no, tendríamos que esforzarnos tanto para hacerlo apetecible con mezclas y edulcorantes? A lo mejor eres un tipo varonil al que ahora le gusta beber whisky solo. Pero adquiriste el gusto por el whisky como se aprende a soportar el olor a estiércol.

¿De verdad bebes solo por el sabor?

Realza el sabor de los alimentos

Tiene sentido que una bebida realce el sabor de algo, como pasa con las galletas mojadas en leche: se toma una galleta y se moja en leche, lo que cambia la textura y el sabor de la galleta. Puedo entender que esto realce el sabor. Pero no te metes vino en la boca con el filete, así que ¿cómo puede cambiar el sabor de la comida? Por no mencionar que la medicina ha demostrado que el alcohol en realidad adormece las papilas gustativas en lugar de aumentar su sensibilidad.[54]

Ahora bien, admito que el sabor del vino puede ser estupendo en salsas, como casi cualquier cosa, dependiendo de qué más se mezcle con él. En un popular programa de cocina de la televisión se obliga a los chefs a cocinar con todo tipo de ingredientes desagradables para hacerlos apetecibles. Me resulta extraño que, existiendo miles de bebidas, solo pongamos esta excusa con el alcohol. No oímos a nadie afirmar que beben Coca-Cola porque realza el sabor de su perrito caliente. Como profesional del marketing, me parece una táctica genial: si es posible casar el producto (alcohol) con los auténticos placeres de la comida, tendremos muchas más posibilidades de vender una copa de vino, con su increíble y excesivo precio, cada vez que vendemos un filete.

Las conversaciones para justificar por qué bebemos son continuas. No nos sentamos a justificar otras cosas que nos gustan, como, qué sé yo, el pomelo. Sin embargo, cuando alguien rechaza una bebida alcohólica parece que todo el mundo a su alrededor se lanza a una diatriba explicando al mínimo detalle todas las razones por las que beben. Si prestas atención, notarás como las conversaciones sobre el alcohol nunca son objetivas. Al comer un dónut puede que mencionemos las calorías o la cantidad de azúcar que contiene. Y por una buena razón: nos ayuda a limitarnos a uno. Sin embargo, al hablar del alcohol nunca oirás a nadie decir: «Este licor está delicioso. Realza el sabor de mi comida, pero me preocupa el daño hepático que me pueda producir».

¿A qué se debe? ¿Por qué charlamos una y otra vez sobre las bondades de la bebida? Porque así podemos cerrar los ojos, como grupo, ante sus peligros. La mentalidad de rebaño vuelve más fácil creer o hacer algo, porque los demás también dicen o hacen mismo. Y esto es justo lo que ocurre cuando la gente empieza a hablar del sabor «con cuerpo, a roble, a limón, exagerado, pomposo y a la vez afrutado» de un Cabernet.

Además, al menos en lo que respecta al vino, existen pruebas de que casi nadie es capaz de distinguir entre vinos buenos y baratos. La Asociación Americana de Economistas del Vino (American Association of Wine Economists) llevó a cabo un estudio con más de 6000 consumidores de vino. En estas pruebas de cata a ciegas, los participantes fueron incapaces de distinguir los vinos caros de los baratos. De hecho, la mayoría afirmó preferir los baratos.[55] Quizá te divierta saber que la misma asociación hizo un estudio dos años después y descubrió que la gente tampoco es capaz de diferenciar el paté de la comida para perros.[56]

Bebo para saciar mi sed

«Cómo puedo tener tanta sed esta mañana si bebí tanto anoche».

Anónimo

Nos parece que una cerveza fría en un día caluroso es perfecta para calmar la sed. Dado que la cerveza contiene, más o menos, un 96 % de agua y un 4 % de alcohol, es lógico concluir que su contenido de agua debería calmar la sed. Sin embargo, el alcohol es diurético, es decir, elimina el agua del organismo haciéndonos orinar. Por tanto, la cerveza no solo chupa el 96 % del agua, sino que además consume aún más la del propio cuerpo. Por eso te despiertas en plena noche con una sed increíble después de una borrachera; tienes la boca reseca y matarías por un vaso de agua. Además, la deshidratación provocada por la bebida puede tanto reducir el tamaño del cerebro como limitar su funcionamiento.[57] Esto significa que después de una copa, en realidad, tienes más sed, y eso favorece que te bebas la siguiente pinta. Tal vez no te beberías un pack de seis refrescos, pero sí haces eso con la cerveza. Cuanto más aumenta la sed, más creemos que la siguiente cerveza sabrá mejor, por la ilusión de que nos está saciando. Por no mencionar (de nuevo) que el alcohol es adictivo y que adormece las papilas gustativas.[58] Quieres más. Eso sí que es una buena publicidad.

En mi caso, me negué a ver los peligros del alcohol. Hacía todo lo posible por justificar su consumo y animaba a los demás a beber conmigo. Porque beber en compañía me parecía más divertido, pero ahora me doy cuenta de que en realidad era menos estresante. Porque no es beber a solas lo que nos incomoda: es hacerlo en compañía de gente que no bebe lo que nos hace cuestionarnos nuestra conducta. Cuando nadie más está bebiendo, te sientes bastante tonta, ahí de pie y consumiendo algo que te está haciendo perder facultades. Ahora bien, si todo el mundo lo hace, aunque vaya en contra del juicio racional, no hace falta inventar razones para justificarlo. Si todo el mundo lo hace es que habrá buenas razones para ello: no será tan malo, ¿no? Es sorprendente hasta dónde somos capaces de llegar para autoengañarnos. Cuenta una mentira el tiempo suficiente y de forma creíble, y hasta el propio mentiroso se la creerá.

7.
TÚ: CONTAMINADO/A

«La educación es el arma más poderosa que puedes usar para cambiar el mundo».
Nelson Mandela

No tenía intención de escribir este capítulo. De hecho, lo escribí tras la primera ronda de revisiones. ¿Por qué? Pues porque creo que una perspectiva positiva es mucho más productiva que una negativa. Estoy convencida de que enumerar los horrores del alcohol no nos ayuda a dejarlo. Nos da el deseo consciente de dejarlo, pero si estás leyendo este libro seguro que ya sientes ese deseo. Pero es el deseo inconsciente de beber lo que te está causando tantos problemas. Desde que tienes memoria te han condicionado a creer que el alcohol proporciona numerosos beneficios. Por tanto, hay que cambiar esas creencias para encontrar la libertad. Una lista de daños no hace nada para modificar tu percepción de los beneficios. Capítulos como este pueden causar estrés a la gente, y tendemos a beber más cuando nos estresamos. Así que al final nuestra situación no mejora.

Sin embargo, antes de que te saltes este capítulo te diré que, como sociedad, necesitamos pedagogía sobre qué es el alcohol y qué le hace al cuerpo. Yo había asumido que todo el mundo sabía que el alcohol es perjudicial para la salud. Bien, pues me equivoqué. Más de 7000 personas se ofrecieron a ser mis lectores beta, para leer los primeros borradores del libro y hacer comentarios durante el proceso de edición. A medida que me llegaban sus aportaciones me di cuenta de que no es de dominio público que el alcohol sea dañino. De hecho, nos han adoctrinado tanto que creemos que es justo lo contrario. La creencia popular, en realidad, afirma que el consumo moderado de alcohol —definido como de una a tres consumiciones al día— beneficia la salud. Así que, teniendo en cuenta estos falsos mitos, este capítulo se volvió vital. Daré por hecho, pues, que crees que consumir un poco de alcohol es bueno para tu salud.

¿Por qué tanta desinformación?

Tengo bastante claro de dónde vienen estas creencias. Todo el tiempo aparecen artículos afirmando que el vino es bueno para el corazón o que el consumo de alcohol reduce el colesterol. Algunos estudios han correlacionado, incluso, el consumo de alcohol y la esperanza de vida. Lo curioso de tales estudios es que obvian la causa de la muerte (es decir, no tienen en cuenta si el alcohol contribuyó a ella o no) y meten todas las muertes en un mismo saco. Sin embargo, siguen apareciendo montones de artículos que ponen el foco en los escasos estudios que aseguran que el alcohol es bueno, e ignoran los miles de investigaciones que prueban que no lo es.

Pero ¿por qué sus supuestos beneficios para la salud reciben tanta publicidad como para que tanta gente los dé por ciertos? Está claro que hay algunas razones. Primero, los periodistas necesitan escribir artículos populares, que llamen la atención y se difundan con rapidez; eso les permite contar con un mayor número de lectores, vender más anuncios y hacer crecer su negocio. Si bien hay muchos más estudios sobre los peligros del consumo de alcohol, son pocos los que llegan a publicarse. Puedes comprobarlo con una búsqueda rápida en Google: si buscas «daños por el alcohol» o «peligros del alcohol», los resultados incluirán numerosos estudios de organizaciones como el Instituto Nacional sobre el Abuso del Alcohol y el Alcoholismo, o páginas de contenido médico como la de la Clínica Mayo o WebMD. Mi búsqueda de ambas expresiones no generó, en cambio, ningún resultado en los medios de comunicación más populares (como *Times*, *Huffington Post* o *Washington Post*), al menos en la primera página de resultados. Prueba ahora a buscar «alcohol saludable». Casi no aparecerán fuentes fiables, pero verás docenas de artículos con titulares como «Beber por salud», todos ellos publicados en medios de comunicación populares, pero no científicos. Estos artículos apuntan, una y otra vez, a unos pocos estudios.

Lo que ocurre es que los medios de comunicación nos han engañado: publican lo que es popular en lugar de lo que se ha demostrado con seriedad y rigor. Pero es que también nos autoengañamos. Este es otro ejemplo de sesgo de confirmación: los artículos que afirman que existen beneficios para la salud por el consumo de vino o cerveza se comparten miles o decenas de miles de veces; proliferan en las redes sociales. Y así, con la corta capacidad de atención y el interés en los titulares que caracterizan a nuestra cultura actual, no es de extrañar que hayamos llegado a creer que beber *un poco* es bueno para la salud. Cuando encuentres un artículo, en un medio de comunicación popular, que advierta contra el consumo de alcohol, notarás que casi no se comparte, a lo mejor ni diez veces. Esto significa que solo los primeros lectores que lo encuentran lo leen, y la información que contienen rara vez se vuelve viral.

El Dr. Jürgen Rehm, investigador principal del Centro para Adicciones y Salud Mental en Toronto, advierte que los estudios que afirman la existencia de vínculos beneficiosos entre el consumo de alcohol y la salud representan una mínima parte de los estudios efectuados, mientras que la mayoría muestran efectos dañinos. Sin embargo, en la prensa los estudios que revelan beneficios son los más destacados. Y reitera: «Hemos contado cuántos estudios se mencionan en prensa, y hay muchos más sobre el vínculo beneficioso que sobre el perjudicial entre el alcohol y la salud». La evidencia que prueba los peligros del alcohol es diez veces mayor que la que respalda sus supuestos beneficios, pero es esa pequeña parte de la investigación la que se publica y se comparte, a menudo con esos supuestos beneficios sacados de contexto.

Esto se demuestra una vez más al analizar nuestra dinámica para compartir contenido. ¿Por qué la gente comparte en las redes sociales? Una de las principales razones para hacerlo es el «valor social»: compartimos aquello que creemos que nos hará parecer «mejores» (inteligentes, geniales, vanguardistas, mejor informados, etc.) a ojos de los demás. Por consiguiente, un artículo que diga que la «hora feliz» puede hacer maravillas por tu corazón tendrá mucho más «valor social» que un estudio que desmonte la relación entre el vino y la salud cardiovascular.[59]

Es comprensible el nivel de desinformación que sufrimos. Hay mucha información engañosa por ahí, así que no podemos culparnos por estar mal informados. Este capítulo te aclarará el tema. La información que he empleado proviene de estudios relevantes desde el punto de vista estadístico, e incluyo datos de ambas partes para que saques tus propias conclusiones. Te animo a profundizar en las fuentes proporcionadas y a que sigas investigando por tu cuenta. Parece que prestamos más atención a los efectos secundarios del ibuprofeno que a los del alcohol, la sustancia que más consume la sociedad. Es importante, pues, que usemos el sentido crítico, que nos mantengamos al día sobre los artículos más recientes y que entendamos lo que cada estudio dice de verdad. Nos debemos esa información sobre lo que le damos al cuerpo, y tomar decisiones basadas en hechos.

Centrémonos, pues, en lo que el alcohol le hace al cuerpo humano. Más adelante hablaremos más sobre los daños sociales y el consumo indirecto o pasivo (es decir, los efectos en las personas que están cerca del bebedor).

El factor de daño general

Un grupo de investigadores evaluaron 20 tipos de drogas según criterios relacionados con el daño general, considerando el daño tanto para la persona que lo consume como para quienes están cerca, pero que en realidad no lo toman. La mayoría de los criterios se referían al daño específico para el propio consumidor. En general, el alcohol se calificó como la droga más dañina, con una puntuación general de 72. La heroína quedó segunda, con una puntuación de 55, y el crack obtuvo el tercer lugar, con 54 puntos.[60]

La Organización Mundial de la Salud (OMS) sostiene que el alcohol es un factor causal en 60 tipos de enfermedades y lesiones. El informe continúa diciendo que ha superado al SIDA y ahora es el principal factor de riesgo de muerte en el mundo entre los hombres de 15 a 59 años.[61]

En los Estados Unidos, el consumo excesivo de alcohol —definido como cuatro copas en dos horas para las mujeres (cinco para los hombres) u ocho copas semanales para las mujeres (quince para los hombres)—[62] es una de las principales causas de mortalidad prematura, con 88.000 muertes relacionadas con él en los Estados Unidos cada año.[63] Esto significa que el alcohol causa más del doble de muertes que todas las demás drogas combinadas, tanto ilegales como con receta médica. Todas las drogas ilícitas causan 17.000 muertes cada año, y los medicamentos recetados son responsables de 22.000 muertes al año.[64]

¿Beneficios del alcohol?

El alcohol tiene usos medicinales: es un potente antiséptico y puede emplearse para calmar el dolor. Aun así, no es sorprendente que la medicina haya encontrado otras sustancias, como el ibuprofeno y la morfina, más eficaces para el alivio del dolor. Pero existen numerosas afirmaciones sobre beneficios a largo plazo del alcohol bastante más dudosos. Por ejemplo, se han mostrado pruebas de que el vino es capaz de aumentar los niveles de colesterol bueno gracias a sus antioxidantes.[65] Pero ¿se trata en realidad del vino? Muchos zumos de fruta contienen más antioxidantes. Sin embargo, no conozco a nadie que beba zumo todas las noches, mientras que sí conozco a mucha gente que bebe vino de forma habitual. Si tuvieras la disciplina de tomar cada noche un vaso de zumo rico en antioxidantes, apuesto a que obtendrías los mismos resultados y no habría efectos secundarios perjudiciales ni posibilidad de caer en la adicción.

Hemos visto, asimismo, muchos artículos sobre los supuestos beneficios del alcohol para el corazón, en concreto del vino. Un nuevo trabajo que analizó los hábitos de consumo de alcohol y la salud cardiovascular de más de 260.000 personas ha demostrado que beber alcohol, incluso de forma moderada, no aporta ningún beneficio para la salud del corazón.

Otro argumento bastante repetido es que las personas que beben viven más que las que no beben. Uno de los trabajos más famosos en este sentido es el estudio Holahan.[66] Charles

J. Holahan hizo seguimiento a 1824 personas, con edades comprendidas entre los 55 y los 65 años cuando se inició el estudio, y los 75-85 al final de los 20 años que duró. La mayoría (65 %) eran hombres y el 92 %, caucásicos. Se halló correlación (no causalidad) entre beber alcohol y vivir más tiempo, lo que significa que un mayor porcentaje de los 345 abstemios murió en esos 20 años, en comparación con los 1479 bebedores. Pero no se registró ni se tuvo en cuenta la causa de la muerte. El estudio destaca la importancia de esta correlación al afirmar que «los abstemios tenían muchas más probabilidades de haber tenido problemas anteriores con el alcohol, de ser obesos y de fumar cigarrillos que los bebedores moderados». Es decir, las personas abstemias solían renunciar a beber por motivos como otros problemas de salud o el abuso previo del alcohol, y se desconocen las razones por las que esos 239 abstemios murieron entre los 55 y los 85 años. Aparte de que no quiero tomar decisiones sobre mi salud basándome en una muestra de 239 personas. Existe, desde luego, correlación entre la población de cigüeñas y el número de bebés nacidos, pero seguro que no caemos en la tentación de traducir esta correlación en causalidad.[67] Entonces ¿por qué deberíamos tratar el alcohol de forma diferente?

En ningún caso sería buena idea automedicarse con morfina, codeína o cualquier otro medicamento de venta con receta. Autoadministrarse cualquier sustancia adictiva es, en general, una pésima decisión. La medicación para cualquier enfermedad, desde las cardiopatías hasta el párkinson, debe hacerse bajo supervisión, con un plan de tratamiento específico y unos efectos secundarios bien documentados y comprendidos. Por tanto, aunque exista cierta correlación entre el consumo de alcohol y la buena salud, esto no justifica en ningún caso, de forma convincente, que el alcohol deba autoadministrarse como medicamento.[68]

Los peligros de beber: para el cuerpo

Como vimos en el capítulo anterior, tu cuerpo es tal vez el organismo más complejo y capaz del planeta. Su capacidad para garantizar tu supervivencia y superar la enfermedad está aún más allá de nuestra comprensión. Si cuidas de tu precioso cuerpo, él cuidará de ti. Me gustaría ahora describir lo que el alcohol le hace al organismo, para que veas por qué causa tanta devastación en la salud y en la vida. He recopilado esta información de varios estudios, si bien la fuente principal es el Departamento de Salud y Servicios Humanos de Estados Unidos.[69]

Para el cerebro

La estructura de tu cerebro es muy compleja. Este se comunica a través de las neuronas, billones de diminutas células nerviosas que traducen la información en señales que el cerebro y el resto del cuerpo pueden entender. La red de sustancias químicas (neurotransmisores) del cerebro transporta mensajes entre neuronas. Estas sustancias son muy poderosas y modifican tus sentimientos, estados de ánimo y respuestas físicas. El cerebro trabaja para equilibrar sus niveles, ya sea acelerando la transferencia de información o ralentizándola. Bien, pues el alcohol frena el ritmo de comunicación entre neurotransmisores. Dicho de otro modo, interrumpe las vías comunicativas del cerebro, reduciendo, en sentido literal, la velocidad de trasmisión entre sus partes al ralentizar sus «autopistas neuronales».[70] También retarda las comunicaciones de los sentidos, debilitándolos y disminuyendo tu capacidad de respuesta.

El cerebelo, el sistema límbico y la corteza cerebral son las partes del cerebro más vulnerables al alcohol. El cerebelo es responsable de la coordinación motora, la memoria y la respuesta emocional; el sistema límbico monitorea los recuerdos y emociones; la corteza cerebral gestiona la actividad, incluyendo la planificación, la interacción social, la resolución de problemas y el aprendizaje. Así que no es de extrañar que el alcohol dificulte la coordinación motora: marearse o no ser capaz de caminar en línea recta es un signo clásico de haber consumido alcohol. Pero ¿te has dado cuenta de que el alcohol te roba, además, la capacidad natural para manejar tus emociones? Esta es la razón por la que causa infelicidad e irritabilidad, y por la que hay bebedores que describen sus atracones de alcohol como ataques de rabia o de llanto.

Para sorpresa de nadie, la depresión crónica severa y el consumo excesivo de alcohol presentan una estrecha relación.[71] Pero lo más aterrador es que, con el tiempo, la estimulación artificial que tu cerebro recibe por beber te hace neurológicamente incapaz de sentir el placer que una vez experimentaste con actividades cotidianas como quedar con un amigo, leer un libro o incluso mantener relaciones sexuales.[72] El alcohol interfiere con tu capacidad para comportarte, pensar e interactuar en sociedad. Beber limita tu habilidad innata para recordar, aprender y resolver problemas.

Apenas un episodio de consumo excesivo de alcohol —es decir, cinco copas en dos horas para los hombres o cuatro en el mismo tiempo para las mujeres— puede causar alteraciones permanentes en las células nerviosas y reducir el tamaño de tus neuronas.[73]

La liberación de serotonina, un neurotransmisor que regula las emociones, contribuye desde un punto de vista fisiológico a la sensación inicial de mareo. A veces, beber puede liberar endorfinas, el neurotransmisor responsable de la euforia. Podrías pensar que esto es bueno, pero no lo es. Lo que ocurre es que tu cerebro trata de compensar: no entiende el aumento de ciertos neurotransmisores, e intenta ajustar y restaurar el equilibrio.[74] Esta es una de las razones por las que desarrollas tolerancia, te vuelves dependiente y experimentas síntomas de abstinencia física.

El hígado actúa como la primera línea de defensa: descompone el alcohol para que tu cuerpo pueda deshacerse del tóxico lo más rápido posible; al descomponerlo, el hígado libera toxinas y células hepáticas dañadas en el torrente sanguíneo. Y estas toxinas son más peligrosas para el cerebro que el alcohol en sí:[75] son las responsables de las dificultades de sueño, las variaciones en el estado de ánimo, los cambios de personalidad (como la agresividad o el llanto), la ansiedad, la depresión y la reducción de la capacidad de atención, e incluso pueden provocar el coma y la muerte.

Tampoco te desanimes demasiado en este momento. La abstinencia puede ayudar a revertir los efectos negativos del alcohol sobre la capacidad cognitiva, la memoria y la atención. Y a lo largo de varios meses —incluso un año— se ha demostrado que los cambios estructurales en el cerebro se corrigen por sí solos.[76]

Para el corazón

El corazón humano late, por término medio, más de 100.000 veces al día, transportando casi 7600 litros de sangre a través del cuerpo. Como seguro que sabes, hay dos cámaras en tu corazón: la derecha bombea sangre a los pulmones, donde intercambia dióxido de carbono por oxígeno. Luego, el corazón se relaja y permite que la sangre oxigenada vuelva a fluir hacia la cámara izquierda. Cuando se contrae de nuevo, bombea la sangre rica en oxígeno al cuerpo, nutriendo los tejidos y órganos. En el viaje a través del organismo, la sangre atraviesa los riñones, donde se eliminan las toxinas. El motivo por el que la sangre se «ensucia» es que es uno de nuestros sistemas de limpieza más eficientes, y elimina una y otra vez las toxinas del cuerpo. Las señales eléctricas aseguran que el corazón late al ritmo correcto varias veces por segundo durante toda tu vida.

El alcohol debilita el músculo cardíaco, lo que hace imposible que siga contrayéndose de manera eficaz.[77] Y cuando esto sucede ya no se transporta suficiente oxígeno a los órganos y tejidos. Es decir, tu cuerpo ya no se nutre de manera adecuada.

Por otro lado, beber grandes cantidades de alcohol de una sentada, aunque sea algo puntual, puede afectar al sistema eléctrico que regula los latidos del corazón.[78] Esto es capaz de provocar la formación de coágulos de sangre. En medio de un episodio de consumo excesivo de alcohol es posible que tu corazón no lata lo suficiente, lo que a su vez llevará a que la sangre se acumule y se formen coágulos. También es posible que suceda lo contrario: el corazón late demasiado rápido, sin dar tiempo a que las cámaras se llenen de sangre, por lo que no se bombea suficiente oxígeno al cuerpo. Como resultado, el consumo elevado de alcohol aumenta en un 39 % la probabilidad de sufrir un accidente cerebrovascular.[79]

Los vasos sanguíneos son extensibles como una banda elástica, de manera que pueden transportar sangre sin ejercer demasiada presión sobre el corazón. Sin embargo, el alcohol libera hormonas del estrés que contraen los vasos sanguíneos, elevan la presión arterial y causan hipertensión, lo que endurece a su vez los vasos sanguíneos.[80] La hipertensión, como sabes, es muy peligrosa y causa enfermedades cardíacas.[81]

Para el hígado

Dos millones de estadounidenses padecen enfermedades hepáticas relacionadas con el alcohol,[82] lo que las convierte en una de las principales causas de enfermedad y muerte. El hígado almacena nutrientes y energía, y produce enzimas que evitan enfermedades y eliminan sustancias peligrosas del cuerpo, incluido el alcohol. Como ya he indicado, su proceso de descomposición genera otras toxinas que, en realidad, son más peligrosas que el propio alcohol.[83] Este, por tanto, daña las células del hígado, causando inflamación y debilitando las defensas naturales del cuerpo. La inflamación del hígado, a su vez, interrumpe el metabolismo, lo que afecta al funcionamiento de otros órganos. Además, la inflamación puede provocar la acumulación de tejido cicatricial en el hígado.[84]

La función hepática sufre porque el alcohol altera las sustancias químicas naturales de este órgano, necesarias para descomponer y eliminar el tejido cicatricial. Beber también causa esteatosis o «hígado graso»: la acumulación de grasa en el hígado hace que le sea más difícil funcionar.[85] Por último, la fibrosis (un poco de tejido cicatricial) se acaba convirtiendo en cirrosis (mucho más tejido cicatricial). Y esta dolencia impide que el hígado desempeñe funciones críticas, como el control de infecciones, la absorción de nutrientes y la eliminación de toxinas de la sangre. Esto puede dar como resultado un cáncer de hígado y diabetes tipo 2.[86] Bien, pues el 25 % de los bebedores empedernidos desarrollarán cirrosis.[87]

Para el sistema inmunitario

Los gérmenes nos rodean, por lo que el sistema inmunitario es la principal herramienta que tenemos los seres humanos para combatir las enfermedades. En primer lugar, la piel protege el cuerpo de infecciones y enfermedades. Si, aun así, los gérmenes logran atravesar esa barrera, disponemos de dos sistemas de defensa: el innato (que evita la exposición inicial a los gérmenes) y el adaptativo (que retiene información sobre invasiones de gérmenes previas y derrota con mayor rapidez a los atacantes ya conocidos). El alcohol suprime ambos.[88]

Nuestro sistema inmunitario utiliza citoquinas (pequeñas proteínas) para enviar mensajes químicos sobre la infección, en una especie de sistema de alerta temprana. El alcohol interrumpe la producción de citoquinas. Cuando operan de forma correcta, estas alertan al sistema inmunitario de la llegada de «intrusos», y él responde con glóbulos blancos que rodean, atacan y se tragan a las bacterias dañinas. El alcohol deteriora ambas funciones, lo que nos hace más susceptibles a enfermedades como la neumonía o la tuberculosis, entre otras.[89] Otros estudios vinculan el alcohol con una mayor susceptibilidad al VIH, no solo aumentando las posibilidades de contraer el virus, sino también acelerando el desarrollo de la enfermedad una vez contraída.[90]

Alcohol y cáncer

«El consumo responsable de alcohol se ha convertido en una especie de lema del siglo XXI *sobre cómo lo percibe la mayoría de las personas. Pero cuando se trata del cáncer no existe una cantidad de alcohol que sea segura».*[91]
Laura A. Stokowski

Pero espera… beber poco no causa cáncer, ¿verdad? Pues sí, al parecer, sí. En un metaanálisis efectuado a partir de 222 estudios que incluyeron a 92.000 personas consumidoras de una cantidad pequeña de alcohol y otras 60.000 que no bebían, todas ellas con cáncer, se observó que el consumo de alcohol, aunque fuera escaso, se asociaba con mayores riesgos para muchos tipos de cáncer, incluido el de mama.[92]

Por otro lado, un estudio longitudinal de siete años de duración, en el que participaron 1,2 millones de mujeres de mediana edad, evidencia el vínculo directo (y aterrador) entre el consumo de alcohol y el cáncer. Según sus resultados, la ingesta de alcohol aumentó la probabilidad de desarrollar cáncer de mama, boca, garganta, recto, hígado y esófago.[93]

La conclusión más terrorífica es que el riesgo de cáncer era mayor *sin importar la cantidad o el tipo* de alcohol que consumieron estas mujeres. Según cancer.gov, las posibilidades de padecer cáncer de mama eran más altas para todos los niveles de ingesta de alcohol.[94] Por tanto, no son solo los bebedores empedernidos o quienes beben a diario los que presentan más riesgo de contraer cáncer. Según estos resultados, en comparación con las mujeres abstemias, las consumidoras de apenas tres bebidas alcohólicas por semana tienen un 15 % más de riesgo de sufrir cáncer de mama.[95] Según *Cancer Research UK*: «No hay un límite "seguro" para el alcohol cuando se trata del cáncer».[96]

En este sentido, tanto el consumo excesivo puntual de alcohol como el consumo diario tienen el mismo efecto cancerígeno. «Beber alcohol aumenta el riesgo de cáncer, tanto si lo bebes todo de una vez como si lo haces poco a poco».[97] Tampoco importa qué tipo de alcohol bebas: es el alcohol en sí el que causa el daño, al margen de si procede de cerveza, vino o bebidas de mayor graduación.[98]

Los resultados de otro estudio vinculan el 11 % de todos los casos de cáncer de mama con el alcohol.[99] En 2014 se diagnosticaron 295.240 nuevos casos de cáncer de mama;[100] bien, pues 32.476 de ellos estaban relacionados con el alcohol.

Aunque mucha gente no sea consciente de la relación entre el alcohol y el cáncer, tampoco debería sorprender que exista. De hecho, el Centro Internacional de Investigaciones sobre el Cáncer (CIIC) declaró al alcohol como sustancia cancerígena en 1988.[101] El alcohol en sí (el etanol) es un carcinógeno conocido, y las bebidas alcohólicas pueden contener al menos otros quince compuestos potencialmente cancerígenos, incluyendo el arsénico, el formaldehído y el plomo.[102] Se puede afirmar que alcohol causa o al menos contribuye al desarrollo del cáncer de diferentes maneras. En primer lugar, cuando el hígado descompone el alcohol, produce una sustancia química tóxica llamada acetaldehído; este daña las células, haciéndolas incapaces de repararse y volviéndolas más vulnerables al cáncer. En segundo lugar, la cirrosis también puede ocasionar cáncer. Además, el alcohol aumenta la producción de algunas hormonas como el estrógeno, lo cual contribuye a aumentar el riesgo de cáncer de mama. Por último, también causa cáncer al dañar el ADN e impedir que las células reparen este daño.[103]

En resumen, cualquier nivel de consumo de alcohol incrementa el riesgo de desarrollar un cáncer.[104] Este es, sin duda, un mensaje desalentador. Sin embargo, tengo buenas noticias: cualquier grado de reducción en el consumo de alcohol disminuye a su vez el riesgo de padecer cáncer.

Alcohol y muerte

Ya sabes que puedes morir por intoxicación etílica si bebes demasiado de una sola vez. Lo que tal vez no sepas es que la sobredosis también puede ocurrir por una entrada continua de alcohol en el torrente sanguíneo a lo largo del tiempo, lo que provoca la muerte aunque no se dé un consumo exagerado de forma puntual.[105] Cada año, la ingesta de alcohol causa la pérdida de más de 2.400.000 horas de vida en Estados Unidos. Según los Centros para el Control y la Prevención de Enfermedades (CDC), el alcoholismo reduce la esperanza de vida entre diez y doce años.[106]

Quizá te estés preguntando qué nivel de consumo de alcohol es seguro. Según la investigación más reciente (es decir, los trabajos científicos publicados a partir de 2014), no existe un grado de ingesta de alcohol libre de riesgo.[107] Y si se tiene en cuenta cuántas personas siguen bebiendo a diario, este dato resulta, sin duda, impactante.

8.
PUNTO DE INFLEXIÓN: ¿DE VERDAD EL ALCOHOL TE HACE MÁS VALIENTE?

«El secreto de la felicidad es la libertad;
y el de la libertad, el coraje».
Carrie Jones

Llevas toda la vida **viendo** que el alcohol se utiliza como «valentía en forma de líquido» en los medios de comunicación: el vaquero que toma unos tragos antes del tiroteo de mediodía; James Bond con su martini «mezclado, no agitado»; incluso los soldados bebiendo de sus petacas antes de entrar en batalla. **Supusiste**, pues, que el alcohol da coraje. Lo probaste, y tu **experiencia** al tomarte un chupito para soltar los nervios te confirmó que las mariposas del estómago desaparecían. De modo que llegaste a la **conclusión** de que sí, el alcohol te ayuda a enfrentarte a la vida con una dosis extra de valentía.

Veamos ahora la realidad:

Valentía en forma de líquido

Hablar en público siempre me pone nerviosa. Además, las últimas veces casi siempre he tenido que intervenir ante colegas de alto nivel. No recuerdo con exactitud cuándo, pero en algún momento pensé que, puesto que el alcohol me relajaba, un trago rápido antes de mi discurso me ayudaría. Así que hacía una paradita en el bar del hotel o compraba un pack de cuatro botellitas de vino y guardaba unas cuantas en el bolso.

Estaba convencida de que beber me daba confianza. Ahora me doy cuenta de que, en realidad, me la quitaba.

Hoy en día, la mayoría de los peligros reales han desaparecido de nuestra vida cotidiana. Vivimos más años que nunca en la historia; no nos atacan tribus vecinas ni animales salvajes; vamos al supermercado en lugar de cazar para comer. Como resultado, consideramos el miedo una debilidad, cuando en realidad nos permite actuar con cautela y tomar mejores decisiones. ¿Por qué nos protegemos? Por miedo. Si tenemos en cuenta que esta emoción es clave para la supervivencia, llamar a alguien intrépido no sonará precisamente a cumplido. Sentir cierto temor es bueno; nos impide correr riesgos innecesarios. Con la adrenalina bombeando por el cuerpo estamos más alerta, tenemos más receptividad y somos capaces de reaccionar con mayor rapidez. Sin embargo, el alcohol adormece los sentidos e impide sentir ese miedo natural. No es posible que te dé valor porque, por definición, si no sientes miedo no puedes ser valiente: el valor implica hacer lo que es correcto o justo *a pesar* del miedo. En conclusión, ignorar el miedo va en contra de los instintos que garantizan la supervivencia.[108]

De todos modos, ¿qué tiene de malo aplacar el miedo antes de una presentación? Bueno, mis nervios naturales me empujaban a prepararme mejor: me aseguraban no confiarme y me obligaban a ensayar y planificar mi intervención. Una vez que empecé a depender del alcohol para atenuar el miedo, dejé de prepararme tanto; me quedaba despierta hasta tarde la noche anterior, bebiendo, por supuesto, y posponiendo los ensayos. Mi preparación previa me había convertido en una buena oradora, pero en cuanto empecé a drogarme con alcohol, sabiendo además que no estaba preparada, mis nervios se disparaban. En realidad, beber me provocaba más miedo, y por eso sentía que necesitaba unos cuantos tragos antes de subir al escenario. Como puedes adivinar, mis discursos empeoraron. Por suerte, nunca hasta el punto de presentarme borracha ante el público, aunque si no hubiera encontrado *Libera tu mente* no me cabe duda de que iría en esa dirección.

Piensa en un deportista o un soldado que emplee el alcohol como valentía en forma de líquido. Le ocurrirá lo mismo: al eliminar esa aprensión natural, se privará de habilidades que son importantes para el desempeño de su actividad. No voy a negar que el miedo, el nerviosismo y la aprensión son sensaciones desagradables, pero también resultan valiosas y necesarias.

En nuestra sociedad contamos con tantas formas de protegernos que en realidad buscamos a propósito actividades de riesgo, como los deportes de aventura, para demostrar valentía. Y creo que beber es una de esas cosas: sabemos que tiene sus peligros, pero presumimos de capacidad para aguantar el alcohol. Igual que un guerrero muestra su fuerza a través de sus cicatrices, probamos nuestra resistencia machacándonos el cuerpo… y recuperándonos a la mañana siguiente. Tras una larga noche de fiesta con los colegas, comparar cuánto se ha bebido, quién no se acuerda de la velada y quién se siente mejor o peor se convierte en el tema favorito de conversación. La resaca se ha transformado en una especie de medalla al valor.

Hace poco fuimos a esquiar (otra actividad, aunque más sana, a la que nos dedicamos para inyectar adrenalina en nuestras seguras y protegidas vidas). Mi marido y yo esquiábamos en las pistas más difíciles (todas con el indicativo de doble diamante negro) mientras nuestros hijos recibían clases. Mis retoños, queriendo demostrar que eran personas valientes y adultas, también querían ir a las pistas donde esquiábamos. Explicarles el peligro no hizo más que aumentar su atractivo. Claro, si no puedes hacerlo, pero mamá y papá sí, tiene que ser increíble. Intentamos advertirles, pero nada de lo que les decíamos era tan poderoso como lo que hacíamos. No les importaban los precipicios ni que aún no tuvieran buen nivel esquiando: somos sus padres, nos admiran, y si nos metemos en pistas difíciles entonces también querrán hacerlo.

Esto es lo típico que ocurre en la adolescencia: tenemos tendencia a probar cosas contra las que nuestros padres nos advierten. Aprendemos que algunas de ellas pueden ser divertidas. Y empezamos a plantearnos si todo lo que nos han desaconsejado será divertido. Creemos, pues, que el peligro es sinónimo de emoción.

¿Crees que decir a tus hijos que «es una bebida para mayores» les servirá de advertencia? Todo lo contrario: aumenta su atractivo. Según la Administración de Servicios de Salud Mental y Abuso de Sustancias, más de la mitad de los estadounidenses de doce años o más declaran que beben alcohol.[109] El 30 % de los adolescentes dice haber bebido antes del octavo curso.[110] Esto es así porque nuestros hijos hacen lo que nos ven hacer, no lo que decimos. Quieren ser valientes y mayores. Emulan a sus padres; están programados para ello. De manera que cuando nos ven jugar con fuego —sea en las pistas de esquí de doble diamante negro o bebiendo veneno— también querrán hacerlo y demostrar su valentía. Y no se puede negar que beber alcohol es jugar con fuego. Mientras que las drogas ilegales matan a 327 personas a la semana y los medicamentos con receta a 442, el alcohol mata a 1692 personas cada semana.[111] A pesar de ello, estamos condicionando sin darnos cuenta a nuestros hijos; les estamos enseñando que la vida no está completa sin una copa en la mano.

Usamos el cerebro para elegir, y esas elecciones muchas veces se basan en el miedo: elegimos lo que nos da menos miedo. Dicho de otro modo, nuestras decisiones varían en función de hacia dónde se incline la balanza del miedo. Por ejemplo, una mujer que tiene una relación abusiva puede no dejar a su maltratador porque teme vivir sin él. Sin embargo, si tiene hijos la balanza del miedo se inclinará en sentido contrario: quizá tema más por sus criaturas que por quedarse sin pareja. Así, los hijos pueden ser el catalizador para que ella abandone esa relación. Otro ejemplo: la balanza del miedo se inclinó en contra del tabaco cuando nuevas investigaciones demostraron que fumar provoca cáncer de pulmón y resta de media 30 años de vida. Así, mucha gente dejó de fumar porque su miedo a morir de cáncer de pulmón era mayor que el de una vida sin tabaco.

Las decisiones racionales que tomamos cambian cuando disponemos de más información. Imagina que eres un hombre bajito y esmirriado, y que has conseguido cabrear a un tipo que mide 1,90 y pesa 115 kilos. Viene a por ti y quiere sangre. Corres. Llegas a una pared y te encuentras atrapado. Sin otra opción, te das la vuelta para luchar. Tus posibilidades no han mejorado: tu atacante sigue siendo mucho más fuerte que tú, pero tu situación sí ha cambiado. Huir ya no es una opción. Huir no es de cobardes, pero tampoco es de valientes darse la vuelta y luchar.[112]

Digamos que eres el mismo tipo escuálido, pero ahora has estado bebiendo. La bebida no mejora tu situación, sino que la empeora. Tienes una falsa sensación de valentía y decides luchar antes de verte acorralado. Además, mientras luchas tus reacciones son más lentas y tus sentidos se embotan. Tampoco sientes el dolor en la misma medida y, en vez de retroceder, ese tipo te causa heridas de gravedad. El alcohol no te hace valiente, porque no existe la valentía cuando se trata de los instintos que nos mantienen con vida. El alcohol solo te hace menos consciente de esos instintos. En este caso, el alcohol no incrementa tu valentía, sino tu estupidez.

Si un día vas de excursión y te topas con un cachorro de puma, ¿sería valiente por tu parte acercarte para sacarle una foto? La madre, pese a su miedo natural a los humanos, es capaz de matarte para proteger a su cría. Está demostrando valentía al hacerlo. Sin embargo, si su familia no estuviera amenazada, ¿sería una muestra de cobardía huir de los humanos? Según Carr, valentía y cobardía son conceptos humanos que no existen en el reino animal.

Yo creo que la verdadera valentía sí existe; se demuestra cuando tomas una decisión moral que va en contra de tu miedo natural, pero no cuando eliminas ese miedo anestesiándote. Saltar a las vías del metro para intentar salvar a un niño es irracional, pero valiente. Tu miedo a morir será, casi con total seguridad, mayor que el de ver morir a otra persona. Sin embargo, eres capaz de superarlo para ayudar a otros. Como ya he dicho, no se puede ser valiente sin miedo. Por tanto, si el alcohol te quita el miedo, te hace incapaz de ser valiente de verdad. ¿Y la cobardía? Aparece cuando dejas de hacer lo que sabes que es correcto por miedo, yendo en contra de tus valores morales. Según mi experiencia, beber para evitar los problemas reales que sabía que debía afrontar, era, sin lugar a dudas, un acto cobarde.

Muchas veces tememos el ridículo tanto como el daño corporal, incluso más. Digamos que te presionan para que pruebes una droga por primera vez. El miedo a parecer débil, cobarde e imbécil delante de tus amigos pesa más que el temor a los efectos de la droga. Por tanto, ignoras tus instintos para evitar el desprecio. Y eso es cobardía, no valentía. Es mucho más difícil tomar la decisión correcta, la mejor decisión, y soportar el golpe a tu ego. Es mucho más difícil ir a contracorriente, evitar la bebida y mostrar un camino diferente a tus hijos que dejarse arrastrar por la cultura del alcohol. Eso es valentía. En cambio, beber porque todo el mundo lo hace o porque te preocupa que te den de lado no lo es. Hace falta mucho valor para defender lo que es correcto y enfrentarse a la mayoría, incluso en silencio, pidiendo un té helado en lugar de una cerveza. Hace falta valor para leer este libro. Por el contrario, no hay ni rastro de valentía en el hecho de usar el alcohol para librarse del miedo.

Y no ignoremos tampoco que el alcohol nos hace más vulnerables. Mi marido, por ejemplo, se está formando para ser piloto. Cuando vuela depende de las instrucciones y la información del personal de tierra: le avisan si está despejado para aterrizar y le comunican dónde hay otros aviones para asegurarse de que no chocan. Si pierde la comunicación con el personal de tierra, se queda en una posición vulnerable: tendrá menos información sobre su entorno y sentirá que ha perdido parte del control. No es una experiencia agradable, pero es justo lo que nos hacemos (de forma voluntaria) cuando bebemos. El alcohol debilita el flujo de información de la mente y los sentidos. Esto aumenta la sensación de miedo, porque ya no percibimos las señales con claridad. Nos damos cuenta de que contamos con menos preparación para afrontar cualquier situación que se pueda presentar; la información natural que nos proporcionan los sentidos ha quedado de pronto oscurecida. Beber en momentos de peligro empeora el miedo porque sabemos que estamos cargándonos nuestras defensas.

Pero, espera, si crees que el alcohol da valor, relajación y diversión, ¿no es casi lo mismo que si de verdad lo hiciera? ¿Te sentirás mejor creyendo que tienes un ayudante en la vida, aunque sea un placebo, una mera ilusión? En el fondo sabes cuál es la verdad, que un individuo alcohólico no afronta con valentía las dificultades y los sufrimientos de la vida. Siempre supe que beber era un signo de debilidad, no de valentía. Sabía que me había permitido convertirme en alguien incapaz de afrontar la vida tal y como es.

Para mucha gente, el alcohol es una trampa en la que caen a un ritmo tan lento que resulta imperceptible. Porque los cambios son sutiles. Llegas a depender del alcohol sintiendo que te da valor para afrontar el día, cuando en realidad te está robando la confianza.

9.
¡OH, M**RDA! NOS ATRAPAN

«Cuando reconocemos nuestros límites,
somos capaces de ir más allá».
Albert Einstein

En una celda y sin llave

En *The Sober Revolution (La revolución sobria: la hora del vino),* Lucy Rocca describe así la dependencia del alcohol: «Liberarse del alcohol es como salir de una cárcel que tú misma construiste… y ni siquiera te diste cuenta de que estabas tras unas rejas».[113] Cuando empiezas a beber más de lo que quieres es como si estuvieras en prisión. Esta idea no es exclusiva de Rocca o mía, muchos otros expertos están empezando a ver la dependencia del alcohol de esta manera.

Imagina que te han esposado, sin llave, y que además todo el mundo te culpa por ello. Puede que las esposas te las hayas puesto tú, pero no recuerdas haberlo hecho, y en cualquier caso lo lamentas. Te sientes miserable.

Tu pareja te lleva a ver a un médico, por lo de las esposas: están haciéndote rozaduras en las muñecas y la piel se te ha infectado. Además, le molesta que no estés haciendo tu parte de las labores domésticas. Pero es que, claro, te resulta difícil sacar la basura con las manos esposadas.

El médico echa un vistazo y te dice lo malo que es para ti estar así. La infección podría matarte si no tienes cuidado. Tienes que quitártelas cuanto antes. Te da mil razones para ello: están afectando a tu familia, tu salud y tu vida. Te explica cuán difícil es abrazar a tus hijos con las esposas puestas y que, por tanto, podrían pensar que no los quieres. Te da instrucciones precisas para quitarte las esposas. Pero él no tiene la llave, así que nada de lo que dice te ayuda a ser libre.

Qué experiencia tan frustrante. El doctor piensa que eres idiota, y tú crees que es él quien lo es. Sin embargo, esto es justo lo que hacen los médicos cuando le dicen a alguien dependiente del alcohol que necesita dejar de beber o no vivirá para ver a sus hijos graduarse. Tú, la persona bebedora, ya lo sabes, y has intentado dejarlo. El médico también sabe que su consejo no ha funcionado con otros pacientes, y duda de que vaya a hacerlo contigo. Pasa igual cuando alguien amenaza con irse si su pareja no deja de beber. La persona afectada es la primera que quiere dejarlo para salvar su relación; nunca elegiría, ni lógica ni emocionalmente, el alcohol por encima de su familia, pero es que no puede parar. Sin embargo, tendemos a creer que la gente que es adicta bebe porque quiere.

Si bebía porque quería, ¿por qué, cuando el alcohol empezó a arruinar mi vida, no pude parar? En vez de eso, quise parar y no paré. Si de verdad bebieras por elección, podrías cambiarla. Pero no es el caso. No obstante, seguimos pensando que con más fuerza de voluntad podríamos dejarlo y quitarnos las esposas.

No hay salida. Pero ¿cómo sucedió? No fuimos como el abejorro que olió un néctar irresistible. Al principio, el alcohol incluso sabía mal. Entonces, ¿por qué caemos en la tentación?

Marketing 101: ¿qué estamos vendiendo en realidad?

Mira a tu alrededor o enciende el televisor. Nos han condicionado para beber toda nuestra vida. Nos han hecho creer que el alcohol nos calma y relaja, nos da valor, nos ayuda a acudir a fiestas y eventos de trabajo, y nos hace felices. La gente más joven incluso cree que el alcohol es bueno para la salud.

Sin embargo, nadie quiere admitir las influencias recibidas. Queremos sentir que tenemos el control de nuestro destino, que somos libres de elegir nuestro camino, sin el influjo de las estratagemas publicitarias. Sentimos que eso no nos afecta, porque no somos conscientes de su poder. En realidad, la firme creencia de que la publicidad no te influye es una de las razones por las que es tan eficaz. El Dr. Mark Schaller, psicólogo de la Universidad de Columbia Británica, dice: «A veces, los efectos inconscientes pueden ser de mayor magnitud que los conscientes, porque no podemos moderar las cosas a las que no tenemos acceso consciente».[114] Tiene sentido, ¿verdad? ¿Cómo es posible contrarrestar de forma consciente una creencia que sorteó por completo la comprensión consciente?

Un artículo en *Scientific American* señala lo siguiente: «El error que cometemos muchas veces es suponer que somos capaces de controlar los efectos que un anuncio tiene en nuestro comportamiento porque somos plenamente conscientes de su contenido».[115] Pero la cuestión es que rechazar de manera consciente el mensaje de un anuncio no garantiza que el subconsciente no lo haya absorbido. Puedes pensar: «¡Qué anuncio de coche tan ridículo! Un chico guapo con un traje elegante, en un plano abierto en un circuito de carreras, y ligando con una mujer de escándalo. ¿Quién pagaría por esto?». Pero la próxima vez que veas tu viejo y destartalado Ford, tu mente inconsciente se pondrá en marcha, y te encontrarás soñando con un nuevo coche o lamentándote porque el tuyo no cuenta con todo ese estupendo equipamiento que los modelos nuevos llevan de serie. ¿Por qué? Porque el inconsciente es responsable de tus deseos y emociones, y ese inconsciente compró el mensaje subyacente de que un nuevo automóvil te proporcionará más felicidad y éxito.

Varios estudios llevados a cabo en los últimos 18 meses han sacado a la luz hasta qué punto la mente inconsciente da forma a los pensamientos y decisiones del día a día.[116] Cuando tomamos decisiones sin pensar demasiado, en realidad eso suele significar sin pensarlo *de forma consciente.* Por eso la publicidad nos influye de manera tan profunda, en especial cuando no somos conscientes de ello.

Mi primer trabajo tras acabar la universidad fue un puesto en una agencia de publicidad. Unas cuantas veces a la semana, el fundador conectaba la megafonía de la oficina y nos decía: «Al habla el capitán. Todo el mundo a cubierta, tenemos una emergencia creativa». No estoy bromeando; él pensaba que era gracioso. Nos dirigíamos a la sala de juntas, donde siempre había abundante «jugo creativo». El mensaje era, pues, claro y directo: el alcohol potencia la creatividad. Para producir grandes ideas de campaña necesitábamos emborracharnos.

¿Hacíamos el mejor trabajo posible en esas reuniones? No, que yo recuerde. En realidad, mis momentos de mayor inspiración venían de otros lugares. Es más, no recuerdo ni una sola gran idea nacida en esas reuniones con alcohol. ¿Pero eso nos detuvo? En absoluto. No bebía mucho en aquel momento, pero me apasionaban el marketing y la publicidad. Y pronto aprendí que el alcohol era la clave de mi carrera.

La agencia también diseñaba alguna que otra campaña para bares locales. Recuerdo haber pensado mucho sobre cómo se vendía el alcohol. La fórmula que suelo usar es «el producto del producto del producto». Me doy cuenta de que suena confuso, así que déjame explicarte. La publicidad de mayor éxito habla muy poco sobre el propio producto que se vende, pero muchísimo sobre la cantidad de vacíos que ese producto llenará en tu vida.

Pensemos en los anuncios de perfumes. ¿Cuál es el producto? Un líquido amarillento que se parece un poco a la orina. No es una idea publicitaria muy atractiva. ¿Qué es el producto del producto? Ese líquido amarillento huele bien. Sin embargo, oler bien todavía no es la razón por la que la gente compra perfumes. Los anuncios que venden el olor no suelen tener mucho éxito. No, lo que debes vender es el producto del producto del producto. ¿Y cuál es, en el caso de los perfumes? Exacto: sexo.

La herida de la existencia

Con este marco a la vista, hablemos ahora de otro aspecto importante del marketing: crea una necesidad en ti al hablarte de tus vulnerabilidades.

¿Cómo se hace esto? Juegan mucho con la condición humana. La gente no está satisfecha solo con existir. Busca más. Ningún otro animal cuestiona su propósito en la vida o cómo encaja en el universo. Esto es algo que nos hace únicos como especie. Pero este cuestionamiento a menudo genera un vacío interior. Surgen más preguntas que respuestas, lo que causa tensión. Se desea más. Esta aflicción se conoce como «la herida de la existencia».

El marketing juega con esto. Nuestro anhelo natural e interno puede ser dirigido de forma fácil e inconsciente. No solo vendemos sexo cuando vendemos perfumes; también prometemos plenitud, satisfacción y autorrealización. Se presenta un estilo de vida que promete satisfacer tu inquietud. A través del marketing, el mensaje que se traslada es que solo si adelgazases, si fueras más inteligente, más sexy, hallarías satisfacción; tu vida estaría completa. No te das cuenta de que la inquietud que sientes forma parte de ser persona, y buscas maneras de eliminarla.

Pero plantéate esto: incluso si te dieran todo lo que querías, ¿eso te haría feliz de verdad? Dan Harris lo explica con el concepto de adaptación hedónica: «Cuando suceden cosas buenas, las incorporamos muy rápido a nuestras expectativas esenciales y, sin embargo, el vacío primordial no se llena»[117]. Dicho de otro modo, en general, cuanto más consumimos, más deseamos.

El psicoterapeuta existencialista Irvin D. Yalom identificó lo que él llama las «preocupaciones últimas» de los seres humanos: muerte, aislamiento (soledad), libertad y significado.[118] Estas preocupaciones reflejan nuestras profundas necesidades básicas. Buscamos entender el sentido de la vida, pero pocas preguntas provocan más debate. Deseamos tanto la gratificación que, al buscarla con ansiedad, terminamos saboteándola. Nos enfrentamos a la inevitabilidad de la soledad y nos sentimos solos incluso en grupos o familias. Somos conscientes, hasta un punto doloroso, de que la muerte es ineludible. Perseguimos el placer y la satisfacción en una búsqueda interminable. Harris afirma: «Es la mentira que nos decimos toda la vida: tan pronto como lleguemos a la próxima comida, fiesta, vacaciones, encuentro sexual, tan pronto como nos casemos, obtengamos un ascenso, pasemos el control de seguridad en el aeropuerto y comamos varios palitos de azúcar y canela de Auntie Anne's, nos sentiremos bien de verdad... Y, sin embargo, la picazón se mantiene».[119] El marketing juega con esas preocupaciones. Los anuncios de bebidas alcohólicas prometen amistad, aceptación, gratificación, felicidad y juventud.

Cómo vender veneno

¿Por qué quienes publicitan el alcohol tienen que apelar a las necesidades humanas más fundamentales? Veámoslo desde otra perspectiva: ¿qué pasaría si mañana descubriéramos el alcohol por primera vez y el descubrimiento incluyera todos los datos científicos conocidos sobre sus efectos en los individuos y la sociedad, incluido el hecho de que ahora es reconocido como el asesino número uno del mundo?[120] Es poco probable que lo consumiéramos o lo promoviéramos con fines recreativos. Podríamos usarlo, tal vez, como combustible, como antiséptico o para aliviar el dolor. Pero en ningún caso fomentaríamos su consumo.

Un buen publicista puede vender casi cualquier cosa a cualquier persona. El tabaco solo es materia vegetal seca y en descomposición que se enciende y se inhala para respirar humo tóxico y de horrible sabor.[121] En su momento, el marketing lo vendió como un símbolo de estatus y se afirmó que tenía beneficios para la salud. Una vez que lo pruebas, la naturaleza adictiva de la droga entra en acción y el trabajo de la agencia de publicidad se vuelve mucho más fácil: si pueden engancharte, el producto se venderá solo.

Dado que el producto es puro veneno, los anunciantes deben superar la aversión instintiva que provoca. Ese es un gran obstáculo; por eso, las mejores empresas de marketing del mundo —que cuentan con psicólogos y especialistas en comportamiento humano entre su personal— son contratadas para crear esos anuncios. Estos profesionales saben que la venta más eficaz es una de carácter emocional, una que juegue con tus miedos más profundos, tus preocupaciones existenciales. Los anuncios de alcohol venden el fin de la soledad, afirmando que beber proporciona amistad y amor romántico. Apelan a tu necesidad de libertad diciendo que beber te hará una persona única, osada, audaz o valiente. Prometen satisfacción, plenitud y felicidad. Todos estos mensajes le hablan a tu mente consciente y también a la inconsciente. Fíjate en los anuncios de bebidas alcohólicas en los próximos días. Para cada anuncio, intenta identificar el producto del producto. Trata de ver para cuál de tus deseos emocionales más básicos es atractivo el anuncio y nota lo poco relacionada que está la afirmación con la realidad del consumo. Es fácil descartar ciertos anuncios de alcohol, porque son tan ridículos que afirman cosas como que tus posibilidades de hacer un trío aumentan si bebes cierto tipo de cerveza (no estoy bromeando, es un anuncio real). Pero, por más absurdos que parezcan estos anuncios en la superficie, debes recordar que descartarlos por eso de manera consciente es parte del mecanismo que permite que vayan directos a tus deseos inconscientes. Te sorprendería descubrir qué tipo de persona dicen los anuncios que debes ser para acabar con tu soledad, alcanzar la libertad, mantenerte joven (y evitar la muerte) y descubrir tu propósito vital. Quizás empieces a preguntarte cómo es posible que, como sociedad, lo permitamos.

No olvidemos que el alcohol es el néctar. La realidad, una vez que descartamos el anuncio sexy, es que el producto real es etanol,[122] un veneno adictivo de sabor horrible. Así que lo endulzamos con azúcar y saborizante, o lo procesamos, para hacerlo más apetecible. El producto del producto es la embriaguez, un debilitamiento gradual de tus sentidos hasta que te intoxica por completo. Y los efectos secundarios (que nunca se revelan) son muchos. Piensa en los anuncios de nuevos medicamentos, como la Viagra o las pastillas para la tensión arterial. Es obligatorio por ley informar de todos los efectos secundarios que tengan relevancia estadística. Bien, el alcohol posee los mismos efectos cancerígenos que el asbesto,[123] y solo tres copas por semana pueden aumentar en un 15 % la probabilidad de que una mujer desarrolle cáncer de mama,[124] pero no hay ningún requisito de etiquetado. Sin embargo, en comparación con otras drogas (ilegales, legales y con receta), el alcohol tiene la puntuación más alta en cuanto a daño general.[125]

Al promover el consumo de alcohol, el marketing vende una mejor experiencia: el alivio de la condición humana. Y, al hacerlo, promete lo contrario de lo que el alcohol proporciona en realidad: se promete felicidad donde hay dolor; se prometen relaciones románticas cuando el alcohol destruye las que son saludables y satisfactorias; se promete sexo, pero el alcohol debilita los sentidos y, como depresivo que es, en realidad disminuye el deseo sexual, lo que dificulta lograr erecciones y orgasmos.[126] De hecho, el alcohol es una de las principales causas de problemas sexuales en los hombres, incluyendo la eyaculación precoz, el bajo deseo sexual y la disfunción eréctil. Un estudio clínico de 2007 reveló que la cantidad de alcohol consumido era el predictor más significativo para el desarrollo de una disfunción sexual.[127] Se promete alivio del estrés cuando la adicción hace descarrilar tu vida. Se promete una mayor capacidad mental y creatividad, y, sin embargo, beber ralentiza la función cerebral,[128] lo que en la práctica nos lleva a tener menos inteligencia y creatividad.

Quizá todavía pienses que la publicidad no te afecta. Pero la investigación demuestra lo contrario: a casi todo el mundo nos influye, incluso si creemos que no. La evidencia es clara: la exposición a la publicidad de alcohol tiene que ver con el consumo posterior; anima a la gente a comenzar a beber y promueve un consumo más abundante de alcohol entre quienes ya beben.[129] Esta conexión es mucho más fuerte en la gente joven.[130] La investigación demuestra que el cerebro, además de recibir información sensorial, la registra en un nivel celular e inconsciente.[131] Esto puede ocurrir incluso mientras dormimos.[132]

¿Sabes cuáles son algunos de los anuncios más caros del mundo? Sí, lo adivinaste: los de alcohol. Guinness gastó 20 millones de dólares en el anuncio más caro de todos los tiempos. Aunque, en términos de coste por segundo, el premio se lo lleva un anuncio de Bud Light que costó 133.000 dólares por segundo. La industria del alcohol en Estados Unidos gasta más de 2000 millones de dólares al año en publicidad. Y ¿por qué Guinness y Bud Light invertirían esa desorbitada cantidad de dinero si la publicidad no funcionara? No lo harían.

Incluso si aceptas que el marketing te influye, es difícil creer que los anuncios sean los únicos responsables de tu deseo de beber. Y tienes razón. Por más poderosa que sea la publicidad, no lo es tanto como para dar lugar a una sociedad en la que el 87 % de la población adulta ingiere de forma voluntaria ese veneno cancerígeno. Si bien contribuye a esas cifras, el marketing no es el único culpable. Nos influye más lo que observamos hacer a los demás, sobre todo a quienes conocemos y respetamos. El boca a oreja es una herramienta muy potente. La publicidad es solo el principio; una vez que ha hecho su trabajo, toman el testigo personas que se convierten en anuncios andantes.

Estudio de caso: el marketing del vino

Ya que el marketing es mi oficio y el vino era mi bebida, quiero tomarme unos minutos para hablar sobre el genio absoluto que hubo detrás del marketing del vino. Bebí vino tinto por dos razones: se promocionó como la opción más saludable y me permitió sentirme adulta en las cenas de negocios. Entiendo que el ritual de cata de vinos que observas en los restaurantes comenzó hace mucho tiempo, ya que a veces el vino se estropea y se agria; era necesario, pues, tomar una muestra de la botella antes de servir las copas. Sin embargo, hemos llevado este ritual a un nivel superior. Nunca pensé que lo admitiría, pero todo este asunto, con tanta pompa y ceremonia, me da risa.

Dada mi experiencia en marketing y los extremos a los que sé que los publicistas llegarán para crear una cultura en torno a ciertos productos, parece más probable que todo esto sea una estrategia de marketing. De hecho, considero el maridaje de vinos con alimentos y las elaboradas catas como parte una de las estrategias más inteligentes de nuestro tiempo. La gente pagará cientos, incluso miles de dólares por una botella de vino; y, sin embargo, es un bien consumible, por lo que el placer, si lo hay, será fugaz.

De lo que no nos damos cuenta es de que los demás quizá estén fingiendo. Vale la pena insistir en que la Asociación Estadounidense de Empresarios del Vino ha demostrado que la mayoría de la gente no es capaz de distinguir entre vinos «buenos» y vinos baratos.[133] Pero como existe una cultura en apariencia distinguida en torno al vino, tal vez te sentiste, como yo, demasiado ignorante para admitir que no puedes notar la diferencia entre ciertas cosechas. Así que, incluso si no le vemos el sentido, seguimos el juego. De ese modo aprendí palabras como «amaderado» para poder encajar, pero no tenía ni idea de lo que es un sabor amaderado. Todavía no he lamido un roble para averiguarlo. Otra pista: he formado parte de estos rituales, en todo el mundo, y ni una sola vez vi que alguien devolviera un vino tras esa cata previa.

¿Te imaginas hacer algo parecido con la leche? Y, en realidad, ¿no tendría mucho más sentido con la leche? Si no está fresca, podrías oler la fermentación y devolverla. Sin embargo, no hay un ritual similar para la leche.

Empezamos a identificarnos con el tipo de vino que bebemos, blanco o tinto. Esto va de nuevo en contra de la idea de que ciertos vinos complementan ciertos alimentos. Habrás notado que las personas que han adquirido un gusto por el tinto lo beben casi siempre. Si, tal como parece, el vino tinto solo marida bien con la carne roja y la pasta, mientras que el blanco lo hace con el pescado y el pollo, ¿por qué quienes son de tinto lo beben también con el salmón? En general, si disfrutas el sabor del vino o el licor, es por el azúcar, no por el alcohol. Si mezclo suficiente leche, azúcar y saborizantes con líquido desatascador de tuberías, apuesto a que podría hacer que supiera como el Baileys.

Craig Beck, un autoproclamado exaficionado al vino, describe la industria del buen vino en una palabra: porquería.[134] Beck cuenta que empleó todo el ritual del vino para encubrir su problema y logró convencerse a sí mismo de que no había nada malo en todo eso. Él dice: «No podía tener un problema porque, sin ninguna duda, yo estaba por encima del alcohólico del parque que bebía latas de cerveza de alta graduación. Yo compraba y bebía lo que beben los reyes, un símbolo de mi estatus social y de mi paladar refinado, y desde luego no una señal de adicción a una droga».[135]

Anuncios con testimonios reales

El marketing inteligente y basado en datos de la actualidad dirige los mensajes con tal precisión que se dice que el departamento de marketing de Target es capaz de predecir un embarazo incluso antes de que la futura madre se dé cuenta de que está embarazada.[136] Un departamento de marketing exitoso debe ser conocido como un centro de beneficios, y no de costes. Por lo tanto, dividimos los mercados objetivo en audiencias y profundizamos en personas específicas; articulamos con claridad con quién estamos hablando y diseñamos nuestras campañas publicitarias para aprovechar los deseos inconscientes de las personas con más probabilidades de generar grandes beneficios. Luego, cuando las ventas empiezan a llegar, incrementamos nuestro presupuesto de marketing y nos dirigimos a segmentos adicionales de la población. Este método maximiza la rentabilidad. Una vez logrado esto, confiamos en la opinión pública y el condicionamiento social para ampliar el alcance.

¿Cómo se desarrolla este condicionamiento social en la vida real? En la infancia se nos permite tomar zumo mientras los adultos beben cerveza. Pero llegamos a la adolescencia y sentimos un fuerte deseo de demostrar que también somos adultos. Así que probamos nuestras primeras copas. ¿Por qué no? Las personas adultas de nuestro entorno no paran de proclamar los beneficios del alcohol. Estos adultos influyentes son anuncios con patas. Y les creemos no solo por sus palabras, sino también por sus acciones. El alcohol debe de ser increíble, de lo contrario ¿por qué beberían tanto?

Y nuestra sociedad no solo fomenta el consumo de alcohol, sino que además se opone a las personas que no beben. Desde que dejé de beber me ha impactado la cantidad de preguntas invasivas que me hacen. No le preguntarías a alguien que rechazó un vaso de leche: «¿Estás embarazada?», «¿Eres intolerante a la lactosa?» o «¿Has tenido problemas con la leche?».

Beck explica estas reacciones en su libro *Alcohol Lied to Me: The Intelligent Way to Stop Drinking (El alcohol me mintió: la forma inteligente de dejar de beber).* Este autor dice que a todos los seres humanos nos motivan dos únicos factores principales: la búsqueda del placer y la evitación del dolor. Esa es una razón clave por la que tus amistades, no importa cuánto se preocupen por ti, no quieren que dejes de beber. Porque cuando dejas de beber se ven en la obligación de enfrentarse al hecho de que, en el fondo, también saben que el alcohol les perjudica. Beck lo explica así: «Cuando dejas de beber pareces elevar tus estándares por encima de los de las personas que te rodean. A medida que elevas tus propios estándares, pasas a destacar sus bajos estándares, y esto causa dolor psicológico a quienes te rodean».[137]

¿De verdad sorprende que cada vez más personas beban? Y el alcoholismo comienza ahora incluso más temprano en la vida. En el artículo «El alcoholismo no es lo que era», el Instituto Nacional sobre el Abuso del Alcohol y el Alcoholismo (NIAAA) afirma que ahora son los veintidós años la edad media para el inicio de la dependencia del alcohol. El artículo dice: «En la mayoría de las personas afectadas, el alcoholismo se parece menos a Nicolas Cage en *Leaving Las Vegas* y más al compañero fiestero de la universidad o a ese colega de la oficina».[138]

¿Cómo es posible que permitamos que el sector de la publicidad gaste más de 2000 millones de dólares para decirnos (y también a nuestros hijos) que ingerir una sustancia adictiva que acorta muy mucho nuestras vidas, destruye nuestra confianza, causa cáncer y es responsable de muertes, abusos, violencia, suicidios e infelicidad general… nos mejorará la vida?

¿Permitiríamos que la cocaína se publicitara de la misma manera? ¿Te imaginas un anuncio de 12 millones de dólares emitido durante la Super Bowl —con millones de jóvenes viendo el partido—, proclamando lo asombrosa que será su vida si esnifan unas cuantas rayas? ¿Por qué vemos la cocaína y el alcohol de manera tan diferente, en especial cuando, en los Estados Unidos, el segundo mata a 241 personas al día[139] y la cocaína «solo» a 15?[140] ¿Por qué glorificamos los beneficios de beber?

Las respuestas son complejas y tienen que ver con las grandes corporaciones productoras de bebidas alcohólicas, con la política, los impuestos, los grupos de presión y similares. Pero, en un esfuerzo por concentrarnos en lo que podemos controlar, volvamos a la pregunta inicial: ¿cómo ha pasado esto?

Conozco a mucha gente que consume cocaína. ¿Les dejaría sacarla delante de mis hijos? Nunca. En cambio, entre amigos, restaurantes y televisión, mis hijos no pasan un día sin ver a alguien tomar una copa. Sin embargo, ya lo he dicho, el alcohol mata a 17,6 veces más personas que la cocaína cada año.[141] Y si nos fijamos en la conducción bajo los efectos del alcohol, las estadísticas son horribles: cada noche y fin de semana, uno de cada diez conductores que circula por la carretera está intoxicado, y los accidentes relacionados con el alcohol son la principal causa de muerte entre los jóvenes.[142] La mitad de todos los accidentes mortales en las carreteras están relacionados con el alcohol.[143] Sería como si cada ocho días se estrellara un Boeing 747 lleno y murieran sus 500 pasajeros: esa es la cifra de personas que mueren cada ocho días a causa de la conducción bajo los efectos del alcohol.[144]

Nadie quiere ser una estadística. No matamos adrede a otro ser humano conduciendo en estado ebrio. La mayoría de los conductores ebrios ni siquiera se dan cuenta de que han bebido demasiado, ya que el alcohol reduce sus inhibiciones y distorsiona su criterio. Así que ya no pueden valorar con claridad si deberían ponerse al volante.[145]

Si bien idealizamos los beneficios del alcohol para los «bebedores responsables», ser un «borracho» conlleva, en cambio, un fuerte estigma; tanto que hemos generado la creencia de que convertirse en borracho es algo que no puede suceder a las personas normales, solo a «ellos». Esto nos obliga a mentir a los demás y a autoengañarnos sobre nuestra relación con el alcohol. Bien, por una vez hablemos con sinceridad: todo el mundo bebe más de lo que quiere a veces. No puedes decirme que los bebedores moderados y «con control» no vomitan en ocasiones ni se despiertan al día siguiente con una resaca criminal. Nadie se propone terminar la noche vomitando o viendo girar el techo sobre su cabeza. Entonces ¿por qué no reconocemos que, en lo que respecta al alcohol, no tenemos el control que creemos tener?

¿Por qué no somos capaces de admitirlo? ¿Por qué nos duele solo de pensar en una vida sin alcohol? Porque el marketing, nuestras amistades, la familia y nuestras propias experiencias conspiran para generar un fuerte deseo mental de beber alcohol. Es algo tan arraigado en nuestra cultura y educación que casi se puede decir que nos han entrenado, consciente e inconscientemente, para probar el alcohol. Pero ahora tienes una vía para recuperar la libertad, una que no te llevará a la tragedia ni al sacrificio. No sentirás que estás viviendo una vida aburrida o con carencias. Tomarás una decisión basada en evidencias claras. Cuando seas capaz de tomar una decisión sobre cuánto beber, tu mente inconsciente ya no sentirá ningún deseo de hacerlo.

10.
PUNTO DE INFLEXIÓN: BEBER ME AYUDA A RELAJARME Y A DISFRUTAR MÁS DEL SEXO

«El alcohol no nos ayuda a hacer las cosas mejor, tan solo nos hace sentir menos vergüenza al hacerlas mal».
W. Osler

Has **visto** que personas que suelen ser tranquilas y reservadas se vuelven ruidosas e insoportables después de unas copas. También habrás notado que mucha gente suele soltarse más a la hora de tener sexo después de beber. Tal vez hayas **asumido** entonces que el alcohol es vital para relajarse y tener suerte. De hecho, has **experimentado** cómo desaparecen tus inhibiciones después de beber. Sin ellas habrás sentido más seguridad para buscar sexo. Y puede que esto te haya llevado a más encuentros bajo los efectos del alcohol que en estado sobrio. La **conclusión** es clara: beber te ayuda a desinhibirte y a disfrutar más del sexo.

Veamos ahora la realidad:

Bebo para relajarme

Más de la mitad de la población se considera tímida; sé que yo misma lo soy. Ironías de la vida, si preguntas a mis amigos y familiares te dirán que soy extrovertida. Esto demuestra lo diferentes que son nuestras percepciones de la realidad. Sin embargo, la timidez puede ser paralizante, sobre todo cuando te ves en la obligación de relacionarte con desconocidos en una situación social. Como lo llama mi amiga Heidi, «charla y copas».

Para mí esas situaciones eran los viajes de negocios, los actos para hacer contactos y montar estands en congresos. La norma para la gente «tímida» era beber. La organización de los congresos lo reforzaba, y nunca faltaba el alcohol gratis. A menudo, los propios estands regalaban bebidas alcohólicas todo el día. Si querías beber, podías hacerlo. No es raro que empezara a creer que el alcohol era la clave para relajarme y ser más sociable en esos ambientes.

La pregunta fundamental es: ¿funcionó? Beber no me hizo más graciosa. ¿Cómo podría? De hecho, al funcionar mi cerebro a un ritmo más lento, mi ingenio se apagaba. Por tanto, no me hizo más interesante. Tan solo me desinhibía. Y yo creía que eso era bueno. Ahora me doy cuenta de que tenemos inhibiciones por una razón: nos protegen, no solo del daño físico, sino de hacer o decir cosas que no deberíamos. Sin ellas, hablaba con personas desconocidas como lo haría con amigos íntimos. Y esto me trajo problemas más de una vez; a veces insignificantes, y «la Annie borracha» solo se llevaba unos cuantos chismorreos a sus espaldas. Como solía ser la más joven, la gente atribuía mi estúpido comportamiento a la inmadurez. Pero otras veces esa pérdida de inhibiciones, combinada con mi naturaleza ingenua, me metía en situaciones incómodas y arriesgadas.

Más de una vez me encontré a solas con un hombre que no buscaba precisamente pedirme la tarjeta de visita. Me siento muy agradecida de que nunca me hicieran daño, pero las estadísticas demuestran que no es lo normal. Cuando beben, los hombres perciben un mayor nivel de interés sexual del que las mujeres pretenden comunicar. Y la percepción de sentirse «atraído» por una mujer, combinada con el alcohol —que es capaz de aumentar la agresividad—, hace a un hombre más propenso a cometer una agresión. Los hombres ebrios tienden más que los sobrios a considerar aceptable el uso de la fuerza para obtener sexo.[146] Por último, el alcohol afecta a la capacidad de las mujeres para evaluar los riesgos y reaccionar ante ellos. Por consiguiente, hacemos cosas que sobrias jamás haríamos, como quedarnos solas con un desconocido.[147]

Puedes argumentar que tomar un par de copas para relajarse no es gran cosa. Bien, pues yo te diré esto: ¿sabías que las agresiones sexuales, sobre todo en las universidades, están en máximos históricos? Los autores de un estudio de 2015, publicado en de *The Journal of Adolescent Health*, afirman que «la violencia sexual en los campus ha alcanzado niveles epidémicos».[148] ¿Qué te parecería que tu hijo se soltara y perdiera las inhibiciones en ese ambiente? La mayoría de las violaciones universitarias en las que está implicado el alcohol no son premeditadas. Esos chicos no tienen intención de convertirse en violadores. En un importante estudio, un joven que forzó a una amiga a mantener relaciones sexuales escribió: «El alcohol nos relajó y la situación se produjo por accidente. Si no se hubiera consumido alcohol, nunca habría cruzado esa línea».[149] En el mismo estudio se constata que el 54 % de las mujeres universitarias ha sufrido algún tipo de agresión sexual.[150]

Pongámoslo en perspectiva. El pasado octubre fui voluntaria en la guardería de mi hijo y ayudé a tallar calabazas para Halloween. La estadística anterior implica que más de la mitad de esas dulces e inocentes niñas de seis años sufrirán algún tipo de agresión sexual cuando abandonen su hogar para ir a la universidad. De nuevo, cuando se trata de agresiones sexuales —y, en especial, de las provocadas por el alcohol— parece que todo el mundo tiene una historia que contar. Una amiga mía estaba durmiendo en su habitación cuando un hombre con aliento a alcohol entró por la ventana y la violó en la cama. ¿Te imaginas el horror y el dolor que aún siente, décadas después del incidente? Además, incluso si el sexo es consentido, el alcohol aumenta otros peligros. Por ejemplo, el 60 % de las ITS (infecciones de trasmisión sexual) se transmiten cuando hay alcohol de por medio, y los jóvenes que consumen alcohol tienen siete veces más probabilidades de mantener relaciones sexuales sin protección.[151]

La timidez y las inhibiciones no son características negativas, aunque se nos ha condicionado a pensar que sí lo son. Estas emociones nos protegen y nos ayudan a transitar por la vida con elegancia. Ser una persona tímida no es divertido, pero sí es normal. Todo el mundo lo siente alguna vez. En el libro de Susan Cain *Quiet, The Power of Introverts in a World That Can't Stop Talking (Silencio: el poder de los introvertidos en un mundo que no puede dejar de hablar*) se habla del poder de las personas introvertidas en un mundo que no sabe callar. Hablando sin parar no se aprende nada nuevo. Y cuando nuestra naturaleza habladora deriva de la bebida no es ni reflexiva ni elocuente. Al contrario, el cerebro funciona a un ritmo más lento y disponemos de menos filtros entre los pensamientos y la boca. Lo que hablamos está menos filtrado y es menos interesante, lo cual no es buena combinación.

Bien, pues a pesar de todo lo bueno que tiene ser de carácter introvertido, la sociedad nos ha enseñado a creer que la timidez es una especie de maldición. Tenemos una predisposición social hacia la gente extrovertida[152] porque nos avergonzamos de nuestras inhibiciones naturales. No es de extrañar, entonces, que intentemos escapar de nuestra verdadera naturaleza bebiendo: esperamos que la personalidad nos cambie después de unas cuantas copas y nos convirtamos en la persona extrovertida y atractiva que aspiramos a ser. Un enfoque más lógico consistiría en aceptarnos tal como somos, dándonos cuenta de que todo el mundo está en el mismo barco, y en permitir que las conversaciones se desarrollen con naturalidad. Cuando nos tomamos el tiempo necesario para conocer a alguien, haciendo preguntas para llenar el silencio, el resultado es asombroso. Es un regalo aprender de los demás. Y hacer preguntas, escuchar y aprender te convierte en una persona más interesante, justo en el tipo de persona con la que los demás quieren estar.

Perder las inhibiciones puede ser peligroso, como ya hemos visto, en contextos sexuales. Y vale la pena insistir en que la pérdida de inhibiciones es incluso mortal cuando se trata de conducir. En estado sobrio no se te ocurre pensar en conducir si te emborrachas. Pero, cuando ya has bebido, lo que parecía una idea terrible de repente cobra sentido. Con tu bravuconería llevada a su máxima expresión, sientes que tienes más control del que posees en realidad. Y, sin darte cuenta, llega el día siguiente y piensas: «Vaya, no debería haber conducido anoche». La mitad de los accidentes de tráfico están relacionados con el alcohol.[153] La mayoría de los conductores ebrios no pensaban conducir en tal estado; lo que ocurre es que no sabían lo borrachos que estaban. Las carreteras se han vuelto más peligrosas que nunca. Así que recuerda que las inhibiciones te protegen a ti y también al resto de la gente.

Si estamos de acuerdo en que el alcohol ejerce cierto control sobre ti una vez que empiezas a consumirlo, tanto que acabas bebiendo más de lo que tenías pensado, entonces también puede llevarte a hacer cosas que nunca creíste posibles. Me da miedo pensar en la cantidad de cosas horribles que hice bajo los efectos del alcohol. La adicción es una cosa humillante, y yo la viví lo bastante como para saber que soy capaz de cualquier cosa, por aborrecible que sea, si las circunstancias son las adecuadas. En realidad, cualquiera lo es. Y es que creerse inmune a los errores aumenta las posibilidades de cometer un acto repugnante. Todos los seres humanos somos capaces de fracasar. Es así, solo somos humanos. Apenas hace falta un desliz, un fallo de juicio. No te engañes: todo el mundo comete errores. Nadie pretende matar a otra persona conduciendo bajo los efectos del alcohol. Sin embargo, ocurre día tras día. En Estados Unidos, cada 51 minutos hay un conductor ebrio que mata a alguien.[154]

¿Alguna vez has bebido tanto que has terminado vomitando? ¿Te lo habías propuesto? Si tu juicio fuera perfecto, ¿habrías dejado que ocurriera? Aunque siempre tomes buenas decisiones y te mantengas (y mantengas a los demás) fuera de peligro, ¿quieres ser esa persona de la fiesta que no se calla ni debajo de agua? ¿El individuo cuyo aliento apesta a vino, pero no puede distinguirlo porque sus sentidos están embotados? Todo el mundo conoce a alguien que no para de hablar en esas situaciones; y, por desgracia, a diferencia de lo que ocurre en Facebook, no podemos saltar a la siguiente historia interesante. Lo sé por experiencia, nadie quiere pasar tiempo con «la Annie borracha» que no para de hablar o de reírse a carcajadas de sus propios chistes.

A lo mejor piensas que un poco de alcohol es bueno para tu capacidad de conversar o para tus habilidades jugando al golf. El problema del alcohol es que una vez que empiezas a beber ya no puedes juzgar el punto en el que «un poco» es bueno y «mucho» se convierte en un desastre. Cuando haces el ridículo, o cuando tus dotes de conversación decaen, no te das cuenta. Y, en todo caso, aunque pudieras medir la cantidad exacta que debes beber, el alcohol no te hará una persona más lista, ni más divertida, ni más creativa ni más interesante. No, el alcohol no contiene nada que haga a la gente más interesante, creativa o brillante. Lo más habitual es que cuando una persona tímida se emborracha acabe volviéndose demasiado emocional, llorosa y repetitiva. No nos damos cuenta de lo mal que se nos ve cuando bebemos porque estamos borrachos y los demás… también. Es la pregunta de siempre: si todo el mundo se tirara por un acantilado, ¿lo harías tú? Bien, pues con el alcohol, como sociedad, nuestra respuesta es inquietante: sí.

Bebo para disfrutar más del sexo

Ya hemos hablado de que el alcohol es una de las principales causas de disfunción sexual en los hombres; dificulta la excitación y hace más difícil mantenerla.[155] ¿Y qué pasa con las mujeres? He hablado con muchas que ya no beben y la opinión mayoritaria es que el sexo es mucho mejor estando sobrias. Una de ellas me dijo: «Mi libido ha vuelto al escenario en plan diva total». Otra lo describió así: «Recuperé mi chispa sexual al dejar el alcohol». Estoy de acuerdo, el sexo es mucho mejor cuando no estás anulando tu capacidad de sentir. No solo es más fácil tener orgasmos, sino que parecen durar mucho más.

Experimenté otro hecho positivo en el terreno sexual cuando dejé de beber. Abandonar el alcohol me hizo más feliz de lo que había sido en años, lo que me permitió dejar un antidepresivo que había estado tomando mucho tiempo. ¿El resultado? ¡Libido! Ahora el sexo es más divertido y más frecuente.

El único inconveniente en el que todas coincidimos es que no es tan divertido mantener relaciones sexuales estando sobria con alguien que está borracho. Una mujer me dijo: «Estoy de acuerdo en que el sexo es mucho mejor sin alcohol, pero ahora tengo que intentar tener mis momentos íntimos por las mañanas, porque odio el aliento a vino de mi marido». Otra me contó: «He descubierto que el sexo cuando ambos estamos borrachos está bien, y el sexo estando ambos sobrios es increíble, pero cuando uno está sobrio y el otro borracho es lo peor. El momento lo es todo —ya me entiendes— y cuando él ha bebido la cosa termina demasiado rápido». Se mire como se mire, el alcohol no mejora las relaciones sexuales. Y la buena noticia es que no hace falta que me creas: espero que disfrutes descubriéndolo por tu cuenta.

11.
EN BUSCA DE LA SOBRIEDAD

«Sé paciente contigo. El crecimiento personal es delicado; es terreno sagrado. No existe mejor inversión».
Stephen Covey

Imagina que has decidido dejar de beber.

Lo primero que haces es investigar los perjuicios del alcohol en internet. Lo que aprendes refuerza las razones por las que quieres dejarlo, así que tu motivación es mayor que nunca. Pero no has abordado las razones reales por las que bebes. Como expone Charles Duhigg en su libro *El poder del hábito*, la fuerza de voluntad es un músculo que se fatiga y acaba agotándose.[156] Al final, después de un día duro, sientes tanta frustración que te falla la fuerza voluntad y decides tomarte *solo* una copa. Pero esa única copa se convierte en muchas. Como no has conseguido dejarlo, empiezas a pensar que tienes una adicción real. Dejar de beber empieza a ser tan difícil como te han contado. Como te cuesta tanto, se refuerza la idea de que el alcohol tiene un poder enorme sobre ti. Debe de ser muy adictivo y tú debes de tener un enorme enganche.

Cuanto más te obsesionas con las razones para no beber, más frustración sientes al no conseguirlo —porque se ha convertido en una lucha—, y es mucho peor si cedes a la tentación.

Sin embargo, esto no parece tener lógica alguna. Sabes que el alcohol te trae problemas y los esfuerzos por reducir su consumo te han quitado incluso la alegría de beber. Ya no lo disfrutas: cada vez tus borracheras están más llenas de culpa y arrepentimiento. Sientes una gran desdicha cuando cedes, pero no entiendes por qué no eres capaz de dejarlo. ¿Qué hace falta para alcanzar la libertad? Bien, hay que empezar por comprender cómo empezó la caída.

Mi caída

Tu historia será diferente a la mía, pero los principios seguro que son los mismos. Así fue como empezó para mí.

Cuando era niña, estaba llena de entusiasmo y energía, no bebía ni una gota de alcohol. No lo necesitaba para disfrutar de las fiestas de pijamas, el patio del recreo, los bailes escolares y demás actividades.

Todo empezó en el instituto. Al principio, el sabor de las bebidas alcohólicas no me gustaba. La única persona que conozco que sí disfrutó de su primer trago es mi amiga Jenny. Estaba en la playa, en Francia, bebiendo Malibú con Coca-Cola. Por supuesto que sabía bien: tenía un 95 % de azúcar. El entorno era exótico y ella siempre dice que le encantó su primera copa. Pero, viéndolo con honestidad, no le gustó el alcohol, disfrutó del azúcar y del ambiente. Si su primer trago hubiera sido un licor fuerte en un sótano oscuro, lo habría escupido. Hasta una rata lo habría escupido. En *Introducción al aprendizaje y el comportamiento*, Powell y Symbaluk explican que la mayoría de las ratas de laboratorio no beben alcohol de forma voluntaria si se les ofrece.[157] De hecho, solo lo hacen después de que se las haya obligado a tomarlo y hayan desarrollado una adicción física.

En cualquier caso, mis primeros tragos no fueron del todo agradables. Recuerdo mucha presión de grupo. Salía con un chico mayor que esperaba que me soltara. Me compraba refrescos de vino azucarados, que no sabían muy bien. Yo quería encajar, así que me esforcé por acostumbrarme al sabor, aunque hubiera preferido beber otra cosa. Era joven, feliz y estaba sana. No necesitaba el alcohol.

Que no nos guste el sabor de las primeras copas es parte del problema. Si el primer trago supiera increíble, tendríamos más cuidado. Pero como esos sorbos iniciales no están muy buenos bajamos la guardia. Después de todo, ¿cómo podríamos engancharnos a algo que no nos gusta? Recuerdo mi primer vodka con zumo de naranja. Tenía doce años y mis primos y yo habíamos hecho una caminata de más de 15 kilómetros hasta unas fuentes termales. Empezaron a pasar una botella de agua que ahora sé que estaba llena de lo que llaman *destornillador*. El primer sorbo estuve a punto de escupirlo y preguntar: «¿Quién ha estropeado el zumo de naranja?».

Este es un gran ejemplo de cómo ignorar nuestros instintos en favor de nuestro intelecto. Si un animal bebiera algo con mal sabor, su instinto entraría en acción y no bebería más, porque ya sabría que el mal sabor es señal de peligro. Y ahí se acabaría la historia.

Pero las personas usamos el intelecto, la capacidad de razonamiento. Vemos beber a todo el mundo. Luego tomamos nuestras primeras copas y nos sorprende que no sepan tan bien. Razonamos, pues, que debe de haber algo increíble en la bebida. Si nuestros padres beben vino cada noche… aunque ni siquiera les guste. Deducimos, por tanto, que ha de tener unos beneficios maravillosos. Si no, ¿por qué lo haría todo el mundo? Este proceso es consciente y, lo que es más peligroso, también inconsciente. Así que nos esforzamos para tomarle el gusto.

De repente, sin darnos cuenta, la bebida forma parte de nuestra vida. Ya nunca tomamos la decisión consciente de beber tanto. Simplemente, ocurre. Y ahora no podemos imaginar una cena sin vino o un partido de fútbol sin cerveza. El paladar se acostumbra. Con el tiempo desarrollamos tolerancia, experimentamos con bebidas más fuertes y bebemos más a menudo. Llegar hasta aquí no fue una decisión consciente.

Mi carrera profesional ha tenido mucho que ver con mi dependencia del alcohol. Al principio de mi trayectoria me ascendieron a puestos directivos, y a los veintiséis años me convertí en la vicepresidenta más joven de la empresa. Viajaba por todo el país por trabajo. Las cenas fuera estaban marcadas por el consumo de alcohol y, por supuesto, todo el mundo aguantaba más que yo. Me llamaban «chiquilla» más a menudo de lo que me gustaría admitir, y me sentía obligada a demostrar que merecía esos ascensos a pesar de mi edad. Me dediqué, pues, a generar tolerancia para estar a la altura de mis colegas. Tenía una rutina: un vaso de vino, un vaso de agua. Así podía beber más vino sin sentirme tan mareada, y suavizaba los efectos de la mañana siguiente. Es patético admitirlo, pero a menudo subía a mi habitación del hotel sin que nadie se diera cuenta y me provocaba el vómito para poder seguir bebiendo. A veces esperaba al final de la noche para vomitar las últimas copas antes de irme a dormir. Estaba empeñada en encajar, en demostrar que era válida, y lo cierto es que adquirí una tolerancia formidable.

Antes de dejar el alcohol, yo, que medía 1,70 m y pesaba 75 kilos, podía beberme sin problema dos botellas de vino en una noche. Solía presumir de mi capacidad para seguir el ritmo de cualquiera en la empresa. Teniendo en cuenta que la sede está en Londres, me parecía todo un logro. Me esforcé mucho para mejorar mi tolerancia, mi especial capacidad para envenenarme. Y estaba orgullosa de ello.

Como era de esperar, el vino se convirtió en mi día a día, tanto si estaba en el trabajo como si no. Bebía en casa y en la oficina, y más cuando salía con mis amigos. Puedo decir con absoluta sinceridad que, en mis últimos años de consumo, ingería más calorías en alcohol que en comida. Y no se trataba de que siempre hubiera una razón para beber: era que nunca la había para no hacerlo.

Cuando alguien me preguntaba por la cantidad que estaba bebiendo recuerdo decir que el alcohol no me afectaba de verdad, que no me estaba haciendo daño. ¿Cuántas cosas justificamos porque creemos que no nos hacen daño? No parece un razonamiento lógico. Es especialmente estúpido cuando, además, resulta evidente que el alcohol estaba destruyendo mi cuerpo.

No puedo precisar del todo cuándo cambiaron las cosas. Si no has caído tan bajo como yo, tómalo como una advertencia: las cosas cambian. Se te escapan sin que te des cuenta, por mucha inteligencia, éxito o capacidad de control que creas tener.

Con frecuencia viajaba en vuelos internacionales nocturnos en clase preferente. En estos viajes, los auxiliares de vuelo parecen tener la misión de emborrachar a los pasajeros para que se duerman durante el trayecto. Bien, pues yo asombraba al personal por la cantidad de veces que tenían que llenarme el vaso. Llegaba a otro país, el que fuera, de madrugada y medio borracha. Como podrás imaginar, tenía reuniones a primera hora de la mañana, así que me duchaba y me cambiaba en la sala VIP del aeropuerto antes de tomar un taxi hacia la oficina. Pronto empecé a ver las cosas de otra manera.

Pensaba: «Mmm, Annie, el tiempo es relativo. Sí, llegas a tu destino a las 8 de la mañana, pero en tu país son las 10 de la noche. ¿Por qué no te bebes otra copa para sentirte mejor cuando aterrices?». Y fue fácil hacerlo. El alcohol fluye con libertad en las salas VIP de los aeropuertos, las 24 horas del día.

Las resacas empezaron a pasarme factura, bien porque bebía más, bien porque estaba tan concentrada en el vino que me olvidaba del agua. Había oído que el alcohol es la mejor cura para la resaca, así que una cerveza o dos a la hora de comer (o antes) empezaron a parecerme una buena idea.

Si crees que controlas tu forma de beber, ahora estarás pensando que algo así nunca podría ocurrirte a ti. Puede ser. Tal vez tengas lo que yo llamo «barandillas mentales», como una especie de freno interno que te impide beber por la mañana porque te resulta impensable. Espero que sea así. Yo también creía que eso nunca me pasaría. Pero mis justificaciones llegaron a ser tan poderosas que me impidieron ver la realidad. No lo consideraba un problema, sino una solución temporal, algo así como una estrategia para tener más éxito en mi exigente trabajo internacional.

Cuando se llega a este punto de la relación con el alcohol, la gente que te rodea empieza a ver tu problema antes que tú. Oyes comentarios de familiares, amigos, colegas o incluso de tu jefe. Decides entonces demostrar que tienes el control y que puedes beber menos. Siempre has dicho: «Bebo si quiero. Puedo dejarlo cuando quiera». Y no dudas de que es cierto.

Intentas no beber unos días o beber menos al día. Se trata de un cambio crítico. Antes de llegar a este punto no te habías parado a pensar en todas y cada una de las copas que tomabas. Bebías lo que querías, cuando querías, y no pensabas mucho en ello. Yo, desde luego, no me planteaba cuánto estaba bebiendo. Tan solo bebía.

Pero ahora el alcohol ha empezado a causarte problemas —suficientes como para que alguien de tu entorno te llame la atención—, así que, en teoría, deberías querer beber menos. En un nivel consciente lo deseas. Por desgracia, tu inconsciente no ha captado el mensaje y sigue deseando el alcohol; continúa creyendo que es la clave para disfrutar de las situaciones sociales y relajarse.

Te controlas y entonces empiezas a aburrirte, a sentir cierta incomodidad y a ponerte de mal humor. El resto de la gente sigue disfrutando de una copa después del trabajo y una parte de ti desea con infinitas ganas un trago. Quizá cedas, autoconvenciéndote de que solo te tomarás una o dos. Y te das cuenta de que no es divertido estar pendiente de cuánto estás bebiendo. Después de unas cuantas, ya no importa: decides que mañana beberás menos. Llega mañana y te machacas por tu falta de fuerza de voluntad, te preguntas por qué no eres capaz de hacerlo. El hecho de que te cueste mantener ese compromiso empeora la situación. Te preocupa que el alcohol tenga poder sobre ti. Si no es así, ¿por qué te resulta tan difícil controlar lo que bebes?

Antes de que decidieras reducir el consumo de alcohol, tu forma de beber no era un problema; al menos no te dabas cuenta de que lo era. Puede que, como yo, no le dieras muchas vueltas al tema. Pero ahora, cada vez que el alcohol entra en escena, te enfrentas a un dilema estresante. Si solías beber a diario, ese estrés se convierte en rutinario. Yo dependía mucho del vino para relajarme y aliviar el estrés. En cuanto ocurría algo estresante, echaba mano de un sacacorchos. Una vez que mi amado vino se convirtió en la fuente de mi estrés, me encontré inmersa en un círculo vicioso. Es una situación dolorosa, porque a la vez estás bebiendo demasiado y no bebiendo lo suficiente. Alguna vez he oído decir eso de que «una copa es demasiado y mil no son suficientes». Es un buen resumen: la parte de tu cerebro que ve el alcohol como un problema no se pone de acuerdo con la que quiere una copa cada vez que lo ve necesario.

La lucha en esta etapa es patente. Sufres mucho estrés y acabas bebiendo incluso más que antes. Al final te das cuenta, para tu desgracia, de que no tienes ningún tipo de control y de que necesitas dejar de beber del todo.

Esta idea, para mucha gente, supone una tragedia. Mary, exbebedora compulsiva que encontró su libertad con *Libera tu mente*, lo describió así: «Recuerdo que pensé: creo que tengo que dejar de beber. Todo mi cuerpo se desinfló cuando las palabras me salieron de la boca; me abrumaba la tristeza ante la idea de dejarlo para siempre y, al mismo tiempo, no me creía capaz. Me parecía tan injusto… ¿Por qué no podía aprender a beber como los demás? ¿Por qué había llegado a esa situación?».

Las primeras semanas y meses de sobriedad son descritas por ciertas personas como lo más duro que han vivido nunca. Mi amiga Beth, que dejó de beber con AA, dijo que fue como perder a su mejor amiga. Lloró por el alcohol y pasó por un intenso proceso de duelo. Dejar de beber es una experiencia horrible para alguien que cree que la vida nunca será tan dulce sin el alcohol.

Nadie planea convertirse en alcohólico, igual que nadie piensa que es capaz de engañar a su pareja. Nos separamos mentalmente de «ellos», pensando que nunca permitiríamos que este tipo de cosas nos sucediera. Pero la verdad es que sí ocurre. Ocurre todo el tiempo, a personas como tú y como yo. A mí me enseñaron que un matrimonio es más seguro cuando se acepta que se puede ser infiel —que cualquiera puede serlo— y se toman precauciones para proteger esa unión.

El alcoholismo no es diferente. El alcohol es adictivo desde el punto de vista físico, y cualquiera puede acabar desarrollando dependencia física de él.

Como era una persona funcional, me resultaba fácil ver a los alcohólicos como gente ajena a mí; no era posible que me convirtiera en uno de ellos. Era sencillo ignorar cuánto bebía porque tenía mucho éxito en mi vida familiar y en mi carrera profesional. Incluso le otorgaba al alcohol parte del mérito de ese éxito. Quiero decir, ¿cómo habría podido tener todas esas grandes ideas o logrado esa red de contactos sin la bebida? Ahora sé que soy mucho mejor en mi trabajo cuando no bebo. Una de las cosas más increíbles del camino que estás a punto de empezar es descubrir hasta qué punto te equivocabas respecto al alcohol. Darme cuenta de que mis ideas vienen de mi cerebro —no de la botella— es liberador. Me siento genial al saber que no necesito esa sustancia para nada. Soy fuerte, feliz y completa tal como soy.

Comienza la búsqueda

Y así, una vez que te das cuenta de que el alcohol controla tu vida, comienza la búsqueda para recuperar el control. Por desgracia, muchas personas evitan este viaje (aunque desean con todas sus fuerzas librarse del control del alcohol) porque temen que sea imposible o que desemboque en un sufrimiento de por vida. Piensa en el alcohólico que vive en la calle, por ejemplo en Las Vegas: resulta evidente que ya no es feliz; el alcohol no le proporciona ningún alivio ni disfrute real. De hecho, está claro que es el culpable de su trágica situación: durmiendo en la acera, hambriento, mugriento, pidiendo dinero y acosado por la policía. Sin embargo, observamos su bolsa de papel marrón y nos preguntamos por qué, más allá de toda lógica, sigue bebiendo.

Podríamos interpretar su situación como la señal de que dejar de beber parece una hazaña casi imposible. De lo contrario, ¿por qué permitiría la gente que se le arruinara la vida? Nos bombardean con estadísticas sobre lo difícil que es mantenerse sobrio. Por tanto, la tarea que tenemos por delante parece monumental. E iniciamos ese camino con una mezcla de miedo y terror.

Nos aferramos a la esperanza ilógica de que algún día, si somos capaces de abstenernos el tiempo suficiente, seremos libres, como por arte de magia, del deseo de beber. Pero ¿por qué iba a ocurrir tal cosa? A tu alrededor la bebida se sigue presentando como el «elixir de la vida». Tus amistades beben y parecen disfrutarlo. Nada ha cambiado, así que ¿por qué ibas a librarte del deseo sin más?

Cuando dejas de beber por pura fuerza de voluntad, empiezas a ver los beneficios. Tu salud y tu vida mejoran. Las razones por las que dejaste de beber pasan a un segundo plano. Con el tiempo, empiezas a sentirte mucho mejor, con más salud y energía. Te sientes más fuerte por haber sido capaz de dejar de beber. Olvidas las razones por las que iniciaste este camino. Los seres humanos tenemos memoria selectiva: tendemos a recordar las cosas buenas más que el cuadro completo. Olvidas, pues, las peleas con tu pareja, las resacas o las estupideces que hiciste y dijiste. Se te borra de la memoria lo mal que estuviste, y esas razones ya no parecen tan importantes como antes. Abandonas la adicción y, al hacerlo, las razones para evitar la bebida pierden inmediatez.

Entonces encuentras excusa para una sola copa y, de repente, has caído de nuevo en la misma angustia mental de la adicción al alcohol. Da igual si pasas de golpe a la fase de desmayo o si es un descenso gradual que dura años. No has cambiado. El alcohol no ha cambiado. La sociedad no ha cambiado. ¿Por qué esta vez iba a ser diferente de la anterior?

¿Cómo sabrás cuándo has tenido éxito? Si vives esperando a ver si alguna vez vuelves a beber, solo sabrás que has tenido éxito cuando hayas muerto. Vivir una vida en proceso de recuperación, sin haberse recuperado nunca, implica aceptar que lo mejor que puedes esperar es una vida pasable. Pero una vez que cambias por completo tu perspectiva mental (consciente e inconsciente) sobre el alcohol, empiezas a ver la verdad sobre la bebida. Y cuando esto sucede ya no se necesita fuerza de voluntad, y no beber se convierte en una alegría. Este es el misterio de la sobriedad espontánea. Hablaremos de ello después de nuestro próximo punto de inflexión.

12.
PUNTO DE INFLEXIÓN: BEBO PARA ALIVIAR EL ESTRÉS Y LA ANSIEDAD

«No se puede encontrar la paz evitando la vida».
Virginia Woolf

Has **escuchado** a gente que dice que necesita una copa después de una larga jornada. Tú también te has servido un trago para calmar los nervios, y tu **experiencia** te demostró que parecía ayudarte a aliviar el pico de estrés y la ansiedad. Era fácil, pues, **pensar** que el alcohol es una forma de reducir el estrés y calmar la ansiedad. Con el tiempo llegaste a la **conclusión** de que el alcohol era *la única forma* de aliviar el estrés y la ansiedad.

Veamos ahora la realidad:

El alcohol alivia mi estrés y ansiedad

Empecé bebiendo solo en reuniones con amigos, pero a lo largo de los últimos cinco años lo usé cada vez más para relajarme. Es irónico, pero en realidad beber me hizo la vida mucho más estresante. Mi salud se vio afectada. Al estrés natural del trabajo le sumé la ansiedad de preguntarme qué comentario estúpido le había hecho a quién en alguna de mis noches de borrachera. Copa a copa, sumé estrés a mi vida mientras me engañaba a mí misma creyendo que el alcohol me ayudaba a relajarme.

Pero ¿qué es en realidad relajarse? Se podría decir que experimentar una completa relajación significa no tener nada que te preocupe, irrite o moleste, ni física ni mentalmente. ¿Y cómo puede hacer eso por ti el alcohol? No elimina las molestias y los factores estresantes, pero sí es cierto que disfraza los síntomas por un rato. No obstante, ¿adivina qué? A medida que desarrollas mayor tolerancia, el efecto del alcohol disminuye y la necesidad aumenta. Pronto las cosas que hacen que te molestes son apenas silenciadas por el alcohol, y ya has caído en la adicción. Por supuesto, este es un factor estresante mucho mayor que los que intentabas eliminar con la bebida. Has generado un deseo mental por el alcohol que no existía antes, y ahora lo tienes que alimentar (con más alcohol) o eliminar. Querer algo que no deberías tener no te relaja; solo te produce una especie de división mental que es la definición misma de frustración y agitación; es lo opuesto a la relajación. Beber para tratar los problemas te asegura que no afrontarás el verdadero origen de tu incomodidad; que permanecerás en una situación de estancamiento, tratando los síntomas del estrés en lugar de sus causas. Las cosas van de mal en peor cuando sumas la dependencia del alcohol a los problemas que ya tienes.

Hace unos años, en Windsor, Inglaterra, me bajé del escenario después de hablar ante unas 70 personas. En general, sé cuándo lo he hecho bien, pero esa vez no estaba tan segura. Algo no encajaba. Sabía que la conexión con la audiencia no estaba funcionando nada bien. Un amigo me preguntó con discreción qué estaba pasando. Él, como buen amigo que era, fue honesto conmigo y me dijo que había perdido mi chispa, que ya no era la comunicadora animada, divertida y cercana que solía ser. Sabía que tenía razón y me eché a llorar. No entendía qué me estaba fallando ni por qué me sentía tan nerviosa. Lo que sí sabía era que quería un trago para calmar los nervios. En realidad, fue el alcohol el que tumbó mis dotes de comunicación. Sin embargo, en aquel momento pensé que era mi único consuelo.

Me tomé esa copa para «calmar los nervios», pero estaba tan estresada que no me ayudó en absoluto. Beber mucho y dormir poco eran las razones por las que había perdido mi chispa. Cuando ahora pienso en por qué estaba tan hecha un lío, sé que no existía ninguna razón real. Si bien mi trabajo puede ser estresante, también es cierto que me encantan el ritmo rápido y el cambio constante. Estoy en mi elemento cuando soy responsable de grandes presupuestos y equipos internacionales. Nunca me hallé en una situación de vida o muerte. Todo mi estrés vino de las ganas de mejorar y sobresalir. Y beber para aliviar el estrés empeoró las cosas. Ahora que ya no bebo con regularidad soy capaz de gestionar todo tipo de situaciones, incluso las más complicadas. ¿Son todas fáciles? No. ¿Siento estrés? Por supuesto. Pero este nunca se multiplica por no tener energía, confianza en mí misma o coraje para enfrentarme al tema en cuestión. El alcohol parecía darme una salida fácil: tomarme un trago, atenuar mis sentidos y dejar que el estrés se esfumara. Pero todo empeoraba, porque bebía en lugar de afrontar los problemas.

Estoy escribiendo esto en un vuelo de regreso a casa tras un viaje de negocios de seis días por cuatro países. Quiero relajarme cuando llegue a mi hogar. Al final de un viaje como este, sin excepción, me siento agobiada, agotada. Solía creer que se debía al estrés, y necesitaba alcohol para relajarme. Y sí, lo admito, en parte es estrés, pero la mayor parte se debe a la responsabilidad implícita de mi trabajo. Ahora veo que doy lo mejor de mí cuando me exigen. Me gusta el ritmo rápido, tanto en el trabajo como en mi familia y en los otros proyectos en los que estoy metida. A veces, cuando me ven demasiado alterada, me dicen que debería bajar el ritmo, pero eso no me hace feliz. Porque el problema no es el ritmo, sino envenenar mi cuerpo y mi mente hasta el punto de no poder seguir el ritmo de la vida que quiero vivir.

Imagina lo intenso que sería meterte en un jacuzzi tras un duro entrenamiento en un día de calor sofocante. Una ducha fría y refrescante sería mejor, ¿verdad? Sin embargo hoy, después de 29 horas de viaje, el jacuzzi me suena mucho mejor; me relajará los músculos y me ayudará a dormir. Estar en la cama con un buen libro es una delicia para mí. En cambio, mi hijo de tres años lo vería muy estresante: está lleno de energía y aún no sabe leer, por lo que se sentiría frustrado por tener que quedarse quieto. Con esto quiero decir que, para relajarnos, tenemos que averiguar por qué estamos en tensión y abordar el problema. Si se trata de cansancio, dormimos. Si tenemos frío, encendemos la chimenea o nos ponemos un jersey. Si nos pica, nos rascamos. Puedes hacerte una idea, ¿verdad?

Si estoy estresada porque olvidé devolver una llamada telefónica importante, puedo hacer esa llamada o anotarlo para asegurarme de hacerla más tarde. Esto aliviará mi estrés. Si estoy experimentando estrés debido a una fecha límite que se acerca, puedo programar tiempo para trabajar en el proyecto o ponerme directamente a ello. El camino más corto hacia la relajación es eliminar la irritación que te está causando estrés.

Tengo un mentor y coach ejecutivo. Hace unos años discutíamos sobre cómo el trabajo me tenía atrapada incluso los fines de semana, y no lograba desconectar lo suficiente como para relajarme y disfrutar del tiempo en familia. Por entonces todavía bebía, lo que me demuestra aún más que el alcohol no es el «interruptor mágico» de alivio que pensé que era. Mi coach me dio un gran consejo en aquella ocasión: dijo que en realidad solo hay tres tipos de cosas que hacen que el estrés del trabajo siga en tu cabeza tras la jornada laboral. La primera es algo que olvidaste hacer; en ese caso, anótalo y hazlo a primera hora del lunes. La segunda es algo que te diste cuenta de que habías hecho mal; en este caso, si se puede arreglar, toma nota y priorízalo en cuanto puedas; si no tiene arreglo, tal vez debas disculparte o enmendarlo de alguna forma, pero luego toca soltarlo. La tercera es una idea nueva que te viene a la cabeza; si ocurre eso, debes escribirla y actuar en consecuencia cuando estés de vuelta en la oficina. Este consejo alivió mi estrés laboral más que cualquier copa que me haya tomado nunca.

La verdadera relajación llega cuando eliminas la causa de tu malestar. El alcohol, por definición, no puede relajarte. Ahora tal vez te preguntes sobre los efectos anestésicos del alcohol; ayudaría a aliviar el dolor, seguro. Sí, por supuesto, el alcohol adormecerá tu cerebro y tus sentidos, y lo hará de tal manera que, si bebes lo suficiente, te dejará inconsciente. Y la inconsciencia sin duda aliviará tu dolor. Pero decir que esto es buena idea es como decir que lo es pretender curar una migraña decapitándote. Hay mejores soluciones.

Un estudio llevado a cabo en 2012 demostró que el alcohol te vuelve menos capaz de gestionar el estrés y la ansiedad. Los investigadores administraron alcohol a un grupo de ratones durante un mes y luego compararon a los que habían estado bebiendo con otros que no habían consumido alcohol. Unos y otros fueron puestos en situaciones estresantes para medir sus reacciones. Lo que se halló fue que el alcohol reconfiguró, en sentido literal, el cerebro de los ratones para que no pudieran gestionar la ansiedad y el estrés.[158] A mucha gente le parece chocante, pero si bebes con regularidad es probable que ya sepas que es cierto.

Pero ¿por qué creemos que el alcohol ayuda a reducir el estrés y la ansiedad? La razón más probable es que puede hacerte olvidar lo que te estresa, incluso cuando está empeorando la situación. Ya sabes que en cuanto vuelves a la sobriedad, a menos que hayas hecho algo para mejorar la situación, tu estrés sigue ahí.

En la playa con un excelente libro, disfrutando del sol y la brisa del océano, sin preocupaciones, estoy relajada del todo. El alcohol no puede mejorar eso. Hace poco estuve en una playa de Hawái, disfrutando de esta sensación, y se me pasó por la cabeza tomarme una copa. Siempre me había bebido un Mai Tai (u ocho) mientras estaba en la playa. Cuando pensé en ello me di cuenta de que una bebida me cansaría y me pondría de mal humor. Y como uno me daba sed y me despertaba el antojo de alcohol, dudaba de ser capaz de conformarme con ese. Entonces, en lugar de pasar el día siguiente tomando el sol en la playa, lo pasaría en la cama, con resaca. Al pensarlo, me di cuenta de que no quería beber. La paz mental es no tener angustia. Y es una sensación que ninguna droga puede aportarte.

Si de verdad estás feliz y te has relajado, no tendrás necesidad ni ganas de cambiar tu estado de ánimo. Echando la vista atrás, veo que mi constante necesidad de beber para relajarme era, en realidad, una prueba de que el alcohol no me estaba relajando. Si de verdad me ayudara a alcanzar la relajación, ¿no tendría sentido que con el tiempo necesitara menos? Si el alcohol curase mi estrés, ¿no necesitaría menos, y no más, con el tiempo? No, el alcohol no te relaja. No borra el estrés de tu vida. Solo consigue nublarte los sentidos y adormecer tu malestar. Tan pronto como desaparece su efecto, el estrés regresa y, con el tiempo, se multiplica.

Ser feliz y no tener estrés, enfrentarte a su raíz en lugar de atenuar los síntomas es la única manera segura de encontrar alivio. Si lo haces, ya no necesitarás tapar el síntoma con veneno. Me parte el alma saber que más de una persona que conocí se ha quitado la vida. Es trágico que afrontemos nuestra infelicidad de esta manera, perdidos para siempre, creyendo que la única cura para nuestra depresión o infelicidad es borrarnos del mapa. El alcohol borra un poco de ti cada vez que lo consumes. Incluso puede borrar noches enteras cuando te emborrachas. El alcohol no alivia el estrés; cancela tus sentidos y tu capacidad de pensar. El alcohol, en última instancia, te borra a ti.

Lo opuesto al alivio: lo que sucede en tu cerebro

Entonces, si el alcohol no te relaja, ¿qué hace? En pocas palabras, ralentiza la función cerebral. Lo consigue alterando dos neurotransmisores (sustancias químicas que transmiten señales entre las neuronas): el glutamato y el GABA.[159] El glutamato es un neurotransmisor excitador que aumenta los niveles de actividad cerebral y la energía. El alcohol suprime su liberación, lo que supone una desaceleración en las autopistas neuronales.[160] En sentido estricto, el pensamiento se vuelve más lento. En cuanto al GABA, es un neurotransmisor inhibidor. Estos neurotransmisores reducen la energía y ralentizan la actividad. El alcohol aumenta la producción de GABA en el cerebro, lo que se traduce en sedación, disminución del pensamiento, reducción de la capacidad de razonar, lentitud en el habla, disminución del tiempo de reacción y lentitud en el movimiento.[161]

Los hallazgos científicos apuntan a que cuando bebes también se alteran las sustancias químicas cerebrales que incrementan la depresión.[162] Tu cerebro contrarresta la estimulación artificial del alcohol sobre los centros de placer, disminuyendo el disfrute hasta que la ilusión de placer ya no existe. En esta etapa, los niveles de dopamina son altos, lo que aumenta el deseo de consumir alcohol, pero sin el placer que solías tener.[163] La neurociencia ha probado que el deseo de consumir alcohol puede convertirse en patológico y asociado con la dependencia.[164] Beber crea una necesidad compulsiva de alcohol, pero en realidad no se disfruta de él. Cuánto tarda en ocurrir esto depende de cada persona; para algunas puede suceder casi de inmediato, y a otras les puede llevar semanas, meses o años de consumo.[165]

El alcohol afecta a la corteza cerebral, en particular a la prefrontal. En este sentido, deprime los centros inhibidores del comportamiento, lo cual genera un comportamiento desinhibido. Esto también reprime el procesamiento de la información que recibes por los ojos y la boca,[166] y aún más tus procesos mentales, lo que hace más difícil pensar con claridad.

Además de ralentizar la función cerebral, el consumo episódico de alcohol (definido como cuatro copas en dos horas para las mujeres y cinco para los hombres)[167] puede dañar el cerebro al causar la muerte de neuronas.[168] Por último, el alcohol deprime los centros nerviosos del hipotálamo, que controlan el rendimiento y la excitación sexual. Como consecuencia, los impulsos sexuales pueden aumentar, pero el rendimiento y el placer sensorial disminuyen.[169]

Para resumir muchas de las cosas que hemos venido comentando sobre los verdaderos efectos del alcohol voy a recurrir a un extracto del libro *Kick the Drink… Easily (Deja la bebida… fácilmente)*, de Jason Vale:

«Se ha demostrado que el alcohol:

- Deprime tu sistema nervioso.
- Mina tu coraje, tu confianza y tu autorrespeto.
- Destruye neuronas.

- Debilita el sistema inmunitario, haciéndote más vulnerable a todo tipo de enfermedades.
- Interfiere con la capacidad del organismo para absorber el calcio, lo que da lugar a huesos más débiles, blandos y frágiles.
- Distorsiona la vista, dificultando el ajuste a diferentes niveles de luz.
- Disminuye tu capacidad para distinguir sonidos y percibir de dónde proceden.
- Te hace hablar arrastrando las palabras.
- Atenúa los sentidos del gusto y el olfato.
- Daña la mucosa de la garganta.
- Debilita los músculos.
- Inhibe la producción de glóbulos blancos y rojos.
- Destruye el revestimiento del estómago.
- Provoca obesidad».[170]

Vale continúa diciendo: «Cuando dejas de meter un veneno como el alcohol en tu cuerpo, literalmente respiras de alivio».[171]

13.
EL MISTERIO DE LA SOBRIEDAD ESPONTÁNEA

«Nadie nos salva más que nosotros mismos. Nadie puede y nadie debe. Nosotros mismos debemos recorrer el camino».
Buda

¿Has oído hablar alguna vez de la sobriedad espontánea? Es algo que puede sonar chocante, pero en realidad solo implica recuperarse de la dependencia del alcohol sin tratamiento médico. Y el secreto de la sobriedad espontánea depende en gran medida de resolver el conflicto interno entre las ganas de dejar de beber y el miedo a lo que crees que vas a perder si lo haces.

Sobriedad sin rehabilitación

Tal vez te sorprenda saber que en Estados Unidos las personas que se recuperan de forma espontánea de la dependencia del alcohol tienen entre cuatro y siete veces más éxito que quienes participan en nuestro principal enfoque de tratamiento del alcoholismo: AA. Según un estudio reciente del NIAAA, más de un tercio de las personas con dependencia del alcohol se recuperaron por completo sin ningún tratamiento. Pasaron de cumplir los criterios de dependencia —como desarrollar tolerancia, sufrir síntomas de abstinencia o haber intentado sin éxito dejar de beber— a dejar el alcohol por completo o reducirlo a niveles no perjudiciales, que no se consideraban consustanciales a una dependencia.[172] En comparación, el Dr. Lance Dodes, profesor de Psiquiatría ya retirado de la Facultad de Medicina de Harvard, afirma lo siguiente: «Los estudios revisados por pares sitúan la tasa de éxito de AA entre el 5 y el 10 %; es decir, 1 de cada 15 personas que ingresan en estos programas consigue seguir sobria».[173]

Las personas que dejan el alcohol por su cuenta —sin programas de rehabilitación o ayuda externa— tienen más éxito en mantener una relación saludable con el alcohol, y además parecen estar más en paz con su decisión y alcanzan mayor satisfacción. Dejan de dedicar tiempo y energía a pensar en no beber. En lugar de que la sobriedad se convierta en un foco diario, con reuniones, lecturas y mucho fervor en ese intento, pasa a un segundo plano, lo que les permite ser libres. Investigaciones adicionales muestran que el 75 % de las personas que se recuperan de la dependencia del alcohol lo hacen sin buscar ningún tipo de ayuda, incluidos los programas especializados de rehabilitación del alcohol y AA.[174]

¿Cómo puede ser? No parece tener sentido que solo dejar de beber, sin ninguna ayuda, pueda ser más eficaz que los programas de apoyo formales. A mí me sorprendió no solo por las tasas de éxito, sino también porque el fenómeno de la sobriedad espontánea no se da a conocer. Si hay una manera de dejar de consumir alcohol —o de reducir tal consumo— sin mucho esfuerzo y sin sufrimiento, me gustaría saberlo. Necesitaba entender qué era este fenómeno y cómo se podía producir. Quería saber si había algo que tenía lugar dentro de esas personas que lograban dejar de beber por su cuenta, algo que pudiera replicar y enseñar.

Sobriedad espontánea: estudio de caso

Por suerte, una de estas personas que lograron dejar el alcohol de forma espontánea es mi padre. Fumó tabaco durante 20 años y bebió mucho. Un día se levantó y lo dejó, sin mirar atrás. Mi padre lleva una vida bastante curiosa: tras graduarse de la universidad, renunció a un prometedor futuro en la industria del cine en Manhattan para mudarse a una cabañita de madera de una habitación —de apenas 3,5 x 7 m— en medio de las Montañas Rocosas. Allí, mis padres nos criaron a mis hermanos y a mí sin agua corriente ni electricidad. A esa altitud, las carreteras están cerradas de noviembre a mayo. Para llegar al pueblo más cercano había que ir esquiando o en moto de nieve.

Allí crecí yo, y allí sigue viviendo él, 44 años después. La cabaña está situada en una cuenca, a 3200 metros sobre el nivel del mar, casi al límite de la vegetación arbórea, y el vecino más cercano reside a varios kilómetros. De hecho, recuerdo haber desarrollado cierto miedo a los vecinos, porque oí el término en la escuela y, como no teníamos ninguno, no sabía lo que eran. De hecho, aquello sonaba bastante aterrador, así que de vuelta en casa le pregunté a mi madre: «¿Muerden los vecinos?».

Nunca vi a mi padre beber, así que asumí que nunca lo había hecho. Pero, en realidad, era conocido por su consumo excesivo de alcohol y bebía tanto o más que cualquier otro joven estudiante en los años sesenta. Entonces, ¿por qué en su caso fue como si no hubiera habido «recuperación»? Cuando le pregunté, respondió: «Me di cuenta de que no me estaba haciendo ningún favor, así que decidí parar. Nunca miré atrás».

¿Cómo es posible, cuando tantas personas pasan la vida entera en rehabilitación, atrapadas en su abstinencia? ¿Cómo es que mi padre tan solo decidió que no quería beber más alcohol y nunca se lo volvió a plantear? Él no era consciente de la base psicológica o, en general, científica de que, una vez que tomó la decisión firme de dejar de beber, pudiera detenerse sin dolor ni anhelo. La respuesta no es obvia, pero en realidad es muy simple. Te lo cuento con una historia.

Disonancia cognitiva: discrepar con uno mismo

Mi amiga Chelsey es feliz en su matrimonio con un hombre increíble. Pero antes de conocer a su esposo recorrió un largo y accidentado camino de pretendientes. Uno en particular me caía bastante mal. Muchos de aquellos chicos no eran lo bastante buenos para ella, y Jesse era quizá uno de los menos idóneos. Pero le gustaba mucho.

Mi opinión generó tensión entre nosotras. Somos íntimas amigas y nos cuesta ocultarnos las cosas. Pero es que no podía endulzarlo. Y tampoco tenía un gran motivo para que no me gustara. Subestimé lo mucho que a ella le atraía, y de repente estábamos enfrentadas y no conseguíamos ponernos de acuerdo. En general, si discrepábamos por algo éramos capaces de charlar el tiempo suficiente para entender el punto de vista de la otra. Con Jesse no, era incapaz de ver por qué le gustaba, y ella no entendía por qué a mí no. Mientras salía con él, el tema se quedó en el aire y ella optó por medir lo que me contaba de su relación.

Unos años más tarde, cuando yo estaba muy muy enganchada, ocurrió algo parecido. Ella no lo aprobaba, y, aunque quería que le contara con sinceridad lo que me estaba pasando, yo no era capaz de hacerlo. No sabía cómo explicar lo que estaba haciendo ni cuánto me disgustaba a mí misma. Así que no le conté muchas cosas que debería haber compartido con ella. En ambos casos tuvimos diferencias que no supimos resolver, y nos distanciamos más de lo deseado.

Esto es justo lo que sucede en tu cerebro cuando te das cuenta de que estás bebiendo más de lo debido. En psicología, este fenómeno tiene un nombre: disonancia cognitiva, definida como el estrés mental o la incomodidad que experimenta alguien que tiene dos valores, ideas o creencias contradictorias entre sí.

Te daré otro ejemplo: es Halloween, y la recepcionista de tu oficina ha traído un cuenco de caramelos. Lo pone en su mesa, ante la que pasas todos los días. Quieres comerte uno, pero te has prometido que vas a perder unos kilos, así que los dulces están prohibidos.

Sufres una lucha interna que te genera estrés mental. Ahí hay dos líneas de pensamiento contradictorias: no quieres comer dulces porque rechazas el azúcar y las calorías. Sin embargo, quieres esos dulces, crees que te proporcionarán placer y satisfacción. Así que te rindes y acabas comiéndote uno. Aquí es cuando comienzan los problemas con la disonancia cognitiva: has hecho algo que no te alegra, lo que te genera malestar.

Esta lucha interna ha sido estudiada en profundidad desde la psicología. Es muy difícil ser feliz o estar en paz cuando hacemos algo con lo que una parte de nuestro cerebro no está de acuerdo. Hacemos esfuerzos increíbles para superar esa disonancia y restaurar la paz interna. Y lo hacemos tanto de forma consciente como inconsciente. Y como no todos nuestros intentos de ganar esa lucha son conscientes, podemos, sin saberlo, mentirnos.

Hay varias maneras de superar tal estado y restaurar la armonía interior:

1. Podemos modificar nuestro comportamiento: «No comeré más caramelos».
2. Podemos justificar nuestro comportamiento cambiando la idea o información conflictiva: «Puedo hacer trampa de vez en cuando. Me lo merezco».

3. Podemos justificar nuestro comportamiento añadiendo nuevos comportamientos: «Está bien. Iré al gimnasio hoy».
4. O podemos autoengañarnos, ignorando o negando la información contradictoria: «Los dulces no son tan malos para mi dieta».

Con las sustancias adictivas, la cosa se complica. Tienes una fuerte creencia inconsciente de que el alcohol reduce el estrés y mejora tu vida. También una creencia consciente e inconsciente de que reducir el consumo o dejar la bebida es un sacrificio que está justificado. Pero te preocupa que dejar de beber sea estresante; no tienes nada que ocupe su lugar. De hecho, la vida te parece dura sin beber. Y, para empeorar las cosas, ¡todo el mundo a tu alrededor bebe!

Ahora tienes una creencia fuerte y consciente de que la cantidad que estás bebiendo es perjudicial para tu salud, daña tus relaciones y afecta en negativo a otras áreas de tu vida. Dado que el alcohol es una sustancia adictiva, el conflicto se vuelve físico y mental. Desarrollas un anhelo físico muy sutil, casi imperceptible, por la sustancia adictiva, lo que hace más difícil dejar de beber. Con el tiempo, este deseo se intensifica. Este es un hecho neurológico: el circuito cerebral cambia como resultado de la exposición repetida a una sustancia adictiva; y, poco a poco, los antojos se intensifican a través del aumento de los niveles de dopamina, que son el resultado de una respuesta química aprendida en el cerebro.[175] Incluso cuando no estás bebiendo alcohol, el conflicto interno sigue latente, porque el antojo está en constante desacuerdo con tu deseo de no beber. Si a la ecuación se le suma el deterioro de la salud y las relaciones, el conflicto interno se vuelve cada vez más doloroso.

Este fenómeno es la base de la adicción. Todas las personas adictas se mienten a sí mismas y mienten a los demás; lo hacen para protegerse y minimizar el trauma causado por su conflicto de voluntades. Nos volvemos expertos en poner excusas, en no querer ver la verdad. Llegamos a creernos nuestras propias mentiras. Ser incapaz de confiar en ti misma es aterrador y causa muchísimo dolor. Este es el verdadero dolor de la adicción. A diferencia de lo que se cree, no es el consumo físico lo que destruye la vida de quien bebe, sino el conflicto interno y su determinación de solucionarlo, al tiempo que sigue creyendo —aunque sea de forma inconsciente— que esa droga es, de alguna manera, vital para su estilo de vida.

Con el alcohol, rara vez podemos resolver el conflicto limitándonos a cambiar nuestro comportamiento. Dado que la mente inconsciente ha sido condicionada para creer que es un «amigo» que nos ayuda a gestionar el estrés y mejorar la vida, seguimos deseándolo incluso una vez tomada la decisión de dejarlo o reducir su consumo. Necesitamos fuerza de voluntad para no beber. Pero, como los científicos ya saben, la fuerza de voluntad se acaba.[176] Y las pocas copas que nos permitimos se han vuelto muy codiciadas. Así que nos rendimos, bebemos y luego nos sentimos culpables. Estamos hasta el cuello en la disonancia cognitiva, con la mente dividida, experimentando conflictos internos.

Cuando nos damos cuenta de que no podemos dejar de beber solo con fuerza de voluntad, el conflicto en el cerebro aumenta. Hemos tratado de cambiar de comportamiento y ha sido difícil. Hemos tratado de modificar nuestra forma de pensar, revisando listas de horribles consecuencias del consumo de alcohol, y eso también ha fallado. Intentamos justificar nuestra conducta poniendo excusas para beber. A lo mejor no creemos estas racionalizaciones al principio, pero es mucho más fácil convencerme de que está bien tomar una copa a las 8 de la mañana porque en tu país son las 10 de la noche, y así no experimentar un conflicto interno. Parte del cerebro se da cuenta de que las excusas no se sostienen, así que nos adormecemos bebiendo más. Intentamos cualquier cosa para superar el conflicto. Ignoramos y negamos la información que entra en pugna con el deseo de beber. Nos quedamos sin salidas, y no entendemos por qué no somos capaces de superar esto. Y entonces empezamos a autoculparnos.

Por eso las tácticas basadas en el miedo rara vez tienen éxito para superar un problema de adicción al alcohol. Sabemos desde siempre que es una sustancia adictiva y que arruina la vida de las personas, pero optamos por ignorar o negar esa información, lo que agrava el conflicto en el cerebro. Beber se convierte, pues, en una actividad ilógica.

La creencia de que el alcoholismo es algo que solo sucede a otras personas, gente con un defecto físico o mental, nos da una manera fácil de abordar el conflicto: nos permite seguir creyendo que tenemos el control, incluso cuando sabemos que no es así. Nos ayuda a negar el problema. Es fácil observar cómo los bebedores afrontan la disonancia cognitiva si prestas atención a las razones que dan para beber. Si actúas con sinceridad respecto a por qué bebes, apuesto a que te será difícil encontrar una razón que resista un análisis lógico y crítico.

Detener la guerra interna

Entonces, ¿cómo superó mi padre su disonancia cognitiva? ¿Cómo logró la sobriedad espontánea? Eligió la primera manera: dejar de beber de una vez y para siempre. Pero cuando tomó esta decisión ya había llegado a la conclusión de que el alcohol no aportaba nada positivo en su vida. Se dio cuenta de esto con toda la mente, sin lugar a dudas, sin espacio para cuestionar su decisión. Eligió dejar de beber con todo el cerebro, y al hacerlo se acabó el conflicto. Alcanzó la paz. Su forma de ser, tan decidida y rotunda, fue la que le permitió dar ese paso. Pero esa misma cualidad también había influido en su forma de beber. Cuando bebía, lo hacía con toda la mente. No dudó ni cuestionó cada copa. Si beber un poco era bueno, beber mucho era mejor. Este compromiso fue lo que lo empujó a volverse dependiente del alcohol y lo que al final lo ayudó a recuperar la libertad.

No voy a decirte que lo que hizo mi padre fuera fácil. No lo es. Se necesita una mente lo bastante flexible y fuerte como para cambiar por completo, tanto lo consciente como lo inconsciente. Ahora bien, *Libera tu mente* puede hacer que funcione para ti. Al leer este libro, estás modificando tu mente inconsciente para que seas capaz de zanjar, de manera fácil y pacífica, el conflicto de tu cerebro. Quizá hayas vivido con esa división en la mente varios años, incluso décadas. Solo tú sabes cuánto dolor y sufrimiento te ha causado.

Pero ¿por qué es tan dolorosa esta división? El conflicto causa dolor, lo que explica por qué los seres humanos, por naturaleza, somos reacios a él. Duele no estar de acuerdo con un buen amigo. Sufrimos incluso cuando no estamos de acuerdo con un desconocido o si presenciamos una pelea. ¿Cuánto más doloroso no será pelearte contigo? Si has sufrido una adicción, si has hecho algo que odias, entonces conoces ese dolor tan intenso. En mi vida yo no he experimentado nada peor; no existe nada más aterrador. El conflicto era tan doloroso que yo lo «olvidaba»; me emborrachaba para ignorar el caos en el que se había convertido mi vida. Al hacer esto, perdí mi autoconfianza; hice cosas que no quería hacer, y no entendía por qué seguía así. La miseria era absoluta y lo consumía todo. Ya no reconocía la cara que veía en el espejo. No sabía quién era. Me perdí a mí misma. Para encontrarte de nuevo, y para restaurar tu felicidad, es vital que elimines el desacuerdo de tu mente. Y el primer paso es examinar los supuestos beneficios del alcohol y demostrar, de forma lógica y racional, con nuestros puntos de inflexión, que son muy pocos.

14.
PUNTO DE INFLEXIÓN: DISFRUTO BEBIENDO; ME HACE FELIZ

«La adicción empieza con la esperanza de que algo "allá afuera" pueda llenar al instante el vacío que sentimos por dentro».
Jean Kilbourne

Has **visto** a la gente «disfrutar» del alcohol de todas las maneras imaginables desde que tienes memoria. Los anuncios prometen que el alcohol nos hará felices a medida que forjamos relaciones, tenemos sexo, animamos la fiesta y disfrutamos de nuestras actividades cotidianas. En las sociedades occidentales es casi imposible no **asumir** que el alcohol hace feliz a la gente. Decidiste probarlo y, con el tiempo, tus **experiencias** lo confirmaron. En realidad, no porque el alcohol te hiciera feliz, sino porque una vez que desarrollaste incluso la más mínima tolerancia te volviste un poco —casi imperceptiblemente— infeliz siempre que no podías beber. De hecho, la **suposición** de que el alcohol te hace feliz lleva implícita la **idea** de que no beber te hará infeliz. Tu **experiencia** confirmó tus suposiciones y has **concluido** que sí: el alcohol te hace disfrutar y también te hace feliz.

Veamos ahora la realidad:

El alcohol me hace feliz

La investigación al respecto demuestra que el alcohol causa mucha infelicidad en nuestra sociedad. Hace infelices a quienes beben, pero también a la gente que los rodea. Provoca la pérdida de un techo bajo el que vivir, desempleo, pobreza, abuso, depresión, dolor, violaciones, miseria y muerte. Existen grupos de apoyo para víctimas de abuso emocional, físico y sexual relacionado con el alcohol. Esta droga ha roto muchas familias, y el 70 % de los incidentes violentos relacionados con el alcohol ocurren en el hogar. De ellos, el 20 % incluye uso de armas que no sean manos, puños o pies.[177] Existen orfanatos para niños cuyos padres han muerto o ya no pueden cuidarlos por culpa del alcohol. Además, causa discusiones, peleas, apuñalamientos, asesinatos y embarazos no deseados. En los delitos violentos, es mucho más probable que el delincuente haya estado bebiendo a que se encuentre bajo la influencia de otras drogas.[178] Y las personas que beben con regularidad presentan una tasa más alta de muerte por lesiones o violencia.[179]

El daño que el alcohol causa en la sociedad es tan enorme que todavía no he conocido a nadie que no tenga una historia de dolor, tragedia o arrepentimiento relacionada con él. Mi preciosa prima murió el día después de Navidad, solo tenía veintitrés años. Cruzaba la calle cuando fue atropellada por un conductor ebrio. Su rostro quedó apenas reconocible. Llegó viva al hospital, pero murió. Todos tenemos historias horribles que contar.

El efecto del alcohol en la infancia es sin duda el más desgarrador. Es muy doloroso para los niños ver a sus padres —las personas en torno a quienes gira su mundo— tropezando, vomitando, discutiendo o tratándose mal. Los padres de mi amiga Julie se divorciaron cuando ella era muy joven, y su madre volvió a casarse con un bebedor empedernido. Me quedé a dormir en su casa algunas noches, y su habitación estaba justo debajo de la de sus padres. Recuerdo estar acostada y oír peleas alimentadas por el alcohol; me sentía tan impotente... Mi amiga fingía estar dormida. Seguro que sentía mucha vergüenza. Su madre nunca bebía, y las discusiones parecían venir solo de un lado: oíamos una voz masculina gritando, mientras su madre lloraba. Sin embargo, en cierto modo Julie tuvo suerte. Muchos niños se esconden bajo las mantas o en un armario mientras su madre sufre daños físicos. Y a menudo son los propios niños las víctimas de abuso. Es aterrador saber que más de la mitad de los casos confirmados de maltrato infantil y el 75% de las muertes infantiles por abuso tienen relación con el alcohol.[180] Las madres condenadas por abuso tienen *tres veces* más probabilidades de ser alcohólicas,[181] y los padres maltratadores *diez veces* más. Y el ciclo continúa, porque los hijos de personas alcohólicas presentan hasta cuatro veces más riesgo de desarrollar adicción al alcohol a lo largo de su vida.[182]

Incluso sin haber maltrato, un padre borracho aterroriza a una criatura. O se deshace en muestras de cariño, diciendo todo el rato cuánto te ama (pero te das cuenta de que es falso y que está provocado por la bebida), o parece desaparecer en sí mismo y no eres capaz de reconocerlo. Ya no es la persona que conoces y en la que confiabas. Aunque puede estar presente desde el punto de vista físico, sientes cierto miedo y abandono. En realidad, desearías que se marchara. Estar cerca de esa persona, aunque no sea violenta, es doloroso. Cuando un niño no puede comunicarse con sus padres, siente dolor y abandono. Los niños también son objeto especial de abuso matutino, cuando la resaca lleva a los padres a burlarse de ellos, y estos no entienden el motivo. Los niños odian ver a sus padres borrachos; hay pocas cosas más desconcertantes.

Se puede argumentar que estos casos son extremos y que sin duda alguna el alcohol, en cantidades moderadas, te ayuda a disfrutar de la vida. Aunque ves que en general causa más infelicidad que satisfacción, tú quizá seas la excepción que confirma la regla. Estas cosas horribles les pasan a otros, pero en tu caso encuentras verdadera felicidad en beber. Por alguna especie de milagro, la sustancia que hace que los padres lastimen a sus hijos, que los conductores borrachos maten a familias enteras y que algunos alcohólicos se quiten la vida... a ti te hace feliz.

Tal vez no estoy siendo justa. ¿Cómo puedo negar la eufórica sensación inicial? No puedo. Ese subidón que se siente cuando el alcohol entra en tu cuerpo. Es un hecho. Sucede. El alcohol, a diferencia de los alimentos, se absorbe a través de la mucosa del estómago. Es decir, llega muy rápido al cerebro. Pero ¿has notado qué pronto desaparece esa sensación? Presta atención la próxima vez que bebas. Llega enseguida, pero se esfuma en apenas 20 minutos. Algunos expertos creen que ese «subidón» solo se debe al aumento de azúcar en la sangre, ya que el alcohol está compuesto de azúcares y carbohidratos. Para compensarlo, el cuerpo genera insulina, lo que hace bajar el nivel de azúcar más allá de donde estaba antes. Y con ese bajón lo que sientes es tensión y un gran vacío. Y entonces, tal vez, otra copa te relajaría... unos minutos más, porque te dará el siguiente subidón de glucosa.[183]

Esa sensación te engancha. Observa si no cómo te sientes al beber. Después del primer subidón, la sensación ya no será la misma, sin importar cuánto bebas. Bebes más para perseguir la misma primera euforia. Después de unos cuantos tragos, tus sentidos se atenúan y tus percepciones cambian. La vida ya no parece muy real. Crees que todavía controlas la situación, pero ya no eres capaz de medir hasta dónde llega tu borrachera. Has perdido la capacidad para moderarte. Por eso, a pesar de las advertencias, el peligro y la amenaza de una multa, incluso personas inteligentes se ponen al volante cuando no deberían hacerlo.

Vale pregunta: «Cada vez que has tomado una copa, ¿puedes decir con honestidad que has sido feliz? ¿Has sentido cierta tensión o ganas de pelea mientras bebías? ¿Alguna vez te has estresado, deprimido o has llorado? ¿Te has vuelto desagradable o irracional al beber?».[184]

Puedes seguir con la idea de que, en teoría, si el alcohol te hace feliz, entonces cada vez que bebas deberás estar rebosante de felicidad. Déjame preguntarte, desde una perspectiva fisiológica: ¿cómo podría hacerte feliz algo que embota tus sentidos, que te anestesia, que te embriaga? Si tu sensación principal es de entumecimiento, ¿cómo es posible que sientas algo, felicidad incluida? Estoy segurísima de que no eres feliz cada vez que bebes.

Nadie siente orgullo por todo lo que ha dicho o hecho mientras bebía. Sin embargo, en ese momento creemos estar en la cima del mundo, diciendo y haciendo lo que se nos antoja, autoengañándonos con la idea de que eso nos hace felices. ¿Eres feliz cuando la habitación empieza a girar o vomitas la cena? ¿De verdad crees que es feliz ese borracho que vive en una calle de Las Vegas, que ha perdido su casa y a su familia por culpa del alcohol?

Tal vez no estés de acuerdo con esto y respondas que, por supuesto, ninguna de esas cosas es agradable, pero beber con moderación *te* hace feliz. Aun así, ¿cómo es lógico eso? ¿Cómo es posible que una sustancia que hace actuar a la gente de maneras vergonzosas de repente se convierta en el secreto de la felicidad si tomas solo un poco? Si una copa nos hiciera un poco felices, ¿no sería lógico pensar que varias nos harían mucho más felices?

Puedes argumentar ahora que ves a bebedores que parecen felices todo el tiempo. Están bebiendo, bromeando, riendo y disfrutando. Estoy dispuesta a apostar que disfrutan de la situación, la conversación y el tiempo con sus amigos, no del alcohol. Tal vez me digas entonces que, si el alcohol no estuviera presente, la situación se volvería deprimente. Estaría de acuerdo con esto si los bebedores creyeran —como, de hecho, la mayoría cree— que no pueden disfrutar sin alcohol. Pero no es que el alcohol les dé felicidad, es que son muy infelices sin él.

Es difícil medir esto porque no tenemos nada con qué compararlo. No recuerdo haber asistido a una boda —o, para el caso es lo mismo, a un funeral— en la que no se sirviera alcohol. Nunca he ido a una cena de negocios en la que no se bebiera. No recuerdo una sola barbacoa sin alcohol. Repasando mis años de adulta, no soy capaz de recordar ninguna ocasión social en la que el alcohol no estuviera presente. Mi familia y yo vivimos cerca de una de las mejores salas de conciertos del mundo, y allí sirven alcohol, pero muy caro. Un día estaba en casa de mi amiga Laura, en la cocina. Me di cuenta de que había una hogaza de pan a la que le faltaba un pedazo. Me acerqué y vi una botella vacía dentro del pan; lo habían horneado con la botella dentro. El marido de Laura es un fanático del whisky, e iban a ir a un concierto. No quería comprar bebidas allí y, además, prefería beber su marca favorita, así que Laura vació la botella y horneó una hogaza de pan «con sorpresa». En aquel momento se estaba enfriando, después iba a llenarla de nuevo. Su plan era meter el pan en la cesta del picnic para colar el whisky en el concierto. Puedes llevar toda la comida que quieras, pero no te dejan meter alcohol; revisan las mochilas con mucha atención. Como puedes imaginar, Laura estaba contentísima con su idea, y su marido estaba encantado.

Lo que quiero decir es que cuando estamos disfrutando de ocasiones sociales —que, por su propia naturaleza, generan un verdadero disfrute— casi siempre hay alcohol presente. ¿Puedes acordarte de muchas reuniones sociales en las que beber no fuera una opción? No me refiero a que te estuvieras absteniendo o tratando de beber menos, sino a que beber no formara parte de la fiesta. Incluso esa afirmación suena a oxímoron. Quizá si perteneces a una subcultura que no sirve alcohol en cada boda o festejo tengas una referencia mejor de la tenemos la mayoría. Piensa en algunas de las fiestas más divertidas a las que hayas asistido, con y sin alcohol. Has sido capaz de relajarte y divertirte en ambos tipos de fiestas, ¿verdad? Te lo has pasado genial en reuniones sociales sin alcohol. ¿Y si resulta que en realidad te divertiste porque hablabas y te reías con tus amistades, en lugar de porque bebías?

Ahora, en lugar de compararme con otras personas bebedoras en reuniones sociales, puedo hacerlo conmigo misma: la versión que no consume alcohol frente a la que sí lo hacía. Es casi increíble lo mucho que disfruto de la vida hoy en día. Sé cuándo me lo estoy pasando bien y cuándo no, pero mis emociones son cien por cien mías. Hay un millón de razones por las que soy más feliz ahora, pero sobre todo me conozco a mí misma; me siento cómoda y confiada en mi propia piel. Me encanta estar viva, me encanta ser yo. Esto es la verdadera felicidad. Tras leer *Libera tu mente,* Mary lo describe así: «Ya no bebo porque todos estos sentimientos son más eufóricos y satisfactorios que cualquier experiencia que me haya dado el alcohol».

Es difícil aceptar esto cuando todos tus amigos hípsters están «disfrutando» del vino con la cena. Es lo que hay que hacer. Sin embargo, en el fondo, todo el mundo siente que el alcohol puede ser dañino, y por eso tenemos la necesidad de justificar cuánto, o con qué frecuencia, bebemos. Es la negra sombra que pende sobre las veces que bebes y las que no. Nos hemos convencido de que no somos capaces de disfrutar de la vida sin alcohol, así que optamos por no fijarnos en esa sombra. ¿Cómo era posible gozar de la vida y ser felices antes de beber? En realidad, la felicidad es sentirse bien física y mentalmente, querer seguir viviendo. Y ¿cómo puede ser feliz alguien que depende de una bebida que destruye su salud y le encarcela? Pues porque la mente es muy poderosa, y lo que cree acaba siendo su realidad. Si crees que no puedes salir de fiesta o pasar el rato con tus amigos sin tomar una copa, no podrás.

Si lo que buscas es desconectar el cerebro, puedes hacerlo con alcohol. Pero cuando salgas de ese aturdimiento inducido el dolor seguirá ahí, y muchas veces se habrá intensificado. ¿Serás feliz, como por arte de magia, cuando te despiertes de tu noche de olvido alcohólico? ¿Habrá mejorado de alguna manera su situación? ¿O será peor? Ahora te sientes mental y físicamente fatal. El consumo de alcohol te ha destrozado los nervios, y cuentas con menos preparación para enfrentarte al motivo por el que empezaste a beber.

Una pena o un dolor reales no pueden ser reparados por el alcohol. No se pueden ahogar las tragedias. Si bebes lo suficiente las apartarás de la mente un rato, pero seguirán ahí. Y, cuanto más bebas, más difícil será afrontar tus problemas cuando regreses a la sobriedad. Al despertar, la tragedia seguirá ahí; la pérdida permanecerá, y parecerá peor que antes.

Es revelador darse cuenta de quién es feliz y quién no. Y resulta difícil ser feliz cuando nos obsesionamos con cuándo podremos tomar una copa más o cuánto alcohol podemos beber en una noche. A veces veo a personas que no beben, o que beben tan poco que se puede decir que lo hacen por puro compromiso: disfrutan del ambiente, riendo y hablando con la gente. El alcohol no las controla, parecen en paz y felices de verdad. Préstales atención la próxima vez. Mira a tu alrededor cuando salgas a cenar o a un club: date cuenta de quién parece feliz y relajado; luego presta atención a si están bebiendo en exceso. Los resultados te sorprenderán.

Si sientes que necesitas beber para ser feliz, para relajarte o como ayuda para disfrutar de la noche, entonces es que ya tienes problemas. El hecho de que tu cuerpo no se esté desmoronando y cuentes con los medios para alimentar tu hábito no significa que no tengas una adicción. Tal vez no hayas llegado a la etapa crónica en la que mente y cuerpo son dependientes del alcohol. Pero si crees que necesitas alcohol para disfrutar de cualquier ocasión social o para aliviar el estrés de la rutina, ya eres dependiente desde el punto de vista emocional. El efecto acumulativo del alcohol, en cualquiera que bebe, es la infelicidad, no la felicidad.

No te preocupes si sientes que estoy siendo injusta o que lo estoy pintando todo demasiado sombrío. La buena noticia es que no tienes por qué creerme. Una vez que seas libre lo comprobarás en primera persona. Vivirás tu vida al máximo, asistirás a decenas de acontecimientos sociales y te sentirás más feliz que con una copa en la mano.

15.
DEFINICIÓN DE LA ADICCIÓN. PARTE 1

«El progreso es imposible sin cambio, y quienes no pueden cambiar de opinión no pueden cambiar nada».
George Bernard Shaw

Características de la adicción: abuso, dependencia, ansia

El término adicción se usa todo el tiempo. Podemos tener adicción al chocolate, a las compras, a la televisión o a cualquier cosa. La palabra tiene tantos significados que en psiquiatría se prefiere el término «trastorno por consumo de sustancias». Estos trastornos se clasifican atendiendo a ciertos rasgos característicos que se dividen en tres categorías: abuso, dependencia y ansia.[185]

El abuso se caracteriza por consecuencias negativas significativas para las personas adictas. Estas pueden ser para la salud, relacionales y por el hecho de dejar de hacer lo que toca hacer, como ir a trabajar cada día.

La dependencia ocurre cuando el individuo adicto depende de la droga desde el punto de vista psicológico y, a veces, también físico. La dependencia se percibe por la tolerancia —cuando se necesita consumir más cantidad para obtener el mismo efecto— y por el síndrome de abstinencia —cuando se tienen síntomas psicológicos o físicos desagradables al dejar de consumir la sustancia—.[186] Ambas circunstancias surgen cuando el cuerpo y el cerebro han cambiado para compensar la presencia crónica de la droga.[187]

El ansia es un deseo muy intenso e ilógico de consumir la sustancia en cuestión. Los deseos pueden ir en contra de lo que quieres de manera racional, lo que supone que, por ejemplo, puedes querer disfrutar de un día libre sin alcohol, pero seguir existiendo en ti un ansia extrema por beberlo. Cuando una persona adicta intenta abstenerse, el deseo puede ser tan fuerte que le resulta difícil pensar en otra cosa.

Por simplificar, vamos a definir la adicción de la siguiente manera: consiste en hacer algo de forma habitual cuando en realidad no quieres hacerlo; o hacer algo más a menudo de lo que te gustaría, pero siendo incapaz de parar o de reducirlo con facilidad. En el fondo, se trata de tener dos prioridades contradictorias: querer hacer más y menos de algo al mismo tiempo. La sustancia adictiva genera una necesidad psicológica en la mente y una biológica en la materia gris. Esta necesidad crece, y comienza un ciclo en el que el cuerpo trata de compensar la presencia de la sustancia, pero va demasiado lejos, generando una necesidad aún mayor.

Con el tiempo, la necesidad —el ansia y el deseo de la sustancia adictiva— se vuelve más fuerte que tú, y ya no se trata de elegir. En los estudios sobre la adicción, el sujeto continúa administrándose la sustancia adictiva una y otra vez, dejando de lado todo lo demás en su vida, incluido el cuidado de sus hijos o incluso la alimentación. Las ratas, en estos experimentos, prefieren morir antes que dejar de consumir.[188]

Cuando se alcanza esa etapa compulsiva hay que romper el ciclo de forma total, cortar de raíz esa dependencia que la sustancia ha generado en cuerpo y mente.

Los seres humanos tenemos muchas adicciones. En cierto modo, somos una especie *adictiva*: usamos las mismas habilidades para aprender y adaptarnos que para caer en la adicción. Esto es así porque el aprendizaje ocurre en la misma parte del cerebro que la adicción. Polk cita estudios que confirman que la adicción está ligada de manera intrínseca a la capacidad del cerebro para aprender. Veremos esto en detalle en el próximo capítulo.

El ciclo de la adicción

Esta es una de las partes más importantes del libro. Debemos entender por qué bebemos.

Cuando los individuos adictos al crack se quedan sin droga, se descomponen: les domina la ansiedad, la irritación y la paranoia. Hacen todo lo posible por conseguir su próxima dosis. Algunas personas hacen cosas que jamás habrían imaginado antes de su adicción, incluso prostituirse por otro chute. La droga se vuelve el centro de su vida. Son miserables. Cuando encuentran y fuman crack, se relajan. Parece lógico concluir, pues, que el crack es justo lo que alivia la miseria, la paranoia y el pánico. Las pruebas están ahí: en un momento dado son un desastre, y al siguiente parecen felices y en paz. Pero sabemos que esto no es cierto. En realidad, alguien adicto al crack lo fuma no por sus beneficios, sino para aliviar la abstinencia que la dosis anterior creó.

Puede parecer que solo se sufre el síndrome de abstinencia al dejar la sustancia, pero no es así: cada vez que consumimos pasamos por una especie de abstinencia en cuanto la sustancia empieza a desaparecer del cuerpo. Por eso sentimos la necesidad de volver a tomarla. Así, vivimos en un estado de abstinencia casi constante cuando consumimos con frecuencia cualquier droga, incluido el alcohol. Si una persona adicta al crack nunca hubiera fumado crack, no sufriría el pánico, los sudores fríos y la miseria de una abstinencia. ¿No está claro que la droga crea estos síntomas en lugar de aliviarlos? Desde fuera resulta evidente, pero para quien está dentro del ciclo no, porque no lo ve.

Las adicciones varían según la sustancia, pero los patrones son siempre los mismos. La persona adicta está condicionada a creer que esa sustancia le proporcionará placer o alivio, que la ayudará a disfrutar más de la vida o a aliviar su estrés. Suele creer que de alguna manera está incompleta y necesita algo más de lo que su cuerpo puede proporcionar de forma natural. Puede sentir que tiene un vacío interior que solo se puede llenar con la sustancia que consume. Estas creencias, en general, son inconscientes.

Los individuos adictos suelen necesitar un tiempo para acostumbrarse a la experiencia de consumir droga. La primera vez que fumé marihuana no fue agradable; me sentí paranoica y no me gustó. Mis amigos me dijeron que eso era normal, y que la próxima vez sería mejor, así que lo intenté de nuevo. Ya que la experiencia inicial es menos que ideal —ya sea el mal sabor de tu primera cerveza o la paranoia de tu primer porro—, tu miedo a la adicción se desvanece. ¿Cómo es posible que caigamos en la adicción a algo que no nos gusta? Según Vale: «Lo irónico es que el sabor horrible es parte de lo que desencadena la trampa del alcohol».[189]

Cuando consumimos una sustancia físicamente adictiva —desde la cafeína hasta el crack—, sufrimos la abstinencia a medida que va saliendo de nuestro sistema. Con algunas drogas más duras es intenso, pero con la mayoría de las sustancias adictivas, como la nicotina, el azúcar, la cafeína o el alcohol, puede ser una leve sensación de molestia, casi imperceptible;

una especie de vacío, de ansiedad ligera, de vulnerabilidad. La incómoda sensación de que algo no va del todo bien, o que falta, y que la vida está incompleta. Dado que el alcohol puede tardar días en salir del sistema, las personas que beben experimentan esta sensación casi todo el tiempo.

Como no lo sufrimos cuando estamos consumiendo, no lo asociamos con la sustancia. La sensación de que algo anda mal es similar al estrés o al hambre, y no podemos identificarla. Al beber otro trago nos sentimos mejor. Tomamos una copa y entran en escena la relajación, la confianza y un mayor control del que teníamos un instante antes. Dado que el alivio es real, comenzamos a creer que la bebida proporciona placer. Somos más felices cuando bebemos no porque la bebida en sí nos haga felices, sino porque alivia la abstinencia que previamente causó. Esta ilusión confirma lo que nos enseñaron a pensar: que el alcohol proporciona alivio o placer.

Por tanto, continuamos bebiendo para deshacernos de la sensación de vacío e incomodidad que el propio alcohol generó. Cuando disfrutamos del «placer» de una bebida, restauramos la integridad y la paz mental que conocíamos antes de beber una sola gota. Dado que el alcohol es dañino, construimos una cierta inmunidad contra él. Necesitamos más para lograr el mismo efecto, más para aliviar la sensación de vacío e inseguridad. Y como son las propias sustancias adictivas las que generan esa vulnerabilidad desde el principio, no pueden ayudarnos a relajarnos. En realidad, son la razón por la que experimentamos tensión, debilidad e inseguridad. Vale dice: «La verdad es que no necesitarás encontrar otras formas de relajarte, porque ya te habrás relajado mucho más sin beber. Es el alcohol el que te hace sentir esa inquietud desde el primer momento».[190]

La inmunidad crece, y llega un momento en que ya no eres feliz, ni siquiera cuando bebes. La droga nos destruye desde el punto de vista mental y también físico. La salud flaquea, los nervios sufren y la sensación de dependencia se incrementa. Bebemos más. El ciclo continúa. Y de repente vemos como, sin darnos cuenta, nos hemos vuelto dependientes. Vemos de qué manera es posible que aquel borracho de Las Vegas haya acabado siendo un vagabundo agarrado a su bolsa de papel.

Conforme el ciclo avanza, la sensación de dependencia se hace mayor y empezamos a creer que el alcohol es lo más importante de la vida. Así como una comida asquerosa sabría deliciosa si nos estuviéramos muriendo de hambre, nuestra percepción del alcohol cambia: ahora nos parece más valioso. Nuestros seres queridos ven que estamos cayendo. Pero cuando nos advierten ya tenemos tanto miedo de perder lo que sentimos que es nuestro único consuelo que, sin darnos cuenta, cerramos la mente a lo que nos están diciendo.

Con el tiempo, la tolerancia es tan alta y estamos bebiendo tanto que gran parte de nuestra salud mental y física se ha volatilizado. La ilusión de la gratificación ya casi no existe. Empezamos a escuchar a la familia y a los amigos, o a prestar atención a la vocecilla cautelosa de nuestro interior. Nos preguntamos si deberíamos reducir el consumo o incluso dejar de beber. Sin embargo, ya se nos ha condicionado, sin saberlo, a creer que es muy difícil, así que empezamos a prepararnos con tristeza para una batalla muy dura.

Intentamos dejarlo, pero la mente inconsciente todavía cree que estamos obteniendo algo positivo del alcohol. Como consecuencia, nos atormentamos al tratar de dejarlo. Creemos que estamos sacrificando algo importante. Como todo el mundo a nuestro alrededor parece estar bebiendo «feliz», sentimos que nos estamos perdiendo algo grande. Al final, la experiencia confirma esa creencia de que es difícil, si no imposible, dejar de beber.

Por otro lado, cuanto más nos privamos, mayor es la satisfacción cuando por fin cedemos. ¿Y eso por qué? Porque cuando estamos sufriendo un periodo de abstinencia, la sensación de miseria va creciendo, y también lo hace el alivio; y al beber confundimos ese alivio con placer. En este ciclo de adicción, tanto la miseria de la abstinencia como el «placer» de la rendición son reales e intensos.

Efectos secundarios del ciclo del alcohol

Me gusta la forma en que Allen Carr describe la relación causal entre el consumo de alcohol y la miseria que experimentamos entre copa y copa. Los siguientes cinco puntos son suyos, pero los he desarrollado un poco para que resulten más claros.[191]

En primer lugar, experimentas los efectos inmediatos de tu anterior episodio de consumo de alcohol. Ya te has familiarizado con el estado de ánimo decaído, el cansancio, la resaca, los dolores de cabeza y la lentitud.

En segundo lugar están los daños físicos que se acumulan con el consumo continuado. Estos ocurren tan poco a poco que no eres consciente de ello.[192] Sentir esa lentitud, es estrés y ese cansancio de forma crónica se convierte en la «nueva normalidad». El consumo continuo de alcohol afecta a tu bienestar mental: no en vano, el alcohol es una de las principales causas de depresión.[193] Por tanto, comienza a afectar a tu situación económica y a tus relaciones.

Tercero, tienes que enfrentarte con el estrés real de la vida. En *The Sober Revolution*, Lucy Rocca explica que, como el alcohol deprime el sistema nervioso central, exacerbando la depresión y la ansiedad, a alguien que bebe le suele resultar difícil gestionar los factores estresantes cotidianos. Esos problemillas del día a día, que no deberían suponer una gran dificultad, se convierten en una «montaña que crece hasta parecer imposible de escalar».[194] Los problemas iniciales no tienen por qué estar relacionados con el consumo de alcohol; en otras circunstancias los habrías abordado, buscado soluciones o, al menos, intentado mejorar la situación. Pero al sentirte así, presa del agobio, optas por beber y dejarlos para mañana. Sin alcohol, podrías haberlos manejado a medida que surgieron, en lugar de posponerlos y, con ello, empeorarlos.[195]

En cuarto lugar, notas la sensación de vacío, ansiedad e inseguridad que solo identificas con «quiero un trago». Es esa punzada apenas perceptible que te dice que falta algo. Estos cuatro factores se combinan para crear la verdadera razón por la que bebemos, un deseo psicológico muy muy fuerte.

Es obvio que los efectos inmediatos del consumo de alcohol son causados por el propio alcohol. Los acumulativos son más difíciles de precisar, pero constituyen el quinto factor. No te das cuenta de que tu agotamiento crónico está relacionado con el envenenamiento continuo al que has sometido a tu cuerpo; lo que haces es culpar a la vida o al paso de los años. No piensas en los factores estresantes reales, cosas que has pospuesto o bloqueado por dar preferencia a la bebida.[196] Ni consideras la sensación sutil de «estaría bien tomar un trago», porque suele ser leve, casi imperceptible. Todos estos factores trabajan juntos para dar lugar al quinto y último factor. Este —el deseo mental de consumir alcohol— es mucho más fuerte que todos los demás juntos. El alcohol, como cualquier otra sustancia adictiva, altera la forma de funcionar del cerebro.[197] El anhelo deja de ser una ilusión mental para convertirse en una realidad neurológica: una realidad de dependencia y abstinencia [198]

El ansia de beber

Cuando estás entre una copa y otra, sientes el deseo de beber. A veces lo notas de un modo consciente, otras no tanto. Quieres una copa y no ves ninguna razón para no tomarla. Si no es posible que la tomes en ese instante (por ejemplo, porque estás conduciendo), esperas al momento de poder beber más tarde.

Cuando decides no satisfacer tu antojo porque quieres beber menos, te sientes miserable. La leve sensación de querer una copa se vuelve de pronto intolerable. ¿Por qué? Porque cualquier molestia puede parecer pequeña... hasta que no puedes aliviarla. Es como tener una ampolla en el pie mientras caminas. La sensación es débil al principio, casi no la notas. Puedes arreglarlo quitándote el zapato, pero si sigues caminando te seguirá rozando, y la irritación aumentará hasta que no puedas soportarlo.

Del mismo modo, un deseo no satisfecho se vuelve tan fuerte que no eres capaz de concentrarte en ninguna otra cosa. Es como si el niño del vecino estuviera tocando la batería: el sonido está en segundo plano y casi no lo notas. Pero llega un momento en que parece que la batería está sonando en tu sala de estar. El ruido es abrumador. No puedes pensar, mucho menos relajarte. Ese tambor domina tu mente hasta que el sonido cesa... o hasta que sufres una crisis nerviosa y corres a tirarle sus baquetas por el triturador de basura.

Bebes para acabar con la angustia. La bebida en sí no proporciona placer; acabar con la molestia de querer una copa es lo placentero. El alivio es tan fuerte que te sientes feliz, incluso te entra cierto mareo. Bebes para tener la sensación de paz que tiene siempre alguien que no depende del alcohol.

Por eso el deseo mental de alcohol es mucho más fuerte que todos sus efectos secundarios. Cuando un bebedor decide que necesita un trago para apagar su deseo, no es feliz hasta que lo consigue. Cuanto más tiempo continúe el ruido de la batería, más sanador será el silencio. Del mismo modo, cuanto más anheles el alcohol, mayor será la ilusión de placer o alivio cuando satisfagas tu deseo.

Conoces esa sensación: lo horrible de querer beber y no darte permiso. Sabes cuán reales son estos sentimientos, tanto que terminas justificando la siguiente copa de maneras que nunca pudiste imaginar. También sabes hasta qué punto es intenso el alivio cuando satisfaces el antojo.

El engaño está en creer que el alcohol proporciona placer y alivio por sí mismo. No es cierto. La angustia que experimentas cuando no bebes es consecuencia de beber. No importa si acabas de empezar o si llevas tiempo consumiendo. Es la realidad de la adicción, la realidad del alcohol.

Afirmar que el alcohol te da placer es como decir que es agradable provocarte ampollas solo por el alivio de quitarte los zapatos. El alcohol no satisface tu deseo de alcohol; es justo lo que creó ese deseo. El alcohol es la única razón por la que sigues teniendo antojos, y también la única razón de que tus antojos empeoren con el tiempo.

Cuando me tocó ser la conductora que no bebía esa noche, no pude evitar ponerme de mal humor. No pensé que me pudiera divertir de la misma manera sin beber. Y, como lo creía, era cierto; y como no me divertía mi mente inconsciente concluyó que beber era clave para disfrutar de la fiesta. Me engañaron haciéndome creer que beber marcaba la diferencia. El engaño es claro: no es que el alcohol sea agradable en sí mismo, sino que, como era adicta, una sola noche sin alcohol era terrible. Pero la verdad es que no necesitas alcohol para divertirte; solo *crees* que lo necesitas.[199]

La buena noticia es que hay salida para esta situación. Tu vida puede volver a ser plena y tener sentido sin alcohol. No tienes por qué seguir sufriendo.

La prueba definitiva

Al final de un largo día, mi estado de ánimo solía cambiar en cuanto me pedía una copa de vino. Me sentía optimista y más emocionada; las preocupaciones cotidianas parecían esfumarse. Era imposible que hubiera notado ya algún efecto físico del alcohol —ni por pedir la copa ni por darle el primer sorbo—, pero aun así mi humor mejoraba de forma drástica. Se me aliviaba el ansia mental. Seguía bebiendo, y las siguientes tres o cuatro copas ya no me daban placer. Mis sentidos estaban entumecidos, y me volvía menos aguda, menos ingeniosa y menos interesante.

Puedes probarlo tú también. Yo lo hice. Quería ver si el alcohol me proporcionaba un placer auténtico. A pesar de que bebía todos los días, no puedo decirte con precisión qué era lo que me gustaba de hacerlo. Esperaba entender cómo me hacía sentir el alcohol. ¿Había algo de verdadero disfrute, más allá de las circunstancias o del alivio de calmar el ansia?

Hice la prueba en casa, sola. No habría sido justo hacerla rodeada de amigos que sí me hacen feliz. Y tampoco podía estar en algún tipo de evento que me hubiera hecho feliz. Grabé un vídeo de la experiencia para poder verme con objetividad más tarde. Abrí una botella de vino y bebí.

Al principio tuve una sensación de mareo, como si la sangre se me subiera a la cabeza. Me notaba un poco desequilibrada. No fue gran cosa, pero sí fue lo más agradable de toda la experiencia. Esta sensación iba y venía en menos de 20 minutos. Al final me emborraché y me senté a decirle a la cámara cómo me sentía: ida, como si la visión se me estuviera estrechando y las paredes se acercaran a mí. Me sentía mucho menos capaz de hacer las cosas que había planeado para la noche, como leer o escribir. Antes del experimento, pensé que tan pronto como empezara a notar el efecto del alcohol querría hacer algo divertido, como meterme en el jacuzzi o jugar a videojuegos. Creí que me gustaría aprovechar y disfrutar de la sensación. Pero lo cierto es que no tenía ganas de hacer nada, no me quedaba energía y nada me parecía divertido. No estaba mal, pero tampoco podía decir que fuera agradable. Era más como si todo se volviera un poco difuso, menos real. Me costaba mucho hilar pensamientos y comunicarme.

Me quedé horrorizada cuando vi el vídeo. Había pasado de ser una persona con energía, confianza y alegría a parecer una verdadera idiota. El alcohol me robó la lucidez. Sonaba tan tonta... Me quedé impactada y avergonzada. No esperaba que aquello fuera tan malo. Sabía que hablar con alguien que ha estado bebiendo puede ser doloroso, pero estaba tan segura de que era más divertida e ingeniosa al beber... Mi percepción estaba desconectada de la realidad. Pensé que estaba haciendo bromas ocurrentísimas ante la cámara. Pero no.

Piensa en tus propias experiencias en situaciones así. Cuando hablas con alguien que ha estado bebiendo, no te da envidia de cómo se siente. En realidad, lo último que quieres es sentirte como esa persona. No recuerdo haber hablado nunca con alguien evidentemente borracho y pensar que me gustaría pasármelo así de bien. ¿Por qué? Porque estaba claro que esa persona no se estaba divirtiendo. No era la misma. La persona real no estaba allí. Solo cuando no estás bebiendo se ve esto con total claridad.

Beber era como tener visión de túnel. Ya no era consciente de todo lo que me rodeaba, solo de lo que estaba justo delante de mí, e incluso eso requería más esfuerzo y concentración de los que podía asumir. Pasada una hora, lo único que me apetecía era dormir. Así que, en lugar de quedarme hasta tarde para disfrutar de mi noche de borrachera, me fui a la cama. Mi gran fiesta terminó antes de las diez de la noche. Fue extraño, incluso desconcertante. Desde luego, no me sentía más feliz.

Como especialista en marketing, suelo pensar en cómo vendería algo: un producto o una experiencia. Y la de esa noche me costaría mucho venderla. No pude poner la «increíble sensación» alcohólica en palabras positivas. ¿Qué es, en realidad, esa sensación? ¿Cómo es posible que, sabiendo que lo único que hace el alcohol es embotar los sentidos, digamos que nos produce una sensación maravillosa? Me considero buena en lo mío, pero desde esa noche experimental no fui capaz de hallar nada que valiera la pena publicitar. Habría tenido que hacer lo mismo que todo el sector del alcohol: inventármelo.

Antes de la prueba había dejado de beber con *Libera tu mente,* así que no tenía antojo alguno. Por tanto, sin antojo no experimenté ningún alivio. El alcohol genera el deseo de más alcohol. Te resientes si no lo alimentas, y notas alivio cuando lo haces. Esa sensación de alivio contribuye en gran medida a la ilusión de felicidad. Como señala Jason Vale: «La única razón por la que un poco de alcohol parece dar felicidad es porque elimina los miedos naturales y satisface la dependencia psicológica de la droga».[200]

Si decides hacer esta prueba, es importante reducir al mínimo cualquier factor externo que te haga sentir bien de verdad. Elige un día en el que no estés demasiado feliz o triste. No veas la televisión o películas, ni escuches música. Es importante que experimentes solo el alcohol, para ver si lo disfrutas. Ten una actitud honesta y haz la prueba de verdad. Pregúntate si eres más feliz que antes. Plantéate si quieres pasar el resto de tu vida más torpe, con los sentidos embotados, con visión de túnel y sin ser capaz de concentrarte en más de una cosa a la vez.

En mi caso, le di mucha importancia a eliminar factores externos —amigos, lugares divertidos, televisión, música— porque disfrutar de una situación en la que hay alcohol no implica que estés disfrutando del alcohol. Haz memoria, contempla tu vida: seguro que has disfrutado de muchos momentos, pero ¿puedes separar la bebida de la situación y darte cuenta de que te divertiste por la compañía o el evento, en lugar de por la «alegría» de envenenarte y adormecer tus sentidos? Piensa en cuando aún no bebías, cuando eras perfectamente capaz de disfrutar de todo tipo de cosas sin consumir alcohol.

Ese disfrute es lo que todavía está presente en las situaciones sociales, solo que ahora se encuentra nublado por el alcohol.

Y ¿qué ocurría cuando no pensabas mucho en beber, y tan solo lo hacías? ¿Te emocionaba la noche que tenías por delante por lo increíble que iba a ser el alcohol? ¿O puedes empezar a ver que quizás, en realidad, no disfrutas de beber, pero sientes una gran tristeza o un enorme vacío sin ello? ¿Eres capaz de darte cuenta de que salir del bajón que provoca el alcohol no es lo mismo que vivir un auténtico subidón? ¿Entiendes que una noche divertida con amigos lo es por muchas razones, pero ninguna de ellas es el alcohol? De hecho, durante la mayor parte de tu vida de alcoholismo, cuando lo dabas por sentado, la ilusión de disfrutar apenas se notaba.

¿Y qué hay de esas otras veces? ¿Fue divertido el grupo de las mamás borrachas cuando te diste cuenta de que estabas ya en casa, pero no recordabas cómo habías llegado? A eso se lo llama «apagón» y, aunque rara vez se hable de ellos, ocurren con más frecuencia de lo que pensamos. De hecho, un estudio de 2002 publicado en el *Journal of American College Health* halló que más del 50 % de los bebedores de la Universidad de Duke habían experimentado apagones.[201] Y, si no lo recuerdas, ¿cómo puede ser divertido? No olvides, además, todas esas veces que dijiste algo estúpido, te fuiste a casa con alguien que no querías o estuviste vomitando durante horas. Ni cuando se te trababa la lengua, o cuando tu pareja te pilló las botellas escondidas en el armario; o cuando te pararon por conducir haciendo eses y acabaste con una multa o algo peor.

Lo irónico de todo esto es que las situaciones en las que estás bebiendo no son mejores que esos momentos miserables entre copa y copa. No hay disfrute. No hay alivio.

Una de las primeras veces que me emborraché recuerdo haberme sentido fuera de control, como si la habitación estuviera dando vueltas. Fue horrible. Esa sensación culminó en una vomitera brutal que ahora sé que eran los ingeniosos mecanismos de supervivencia de mi cuerpo para salvarme: expulsó el alcohol que podría haberme matado. Aquella primera vez fue hace años, pero la sensación no ha cambiado. Al final de mis días de alcohólica, necesitaba mucha más cantidad para llegar a ese punto. Había generado tanta tolerancia que ni siquiera dos botellas de vino me hacían sentir algo parecido. En realidad, no sentía casi nada. Cuando bebía —aunque no lo pensaba de forma consciente— creía que lo hacía porque me gustaba y porque quería. Ahora veo que bebía tanto porque era adicta. Si el alcohol me hacía reír, no era lo mismo que sentir una felicidad real y plena. El gas de la risa también me hace reír, pero desde luego no me hace feliz.

16.
PUNTO DE INFLEXIÓN: ¿ES EL ALCOHOL ESENCIAL PARA LA VIDA SOCIAL?

«Querido alcohol, teníamos un trato: tú me harías más gracioso, más listo y mejor bailarín… Vi el vídeo. Tenemos que hablar».
Anónimo

Antes de probar el alcohol, no lo necesitabas para disfrutar en reuniones sociales, pero a medida que crecías **observabas** que todo el mundo a tu alrededor bebía en situaciones sociales. De hecho, casi nunca **ves** ese tipo de situaciones sin alcohol. Así que **asumiste** que el alcohol es un ingrediente fundamental para una buena fiesta. Empezaste a beber en compañía de otras personas, y al principio puede que siguieras sin considerarlo esencial para relacionarte. Pero, dado que el alcohol es parte de casi todas las situaciones sociales, pronto empezaste a **vivirlas** siempre con una copa en la mano. Con el tiempo, desarrollaste una leve dependencia y sentías su falta si no había alcohol disponible. Tu **experiencia** confirmó tus observaciones: no te divertías tanto si no bebías. Y **concluiste** que sí, el alcohol es vital para la vida social.

Veamos ahora la realidad:

Yo bebo por razones sociales

Sin lugar a dudas, beber es una costumbre social. En muchas ocasiones, el alcohol convierte un gran evento en un desastre. En nuestra boda solo ofrecimos cerveza y vino a los invitados, porque sabíamos que dar licor a ciertos invitados se traduciría en problemas. Todo el mundo tiene alguna historia de un tío o un amigo que se emborracha y arruina la boda. Y eso no solo sucede en las bodas: hay muchas noches en un club o un bar donde el consumo de alcohol social se va de las manos con mucha rapidez.

Conocí a una chica cuyo novio se emborrachaba y se desmayaba tanto que se hacía pis en la cama una y otra vez. Tenía treinta años. Su problema estaba bien oculto, como la mayoría. En la fiesta era el bebedor feliz y afortunado, pero lo de mojar la cama le ocurría ya casi todas las noches. Y no me digas que eso es una actividad social.

Mi hermano, que no bebe, es cinturón negro, algo para lo que no tuvo disciplina en sus días de consumo de alcohol. A ambos nos gusta competir, experimentar cosas nuevas y conocer gente. Y disfrutamos de todo eso porque tenemos los sentidos activos. Es parte de nuestra naturaleza humana buscar la compañía de otros seres humanos. Según una investigación de Johann Hari, las actividades sociales pueden ayudar a prevenir la adicción. Si metes a una rata sola en una jaula con agua limpia y droga, se volverá adicta a la droga. Pero si la rata está en compañía de otras ratas y cuenta con actividades sociales —lo que Hari llama «parque de ratas»—, entonces ignora la droga y prefiere el agua. Y, antes de replicarme que las ratas podrían no ser una buena representación de la naturaleza humana, debes saber que sus características genéticas, biológicas y conductuales se parecen mucho a las nuestras, lo que las convierte en excelentes sujetos de prueba.[202] Hari cree que el antídoto para la adicción es, en realidad, la compañía.[203]

Por mi experiencia personal, no puedo evitar estar de acuerdo. La adicción me convirtió en una persona solitaria. Tenía secretos y no podía relacionarme con los demás como antes. Mis ansias me llevaron a un punto en el que valoraba la droga más que a quienes me rodeaban. Es difícil de admitir, pero es verdad: cuando bebemos nos encerramos en nosotros mismos, nos perdemos y dejamos pasar oportunidades reales de compañía. No es la bebida lo que vuelve divertidas estas actividades: las disfrutamos porque estamos con amigos y hacemos algo que nos gusta. ¿Cuándo fue la última vez que volviste a casa de un partido de fútbol y te entusiasmaste con la calidad de la cerveza en lugar de hablar sobre ese increíble pase de *touchdown*?

Hemos hecho del alcohol una costumbre en este tipo de ocasiones. Antes no lo necesitábamos para disfrutarlas, pero hemos ido desarrollando el hábito de beber. En la mente hemos llegado a confundir el alcohol y la alegría que sentimos por la propia ocasión. Esto sucede por varias razones:

- La idea de que beber mejora las experiencias se nos ha grabado en la mente, consciente e inconsciente, a través de la publicidad.
- Reconfirmamos esto cuando desarrollamos una dependencia física del alcohol que es casi imperceptible. El alcohol puede tardar hasta diez días en salir por completo del organismo, y en ese tiempo el cuerpo pide otra copa. Tal vez ni siquiera te des cuenta, o solo te percatas de la sensación de que «no estaría mal tomarme una copa». Al satisfacer ese deseo, sientes alivio, y eso hace que el alcohol parezca estar mejorando el momento.

- La creencia de que beber mejora el momento produce un efecto placebo. Esto hace, a su vez, que sucedan dos cosas:

    1. Como crees que el alcohol te está ayudando a divertirte, lo hace. No olvides que tu mente es muy poderosa.
    2. Si te saltas una copa, sientes que te falta algo. Crees que no estás disfrutando tanto como lo harías con esa copa en la mano. Llegas a creer que no te divertirás sin un trago.

- Este ciclo continúa y, como beber es adictivo, terminas generando una adicción física. En esta etapa, cuando ya sufres adicción, te sientes fatal si no puedes beber.

Pero ¿cómo es posible saber que todo esto es verdad? Bueno, solo tienes que mirar a las personas que no beben para darte cuenta de que no es el alcohol lo que hace especiales las situaciones sociales. Piensa en tus bailes escolares: no había alcohol, pero era divertido y emocionante. Descubriste a las chicas o a los chicos, disfrutaste mirando cómo vestía cada cual y pasaste tiempo con tus amigos, sin madres ni padres alrededor.

Como dice Rocca: «El alcohol ahoga tu mente creativa, te embota los sentidos y te convierte en una especie de esclavo de todos sus caprichos; el mundo real se reduce de forma drástica hasta que no es más que un ciclo constante de resacas, alcohol y falsedad».[204] El alcohol lo vuelve todo monótono, es decir, vives la misma realidad atenuada en un partido de hockey y en una elegante cena. Y no recordarás gran cosa de ninguno de los dos eventos. Porque, en lugar de disfrutar de la amplia variedad de actividades sociales a nuestro alcance, bebemos y eso hace que todo se confunda. Rocca lo describe como «la vida volviéndose pequeña», como un Día de la Marmota que te atrapa. No te das cuenta de que estás hasta el cuello en esa vida diminuta hasta que logras salir y regresar al mundo de los vivos.[205] Beber vuelve monótonos muchos eventos sociales y los hace desvanecerse en la memoria. Después de todo, te emborraches donde te emborraches, el efecto es el mismo.

Y tu estupidez crece con cada experiencia. En lugar de acumular recuerdos agudos, nítidos y para toda la vida, recuerdas las ocasiones sociales a través de una neblina, o bien no recuerdas nada en absoluto. Ya conoces el dicho: «Seguro que lo pasé genial… porque no me acuerdo de nada».

Ahora tengo claro que me divierto más que cuando bebía. Ya no me preocupa lo que beberé a continuación, de dónde lo sacaré o cuánto voy a tomar. Espero que tú también llegues a experimentar todo esto. En un restaurante o en un partido, te sorprenderá lo mucho que te diviertes y lo feliz que eres al no beber más. Cuando dejes de creer que necesitas el alcohol para divertirte, ya no tendrás que beber. Te darás cuenta de que el alcohol, en realidad, le quita esa chispa a tu diversión.

¿Y qué hay de las bodas hindúes? ¡Eso sí que es una fiesta! La alegría se palpa y el baile dura hasta el amanecer. Todo el mundo ríe, come, habla y celebra. Son fiestas que duran varios días. No es broma, son jornadas de plena diversión y alegría. Y ¿adivina qué? En general, los hindúes no beben. Así que está muy claro que no es el alcohol lo que hace divertidas estas ocasiones. Si todo el mundo bebiera, la fiesta no podría alargarse varios días; al segundo ya llegarían la resaca y los dolores de cabeza.

Tal vez te preocupe querer pasar tiempo solo con personas que no beben. Tampoco es que quieras apartarte de tus amigos ni evitar situaciones en las que haya alcohol. Claro, te entiendo, yo tampoco deseo limitar mis actividades sociales. Pero no te preocupes: cuando tu deseo inconsciente de beber se haya esfumado, no echarás de menos tomarte una copa, no sentirás que estás renunciando a algo. Verás el bar como símbolo de la libertad que has ganado, no de una renuncia. No, tenlo claro, una vez que tu deseo mental, inconsciente, desaparezca, tus antojos serán meramente físicos, y durarán solo lo que tardes en recuperarte. De hecho, te sentirás diferente. Cuando veas al alcohol como tu enemigo mortal en lugar de como tu mejor amigo, te encantará salir y no beber. Te gustará no hacerlo. En lugar de esconderte en las sombras, bailarás sobre la tumba de tu enemigo.

Recuerdo haber presionado a mis amigos para que bebieran. Les decía que estaban siendo aburridos como estratagema para que bebieran conmigo. Ahora, cuando pido una bebida sin alcohol, la gente también me llama aburrida. ¿Por qué hacemos eso? Quizá porque no deseamos cuestionar nuestra forma de beber. ¿Por qué crees que los drogadictos y los bebedores empedernidos salen juntos? ¿Será que consumen porque nadie les hace sentir culpables? Para mí también fue más fácil beber cuanto quería en compañía de otros grandes bebedores. Parece que envenenarnos está bien si los demás también lo hacen, así la propia dependencia se enmascara. Es una estrategia para aliviar la culpa y la tristeza.

Los pasillos de un instituto de secundaria están llenos de risas, gritos y bromas, y no hay alcohol. El vestuario de un equipo deportivo tras una victoria rezuma alegría y animación, y de nuevo sin alcohol. ¿Tan difícil es aceptar que lo que de verdad te gusta de las actividades sociales son tus amistades y las experiencias que vives? ¿Recuerdas lo bien que sabía la cerveza? Claro que no. Recuerdas lo mucho que tu amigo te hizo reír o a aquella chica guapa que te sonreía.

Tal vez creas que el alcohol ayuda a la gente a superar su timidez inicial, fomentando una atmósfera de fiesta. Pero lo que hace —al atenuar los sentidos naturales, incluida la prudencia— es eliminar los filtros entre el cerebro y la boca. Esto nos hace creer que la fiesta está empezando de verdad. A todo el mundo se le va soltando la lengua, y las conversaciones fluyen. La verdad es que la gente se toma un poco de tiempo para ir entrando en ambiente. Incluso en la infancia, nadie sabe muy bien cómo encajar al principio; pero dales unos minutos y estarán corriendo, riendo y pasándoselo muy bien. Es bueno mostrar algo de cautela al principio; te ayuda a entender tu entorno y a tomarte el tiempo necesario para conocer a las personas con las que estás. Esa timidez inicial no solo nos protege, además garantiza que no hagamos o digamos algo de lo que podamos arrepentirnos. Incluso a lo mejor te gusta ser quien rompe el hielo, presentarte y empezar a hacer preguntas. Todo el mundo está tan nervioso como tú; solo hace falta alguien que dé el primer paso. Y romper el hielo y hacer algunas preguntas es mucho mejor que sacar el alcohol y luego enviar a todos a casa en sus coches. Una de cada diez personas que conducen de noche o en fin de semana está ebria.[206] Así que tomémonos el tiempo necesario para conocernos, romper el hielo de forma natural y hacer más seguras nuestras calles.

¿No es extraño que en general, en la investigación sobre estos temas, la razón más habitual que se dé para beber es que es algo social? Sobre todo sabiendo como sabemos que sea perjudicial y adictivo. ¿No será una forma de decir que no sabemos por qué lo hacemos? ¿Que no tenemos una buena razón? Incluso podríamos estar diciendo que ni siquiera lo disfrutamos. Y, si no lo disfrutamos, ¿entonces por qué bebemos? Pues porque sufrimos la adicción a una droga.

17.
DEFINICIÓN DE LA ADICCIÓN. PARTE 2

«No hay mayor miseria que las alegrías falsas».
Bernardo de Claraval

Lo que hay detrás de los bajones provocados por el alcohol

Puede que sientas que hay algo malo en ti, que no tienes más remedio que desear el alcohol. Pero la verdad es que solo queremos algo que pensamos que aporta un beneficio. La gente adicta desea las drogas porque cree que mejorarán su vida, aunque solo sea una ilusión. Pero cuando ves la droga tal como es en realidad, la causa de tu miseria y de un anhelo constante que no te da nada a cambio, ese deseo desaparece.

Es más fácil ver esto con el caso del tabaco. En los últimos años, hemos cambiado como sociedad en nuestra forma de percibirlo. Ya no es socialmente aceptable. Y las señales sociales influyen mucho en el inconsciente. A través de numerosos mensajes, directos y subliminales, ahora ya nos han condicionado a creer que fumar reporta pocos beneficios. En Australia, por ejemplo, el Gobierno exige que los paquetes de tabaco incluyan imágenes que muestran de forma explícita los daños de fumar. Cuando alguien saca su paquete de cigarrillos, ve imágenes horripilantes: agujeros en la lengua por cáncer de boca, pies sin dedos por enfermedades vasculares, dientes grises y negros… Son fotos repugnantes y difíciles de mirar. Puedes buscarlas en Google si quieres.

Además, la nicotina actúa muy rápido: en apenas una hora ha salido del cuerpo, así que la necesidad de fumar vuelve casi de inmediato. Esto lleva al consumo en cadena y al pánico cuando la persona que fuma se queda sin cigarrillos. El alcohol, en cambio, tarda entre 72 y 240 horas en salir del organismo.[207] Puede llevar hasta diez días recuperarse del bajón que provoca. El caso es que un bebedor empedernido comienza a ver esos bajones como algo normal. Esos momentos de bajón se producen cuando el cerebro libera una sustancia química llamada dinorfina, que contrarresta el «placer» del alcohol en un intento de mantener la homeostasis (equilibro interno). Este fenómeno se conoce como tolerancia. La dinorfina no solo amortigua el efecto del alcohol, también reduce el placer natural que se obtiene de las actividades cotidianas.

Según Polk, el cuerpo de la persona bebedora se acostumbra a la presencia de alcohol de tal manera que, al final, lo necesitará solo para sentirse normal. Y llega un momento, no importa cuánto beba, en el que no podrá sentir nada más que malestar. Sin embargo, debido a la respuesta condicionada del cerebro a la droga, tendrá antojos de alcohol sin cesar.[208] La caída puede ser más o menos rápida, dependiendo de la química de cada cual, de la cantidad y de la frecuencia de consumo de alcohol. En el siguiente gráfico se muestran los picos y bajones que causa el alcohol, y cómo esto puede afectar a tu capacidad para disfrutar de los placeres cotidianos.

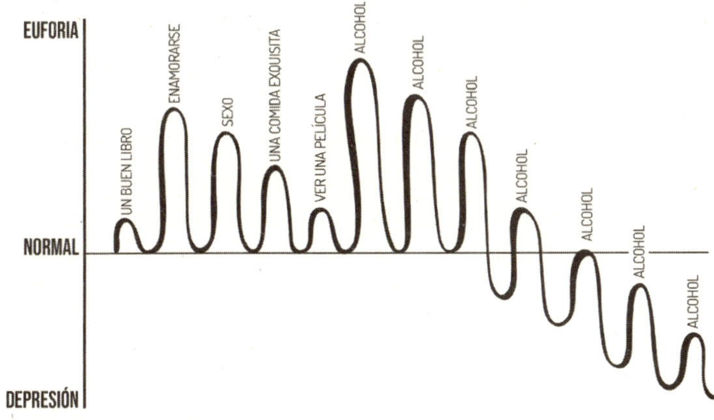

El tiempo que tarda un bebedor en pasar por las etapas del alcoholismo —desde tomarse su primera copa hasta necesitar vodka incluso antes del desayuno— varía. Pero, como el alcohol es adictivo, su consumo cambia la forma en que funciona el cerebro, lo que significa que, por lento que sea el descenso, todo el mundo va cuesta abajo. El proceso sucede más rápido cuando bebes para combatir el estrés, ya que la bebida en compañía se limita a ciertas situaciones, lo que retrasa la inevitable caída. En cambio, si bebes para huir de la realidad, para bloquear el estrés, siempre vas a encontrar una razón para beber. Y, cuanto más bebes, más estresante se vuelve tu vida. Pronto verás razonable tomarte una copa con el almuerzo o beberte un destornillador con el desayuno. Bebes para hacer desaparecer tus problemas, pero beber nunca los resuelve, más bien los agrava. En el fondo lo sabes, y te molesta. La solución fácil es tomarte otra copa para no pensar.

Yo misma, después de un día duro, me quitaba los zapatos, me servía una copa de vino y me sentaba a relajarme. Me sentía feliz y tranquila después del primer sorbo, mucho antes de que el alcohol hiciera efecto. Y es que no era el alcohol lo que me relajaba. Si de verdad nos ayudara a relajarnos beberíamos antes de una entrevista de trabajo o de un examen. Y si alguien estuviera violento o agresivo le daríamos una copa para calmarlo.

Lo importante es darse cuenta de que el alcohol sí es capaz de subirte el ánimo, pero solo desde el lugar al que te ha arrastrado, nunca hasta donde estabas antes de empezar a beber. Y, dado que el alcohol tarda hasta diez días en salir de tu cuerpo, los bajones pueden estar presentes de forma constante en quienes beben con asiduidad. No es que el alcohol te haga feliz, es que no eres feliz si no puedes beber. Rascarte cuando te pica es un alivio, pero nunca te sentarías a propósito en una hiedra venenosa solo para rascarte el culo. Esta es la clave para toda clase de adicciones: la droga genera un bajón y luego te engaña haciéndote creer que al final de este vendrá un subidón.

Así funcionan las drogas, y cuanto más te hunden más sientes que las necesitas. Con el alcohol puede ser tan gradual que apenas te des cuenta. A medida que bebes, tu tolerancia crece y pronto necesitas más y más cantidad para obtener el mismo efecto. A veces sucede rápido, pero muchas otras ocurre poco a poco, a lo largo de toda una vida.

En algún momento te das cuenta de que estás bebiendo más que antes, más de lo que nunca quisiste, pero es que la vida es tan estresante... El estrés aumenta y no encuentras el momento adecuado para dejar de beber tanto. De modo que decides posponerlo hasta que seas capaz de controlar tu vida otra vez. Y ahí está el problema: cuanto más bebas, menos control tendrás sobre tu vida. Te metiste en esa espiral para huir del estrés, pero lo único que has conseguido es que empeore.

Los hallazgos científicos sobre la adicción

La evidencia neurológica y fisiológica que respalda lo que acabo de contarte es abrumadora. Intentaré explicarlo de forma sencilla. Comencemos con la dopamina: es un neurotransmisor, esto es, una sustancia química producida en el cerebro que transmite señales de una neurona a otra. Juega un papel central en la adicción y se la conoce justo así, como «la molécula de la adicción». Esto se debe en parte a que el alcohol y otras drogas liberan dopamina en el cerebro.[209] Hasta hace poco, los científicos creían que la dopamina estaba relacionada con el placer. Ahora se sabe que, si bien los niveles más altos de este neurotransmisor nos proporcionan mayor motivación para buscar una recompensa, la dopamina en sí misma no otorga una recompensa real ni ningún placer. Ahora se cree más bien que es responsable de los antojos. Si alguna vez has experimentado antojos intensos sabrás que el deseo en sí no es placentero, y que el antojo de algo es muy diferente del hecho de disfrutarlo.

En un estudio sobre esta cuestión, un equipo de investigadores modificó genéticamente a un grupo de ratas cruzando hermanos y hermanas durante 20 generaciones para que sus genes fueran similares. Así, criaron ratas con niveles altos de dopamina —es decir, con liberación constante de la misma en el cerebro— y otras con niveles bajos. Las ratas con más dopamina estaban más motivadas para buscar cualquier tipo de recompensa (comida, compañía o sexo), pero no demostraron mayor placer al disfrutarla. Por su parte, las ratas con poca dopamina no estaban motivadas para buscar recompensas; de hecho, estaban tan desmotivadas que podían morirse de hambre antes que hacer el esfuerzo de acercarse al plato de comida. Sin embargo, cuando las alimentaban manifestaban los mismos niveles de placer al comer que cualquier otra rata.[210]

Es importante, pues, entender la diferencia entre desear algo y disfrutarlo. Cuando yo misma estaba en los niveles más profundos de mi adicción, las ansias eran abrumadoras, hasta el punto de sentir que había perdido el control. Sin embargo, el placer que obtenía al beber era casi nulo. Recuerdo una noche entera bebiendo, regresar a la habitación del hotel y pensar en cuánto había consumido, y no sentir nada de nada. Mi tolerancia era tan alta que me resultaba difícil beber lo bastante como para emborracharme. El deseo crecía, pero el disfrute disminuía. Me parecía extraño; sin embargo, la investigación sobre el cerebro explica muy bien qué me pasaba.

En definitiva, si bien la dopamina no desencadena el placer, sí nos motiva a buscarlo. Esta sustancia es clave para el aprendizaje y vital para la supervivencia. Imagina que vives en la era de las cavernas y estás explorando una nueva zona en busca de comida. Un día te topas con un área repleta de zarzas con frambuesas. Este hallazgo te produce una oleada intensa de placer. El placer ocurre en otro lugar, el núcleo *accumbens* o centro de placer del cerebro. La dopamina también se libera en ese momento, lo que indica que algo importante ha sucedido. Lo fascinante de la dopamina es que ayuda al cerebro a procesar las señales del entorno, incluyendo las que había antes de encontrar esas frambuesas. Así, de manera inconsciente aprendes a localizar las mejores frambuesas: recuerdas la vegetación alrededor del arbusto, la sombra cercana y el tipo de suelo. Y, sin darte cuenta, empiezas a encontrar más zarzas con frambuesas, sin saber muy bien cómo o por qué. La explicación es que somos criaturas increíbles, con una asombrosa capacidad de aprendizaje. Por desgracia, cuando las drogas liberan dopamina en el cerebro de forma artificial, lo que estás aprendiendo… es a caer en la adicción.[211]

El área tegmental ventral del cerebro (ATV) estimula la liberación de dopamina.[212] El ATV es una de las tres partes del cerebro involucradas en el procesamiento de la recompensa. Hemos mencionado el núcleo *accumbens*, y la tercera zona es la corteza prefrontal. El gusto y el disfrute ocurren en el núcleo *accumbens*. James Oldes y Peter Millner, de la Universidad McGill, insertaron electrodos en esa región del cerebro de un grupo de ratas. Cuando a los sujetos se les permitió autoestimular la región empujando una palanca, comprobaron que lo hacían miles de veces, dejando de lado todo lo demás: descuidaron a sus crías y renunciaron al sexo y la comida, incluso hasta el punto de morir de hambre, para continuar estimulando esa parte del cerebro. Soportaron fuertes dolores con tal de seguir empujando la palanca, dolor que no habrían aguantado ni para conseguir comida, ni siquiera estando al borde de la muerte.[213] Esto también se ha demostrado en humanos: por ejemplo, Robert Heath llevó a cabo experimentos muy controvertidos en los que observó la misma autoestimulación repetida y en apariencia incontrolable.[214]

No te sorprenderá saber que las sustancias adictivas estimulan esta área de manera mucho más efectiva que los placeres cotidianos. Ver una película o degustar una buena comida la estimulará; sin embargo, las drogas lo hacen de forma mucho más directa, produciendo niveles de actividad que van más allá de lo normal. Esto, en principio, suena muy bien: al fin y al cabo, es una forma de estimular la parte del cerebro que más placer nos causa. Pero en realidad es aterrador, porque, para mantener el equilibrio interno y protegerse, el cerebro disminuirá la estimulación que recibe. De este modo, cuando el alcohol sobreestimula el núcleo *accumbens*, el cerebro produce CREB, que permite la producción de dinorfina, un analgésico natural.

La dinorfina inhibe la estimulación del núcleo *accumbens* en un intento de mantener el equilibrio interno. Como consecuencia, cada vez sientes menos placer al beber. Esta sensación hace aumentar tu tolerancia: necesitarás más alcohol para obtener el mismo efecto, hasta que seas dependiente. Tu cerebro habrá compensado tanto la exposición crónica al etanol que necesitará ingerirlo para sentirse «normal». Peor aún: perderás sensibilidad ante todo tipo de estímulos naturales. Placeres como comer algo delicioso o pasar tiempo con tus amigos ya no activarán tu centro de placer de la misma manera. El núcleo *accumbens* se acabará insensibilizando.[215]

El cambio final ocurre en la corteza prefrontal, la parte del cerebro responsable de la toma de decisiones. Esta te permite decidir de forma reflexiva, tener autocontrol y frenar los impulsos más primitivos. Como el alcohol daña la corteza prefrontal, se reduce tu capacidad para decidir de manera adecuada.

En resumen, el alcohol produce tres cambios en el cerebro:

- Primero, aumenta los antojos (pero no el placer) al liberar dopamina.
- En segundo lugar, el alcohol activa de manera artificial el centro de placer del cerebro, el núcleo *accumbens*. El cerebro trata de compensar esta sobreestimulación, lo que lleva a la tolerancia y, con el tiempo, a la insensibilidad del centro de placer.
- Por último, el alcohol daña la corteza prefrontal, disminuyendo así tu capacidad para ejercer el autocontrol y haciéndote más difícil dejar de beber.

Esto genera el horrible ciclo de la adicción: más antojos, poco o ningún placer y una capacidad deteriorada para salir de ese ciclo.

Como has visto, es difícil controlar cuánto bebes porque, con el tiempo, el alcohol altera tu cerebro. No tienes forma de saber cuándo ocurrirá ese cambio ni en qué grado. Igual que hacer dieta puede aumentar el deseo de comer, tratar de controlar lo que bebes puede, de rebote, aumentar la tentación. La buena noticia es que, al superar el deseo mental de beber, eres capaz de resistir con mayor facilidad el deseo físico. Cuando dejas de beber, tu cerebro deja de autocompensarse y repararse. Vuelves a encontrar placer en el hecho de vivir. Igual que antes de empezar a beber.

18.
PUNTO DE INFLEXIÓN: ES CULTURAL, NECESITO BEBER PARA ENCAJAR

«Siempre que te encuentres en el lado de la mayoría, es el momento de hacer una pausa y reflexionar».
Mark Twain

Observas que todo el mundo bebe a cualquier hora y, de hecho, en casi todas las ocasiones —desde los actos benéficos en las escuelas hasta los grupos femeninos de la iglesia de «vino y charla», e incluso la línea de meta de una maratón—. **Participas** de todo tipo de conversaciones sobre el alcohol: en el trabajo, después del trabajo, en casa, los fines de semana y en los medios de comunicación. Llegas a **asumir** que nuestra cultura está tan vinculada al alcohol que vivir sin él será casi imposible. **Concluyes** que prácticamente se nos impone consumirlo, y te resultará inviable —difícil y solitario— vivir sin beber.

Veamos ahora la realidad:

Vivimos en una cultura que gira en torno al alcohol

Este es nuestro último punto de inflexión, y el más difícil de combatir, porque está más cerca de la realidad que cualquiera de los anteriores. Nuestra cultura está centrada en el alcohol. En las últimas décadas, hemos perdido el miedo, llegando a autoengañarnos para creer que beber es saludable y vital. Pero, aunque esto parezca cierto hoy, no tiene por qué seguir siéndolo mañana. Podemos autoeducarnos y educar a nuestros hijos, y empezar a tratar el alcohol como hoy tratamos el tabaco. Aunque existe la posibilidad de trabajar por un mañana mejor, todavía no es una realidad, así que necesitamos observar lo que ocurre hoy.

Quienes defienden el alcohol con mayor fuerza suelen ser las personas más preocupadas por la cantidad que beben

Más de 7000 personas se ofrecieron a leer este libro y compartir sus comentarios antes de su publicación, y muchos de esos lectores creyeron que eran los únicos en esta lucha; pensaban que todo el mundo a su alrededor controlaba su propio consumo sin ningún problema. Pero no es cierto. Si lamentas la borrachera de anoche, es probable que las personas con las que saliste también se arrepientan. Si te preocupa beber todos los días, lo más probable es que a tu pareja también. Si quieres parar después de un par de copas, lo más probable es que a tu mejor amigo le pase igual. La adicción al alcohol es tan engañosa porque sabemos esconderla muy bien, incluso ante uno mismo. Nos avergüenza preguntarnos por nuestros hábitos. Nos da miedo que, al cuestionarnos, tengamos que dejar de beber y vivir al margen de la sociedad. Mantenemos nuestros miedos ocultos; nuestras preguntas silenciadas. Como nadie habla del problema, le damos espacio para crecer.

Desde que dejé de beber, muchas personas me han confiado que también quieren dejarlo. ¿Recuerdas de qué modo mi carrera profesional contribuyó a mi caída? Muchos de mis colegas leyeron el libro, ¡y resulta que todos intentábamos no quedarnos atrás con el alcohol! A todo el mundo le preocupaba cuánto bebíamos, pero nadie quería reconocerlo. Un antiguo jefe mío leyó el libro y me dijo: «Annie, tu libro me ha quitado un peso de encima. Sentí que beber era algo obligatorio. Había tanta presión social que renunciar a ello no era una opción. Ahora me doy cuenta de que puedo decir que no, eso es liberador, gracias».

Creemos que la gente divertida bebe (es decir, que quienes no beben son gente aburrida)

¡Me declaro culpable! Recuerdo mirar por encima del hombro a la gente que no bebía tanto como yo. Me sentía orgullosa de lo bien que bebía y de lo mucho que me «divertía». Pensaba que quienes no bebían debían de ser gente aburrida. Es frecuente oír decir: «No me fío de la gente que no bebe». La verdad es que las personas divertidas lo son tanto si beben como si no. Y las aburridas, lo mismo. Eso sí, añadiré una advertencia: si sientes que estás haciendo un sacrificio al no beber cuando sales con amigos, por descontado que no te vas a divertir (ni vas a resultar una persona divertida). Lo bueno de *Libera tu mente* es que no te sentirás así. De manera que no perderás tu encanto. A mí me chifla ser el alma de la fiesta y hacer reír a la gente, esto es así. De hecho, como no pierdo la lucidez, mis bromas son mucho más divertidas de lo que eran cuando bebía, y todos nos reímos más.

No sabes cuánto sorprende a la gente que yo sea el alma de la fiesta sin una copa en la mano. Tengo un amigo que sigue sin creérselo. Me mira como intentando adivinar si estoy fingiendo. ¿Por qué es tan sorprendente? Porque creemos que el alcohol es el combustible que enciende nuestra chispa, y nos quedamos con la boca abierta al descubrir que no es así. Otra advertencia: tendrás ganas de pasarlo bien antes que tus amistades. Yo llego a la fiesta lista para soltar chistes, pero los demás creen que necesitan un par de copas antes de poder «soltarse». Y esto no es porque el alcohol sea la clave de su diversión, sino porque *creen* que lo es. Pensar que algo es verdad suele convertirlo en realidad.

¿Cómo reaccionará mi pareja?

Una de mis lectoras lleva más de 20 años con su pareja. Él no quiere cambiar, y ella teme que eso afecte a su relación. Otro lector bebía vino con su esposa todas las noches. Cuando decidió dejar de beber, ella pensó que era una fase que no duraría mucho. A medida que pasaban las semanas y él seguía rechazando el vino en la cena, le empezó a fastidiar. Ella le decía cosas como: «Así que todavía estás con esta tontería, ¿eh? Pensé que ya se te habría pasado». Incluso comenzó a insistirle para que bebiera con ella.

Los casos que acabo de mencionar no son finales felices. Cuando los lectores me contaron sus historias, me preocupó lo que podía pasar, sin querer, como consecuencia del cambio. La verdad es que cualquier variación, por positiva que sea, afectará a la dinámica de una relación. Incluso si tu pareja está contenta con tu decisión, la relación se transformará. Ten en cuenta que un cambio en ti lo supone también para la otra persona. Ten esto presente y actúa con respeto, tanto si sigue bebiendo como si no. No intentes imponerle tu decisión ni le des consejos. Habla abiertamente sobre tu proceso, cómo te sientes y lo que piensas. La clave está en una comunicación honesta y empática.

¿Cómo puedo conservar mis amistades o hacer otras nuevas?

Hacer amigos, sobre todo si siempre has pensado que la gente que no bebe es aburrida, podría ser un verdadero problema. ¿Qué pensarán de ti? ¿Cómo vas a pedirte una tónica sin que se sientan raros por pedirse un *gin-tonic*? Primero, exploremos tu percepción de las personas que no beben. ¿De verdad conoces a alguna? Si la respuesta es sí y todavía sientes que eran gente aburrida, ¿era porque no bebían o porque, seamos sinceros, no eran del todo interesantes? Pero en realidad no importa, porque lo que percibes lo vives como real: si te parecía que eran gente aburrida, para ti lo eran. ¿Cómo superar esta percepción cuando todo el mundo parece sentir lo mismo?

La mejor manera de hacerlo es a través de la experiencia. Primero, debes saber (sin ninguna duda) que sigues siendo la misma persona (¡aún mejor!) sin una copa en la mano. Esto te llevará tiempo. Necesitarás vivir muchas situaciones distintas sin alcohol para que la ansiedad desaparezca del todo. Es probable que sientas algo de incomodidad antes de estas nuevas experiencias. La buena noticia es que en cada situación verás lo bien que puedes pasarlo sin beber. Es un proceso, un cambio que afectará a todos los aspectos de tu vida. Tendrás que ser paciente mientras te adaptas, pero creo que cada vivencia te acercará a la certeza de que eres la misma persona (¡aún mejor!) que la que eras cuando bebías.

Habrá gente que te descartará antes de conocerte, es cierto. Puedes enfrentarte a esto como mejor te parezca. En la época en que mi confianza estaba baja, y me estaba adaptando a no beber, lo gestioné de mil maneras. Puedes, por ejemplo, fingir que estás bebiendo: pídete un *gin-tonic* y luego acércate a pedirle a la camarera que no le ponga ginebra, o pídete una cerveza en una botella oscura, vacíala en el baño y rellénala con agua. Algunos lectores me han contado frases que usan para evitar beber sin tener que declarar de forma abierta que ya no beben:

- No puedo, esta noche me toca conducir.
- Anoche me pasé, así que hoy me tomo la noche libre.
- Estoy en un proceso de desintoxicación que no permite el consumo de alcohol.
- Estoy cuidando mi peso.
- Estoy tratando de reducir la cantidad que bebo.
- Estoy haciendo un reto sin alcohol.
- No tengo ganas esta noche.
- Tengo una reunión importante mañana, así que quiero tener la mente clara.

Y luego están las citas. ¿Cómo vas a conocer a alguien sin beber? ¿Cómo reaccionarán cuando se lo digas? Es crucial que te des cuenta de algo: si hay 100 personas bebiendo en exceso, 80 desearían poder pasárselo bien bebiendo menos. Te sorprendería saber que, al buscar pareja, mucha gente encuentra atractivo que la otra persona apenas beba. Es, en parte, inconsciente, pero cierto. Solemos admirar a quien no bebe, por su carácter y autocontrol. Incluso sentimos que, en el fondo, serían mejor pareja y padre o madre. Conclusión: ¡No beber es sexy!

Cómo contárselo a tus amigos sin perderlos

Yo ya me equivoqué para que tú no tengas que hacerlo. Soy una persona entusiasta, y cuando estaba descubriendo *Libera tu mente* hablaba del tema con mis amigos. Yo decía cosas como «¡No te lo vas a creer! Un solo trago puede causar cáncer; ni loca vuelvo a meterme esa mierda en el cuerpo», o

«¡No necesitas alcohol para pasarlo bien! Es una locura, pero nos han estado engañando los medios y la sociedad».

Como puedes imaginar, empecé a resultar un poco molesta. Una amiga llegó a decirle a mi esposo: «Uf, no quiero ni imaginar lo que debe de ser vivir con una apóstol antialcohol». No fue bonito. A la gente que bebe le da miedo tener que dejarlo. Sin el cambio de mentalidad que propone *Libera tu mente*, todavía creen que el alcohol es necesario, y no beber (o sentir que se les está juzgando por hacerlo) genera tensión. Si han desarrollado una dependencia psicológica, física o emocional del alcohol —y es el caso de casi todas las personas que conozco—, que se les recuerden los daños que este provoca les creará estrés. Esto tiene que vivirse como algo positivo. Ver que te diviertes les dará esperanza en lugar de miedo.

Con frecuencia, la persona que deja de beber desearía poder continuar haciéndolo «con normalidad», y siente celos de quienes siguen bebiendo. Y quienes siguen bebiendo lo notan: muchas veces sienten lástima por quien ha dejado el alcohol. Se distancian, bajo el convencimiento de que esa persona tiene un problema que ellos no tienen. Con esta dinámica, hay poca o ninguna tensión entre unos y otros. De hecho, los que beben son muy comprensivos, e incluso piden cócteles sin alcohol para apoyar al «enfermo» en su recuperación.

Una dinámica diferente ocurre cuando dejas de beber con *Libera tu mente*. En tal caso, en lugar de admitir un problema, te has informado y has despertado. Ya no querrás beber. Esto puede resultar difícil de entender para quienes sí beben. ¿Qué es eso de que no *quieres* beber? Les parecerá imposible. Incluso tal vez sientas cierto orgullo por no necesitar el alcohol mientras que quienes te rodean sí lo necesitan. Y como los demás ya no pueden compadecerse de ti, es posible que empiecen a sentir lástima por sí mismos. Quizá sientan que les juzgas cuando rechazas una copa. Ahora eres más exigente. Estás demostrando que te importa lo que te metes en el cuerpo y cómo te afecta. Esto es genial, pero no todo el mundo lo verá de esa manera.

Entonces, ¿cómo lo gestionas? ¿Cómo contarlo sin perder a tus amistades? Creo que la respuesta es más o menos sencilla: no se puede vivir intentando caerle bien a todo el mundo. Tomaste esta decisión por ti y, aunque cause tensión al principio, pronto te convertirás en motivo de esperanza para ellos. Porque también pueden cambiar.

En cuanto a las palabras concretas, tendrás que encontrar las que te funcionen a ti. Prueba distintas formas. Habla sin juzgar, con honestidad, contando tu historia y tus decisiones sin imponer tus creencias. Y trata de no criticar los hábitos ajenos, ya que tus amigos verán el alcohol como tú lo veías antes: un compañero, un consuelo, casi un amigo. Estas son algunas frases que a mí me han funcionado: «Me di cuenta de que soy más feliz cuando no bebo», «Estoy en plan de cuidarme y dejar el alcohol es parte de ello», «Me di cuenta de que beber ya no me aportaba nada, así que lo dejé» y «Me siento mejor cuando no bebo».

19.
LA CAÍDA: POR QUÉ HAY GENTE QUE CAE MÁS RÁPIDO QUE OTRA

«El genio se encuentra más a menudo en una olla agrietada que en una intacta».
E. B. White

Mi marido solía justificar mi naturaleza compulsiva por tener una «personalidad adictiva». Esto siempre me molestó, así que le pedí que concretara qué quería decir con «personalidad adictiva». Usó ejemplos de personas que, según él, la tienen y otras que no. El rasgo común entre las primeras era que éramos —o habíamos sido— adictas a algo. Su definición nunca me satisfizo. Te puedes imaginar cómo me sentí cuando descubrí que hoy en día científicos y médicos están de acuerdo en que la personalidad adictiva no existe. A pesar de intentar durante años definir qué rasgos de personalidad hacen que alguien sea propenso a la adicción, la comunidad científica ha sido incapaz de lograrlo con un mínimo grado de certeza.[216] De hecho, los intentos de identificar una personalidad adictiva vinculando una configuración específica de rasgos a conductas adictivas se han abandonado casi por completo.[217]

Pero espera: ¿no es evidente que hay personas más propensas a la adicción que otras? Como ya te habrás dado cuenta, lo que se considera de sentido común al hablar de alcohol y adicción es más un mito que una realidad. Así que veamos por qué algunos individuos caen en el ciclo de la adicción más rápido que otros, y por qué hay quienes parecen no volverse dependientes nunca.

En resumen, la adicción consiste en hacer algo de forma repetida aunque no quieras, o aunque quieras dejarlo y no puedas. En el capítulo anterior vimos como el ciclo de bajones inducidos por el alcohol nos empuja a un estado de adicción en el que los deseos de beber y no beber luchan entre sí.

También hemos visto que los individuos adictos hacen todo lo posible por proteger su droga favorita. Les cuesta mucho culpar a la sustancia de los problemas que sufren al consumirla. Esto es así porque, si lo hacen, el siguiente paso lógico sería eliminarla de su vida, lo que les parece aterrador. Dado que la mayoría de la población estadounidense bebe, no es exagerado pensar que vivimos en una sociedad adicta, ya que defiende el alcohol culpando al individuo de su adicción.

Damos por sentada, pues, la existencia de una personalidad adictiva. Es un recurso constante en cualquier conversación típica sobre el alcohol. Protegemos el alcohol culpando de la adicción a la personalidad del individuo, y no a la propia naturaleza adictiva del alcohol.

¿Estoy diciendo entonces que la personalidad no afecta a la rapidez con la que caemos en una adicción? No, no digo eso. Hay muchos factores que influyen: ambientales y sociales, genéticos y, sí, de personalidad. Del mismo modo que la personalidad afecta a otros aspectos de tu vida, también lo hace en la rapidez con que te vuelves dependiente del alcohol.

Entonces, si creo que la personalidad puede jugar un papel en la adicción, ¿por qué no acepto el término «personalidad adictiva»? Pues porque me parece negativo y engañoso. Los mismos rasgos de personalidad que me hicieron beber más —el compromiso, la determinación y la fuerza de voluntad— son también atributos positivos. De hecho, esos mismos rasgos «adictivos» jugaron un papel esencial en el camino hacia mi libertad.

La idea difusa de una personalidad adictiva permite continuar protegiendo al preciado alcohol. Si te centras en ella, entonces la sustancia será peligrosa para otros, pero no para ti. De este modo, protegemos al alcohol y culpamos al individuo. Esto quita la esperanza a quien lucha contra el alcohol, empujándole a creer que no tiene poder ante su personalidad. El concepto de personalidad adictiva permite ignorar el hecho de que el alcohol *es* adictivo. No hay más. Si creemos que existe una personalidad adictiva y sentimos que no encajamos en ese perfil, entonces ya no vemos necesario tener cuidado con el alcohol.

«Rasgos de personalidad» adictivos

Aunque pretendo señalar las mentiras del concepto generalizado y mal definido de personalidad adictiva, merece la pena puntualizar que ciertos rasgos de personalidad pueden estar relacionados con el consumo problemático de alcohol. Y, por extraño que parezca, aunque algunos de ellos pueden considerarse negativos (como una mayor independencia y menor propensión a complacer), la mayoría son neutros —o incluso positivos—, como la extraversión y la apertura a la experiencia.[218]

El concepto negativo de «personalidad adictiva» te lleva a sentir que hay algo malo en ti, e implica que los rasgos que tienen algún vínculo con la adicción son negativos y absolutamente perjudiciales. Pero no es así. De hecho, algunos pueden ser deseables e influir para bien en el carácter y las experiencias de una persona. Otros rasgos relacionados son la búsqueda de experiencias, la decisión, la impulsividad y el inconformismo. Esto muestra que todos ellos, que pueden contribuir a que una persona caiga en la adicción, tienen aspectos negativos y positivos. Por lo tanto, un conjunto de rasgos, que puede tener implicaciones positivas o negativas para la vida de alguien, no debería usarse para etiquetar a nadie como «adictivo».

Volvamos a hablar de mi padre. Es una persona que cuando toma una decisión la mantiene. Cuando decidió dejar de beber no tuvo luchas internas ni dolor, porque su decisión era definitiva y firme. Y emplea esta cualidad decisiva en otros aspectos de su vida. Por ejemplo, a los treinta y siete años se dio cuenta de que necesitaba hacer ejercicio a diario para disfrutar de una vida plena. El ciclismo de montaña y el esquí le gustaban, así que en los últimos 30 años ha recorrido entre 100 y 160 kilómetros en bicicleta cada semana y ha esquiado entre 40 y 80 días cada invierno. Cuando determina que algo es bueno para él, va a por ello. También es inconformista: no suele dejarse influir por lo que piensen o digan los demás.

Creo que su determinación, constancia e inconformismo pueden ser los mismos rasgos de personalidad que le llevaron a beber tanto. Pensó que un poco de alcohol le daba cierto placer y llegó a la conclusión de que recibiría más con más alcohol. Así que bebía siempre que quería, sin ningún remordimiento. Como en toda adicción, su consumo fue en aumento, y cada vez bebía más. Cuando se dio cuenta de que el alcohol no le proporcionaba ningún placer verdadero, fue su personalidad decidida, constante e independiente la que le facilitó abandonarlo.

Veamos otro ejemplo. En un restaurante, una amiga mía —muy pendiente de lo que los demás piensen de ella— fue la primera en pedir, y pidió una cerveza. Pero después de que el resto del grupo hiciera su pedido se dio cuenta de que nadie más había pedido alcohol, así que cambió de idea y pidió agua. Ella quería la cerveza, pero en su mente el estigma de beber sola pesaba más que las ganas de tomársela. Yo diría que su caída, mientras siga rodeándose de personas que beben poco, será lenta. Ahora bien, si pasa tiempo con bebedores empedernidos, este mismo rasgo de su personalidad puede empujarla a beber más de lo que desea.

Millones de factores contribuyen al ritmo con el que te vuelves dependiente del alcohol. Tal vez seas una persona que se toma su tiempo, que nunca se lanza sin pensar. Tiene sentido entonces que tampoco te lanzaras de lleno a beber. Por otra parte, si eres como yo y te apasionas por todo, incluida la bebida, tendrá sentido que bebas más, lo desees más y caigas más deprisa.

Nuestra situación económica también puede afectar a la rapidez con la que caemos. Tengo una amiga que me dice que le encanta beber y que sería alcohólica… si el alcohol no fuera tan caro. Otra disfruta de verdad con los postres y, como tiene un presupuesto ajustado, sopesa si tomarse una copa o un postre. Aunque le gustarían las dos cosas, el postre gana siempre. En ambos casos, desean beber más, pero la economía o el gusto por lo dulce se lo impiden. Y esto frena su caída.

El entorno también influye en la rapidez con la que caemos. En mi caso, el consumo moderado de alcohol se convirtió en excesivo cuando nos trasladamos de Colorado a Nueva York. Cuando vivíamos en Colorado hacíamos senderismo, esquiábamos, acampábamos y disfrutábamos de todas las actividades posibles. En la gran ciudad, en cambio, beber era el principal pasatiempo. La vida social en Manhattan, Londres y la mayoría de las grandes ciudades que he visitado gira en torno a la bebida.

Y no olvides el efecto de la opinión familiar. Una amiga mía se crio en un hogar donde beber era «cosa del diablo». Y ahora, aunque bebe, el estigma con el que creció le hace limitar su consumo para reducir su sentimiento de culpa.

Nadie es inmune a la adicción

Hay infinidad de motivos, rasgos de personalidad y circunstancias que contribuyen a la velocidad con la que alguien cae en la adicción al alcohol. Es cierto que la mayoría de los bebedores seguirán con ese hábito hasta el final, sin sospechar nunca que la bebida les está quitando años de vida, sin sentirse nunca fuera de control, sin imaginar jamás que tienen un problema. Pero no darse cuenta de ello no significa que no lo tengan.

Nadie es inmune a la adicción al alcohol. Cuanto más bebas, más querrás beber. Cuando se produce un acontecimiento vital estresante, hasta el bebedor más moderado puede caer en la dependencia física o emocional del alcohol. Aunque la caída sea casi imperceptible, sigue ocurriendo. Salvo que haya una circunstancia que lo impida, ¿la gente que conoces bebe más ahora que hace unos años? ¿Y tú? Todo el mundo que bebe ahora lo hace más que antes; lo sé porque, en algún momento, esa persona no bebía nada. Tú y los bebedores que conoces consumiréis más alcohol dentro de cinco años que ahora: así funciona el alcohol.

Es aterrador lo rápido que te vas hundiendo cuando empiezas a sospechar que hay un problema. Te has hecho dependiente de una sustancia adictiva, ya forma parte esencial de tu vida y no eres capaz de imaginar cómo manejar el estrés o disfrutar de situaciones sociales sin ella. Beber más de lo que quieres te genera pánico y estrés. Tienes costumbre de beber cuando sientes estrés, así que bebes más justo de eso que te lo provoca. Y el ciclo se descontrola. Tanto si crees que no podrías vivir sin tu cerveza semanal como si dependes de una botella diaria de vodka, el problema es el mismo.

Pasamos mucho tiempo intentando clasificar a los bebedores: moderados, empedernidos, problemáticos, habituales, alcohólicos. Y más aún, intentando averiguar en qué categoría estás tú. Esto hace el tema de la adicción más confuso y, si te soy sincera, es un debate bastante estúpido. Quizá todo el mundo se encuentre en la misma terrible situación: entre rejas. Como dice Lucy Rocca, te has «situado en la cima de una pendiente muy resbaladiza y con cada copa que tomas te deslizas cada vez más rápido hacia el abismo».[219]

¿Por qué es tan difícil creer que cuando estás en el instituto y empiezas a experimentar con el alcohol eres como la abeja atraída por la planta carnívora? ¿Puedes ver a esa abeja luchando en la pegajosa pendiente como el bebedor que intenta reducir su consumo o dejarlo? ¿Todavía te cuesta creer que tu bebida favorita es una droga muy muy adictiva? Si no lo fuera, ¿por qué nuestra sociedad seguiría consumiéndola a este nivel, a pesar de que el alcoholismo se ha convertido en una epidemia?

¿Por qué es tan difícil ver una verdad tan evidente? Si el alcoholismo se debiera a un defecto físico o mental, o de mi personalidad, no habría tenido cura. ¿Cómo explicas el hecho de que me haya curado, del todo y sin dolor, de esta enfermedad incurable?

No hay ningún defecto inexplicable en la personalidad de nadie, ninguna debilidad imprecisa en nuestros cuerpos. El alcohol es solo una droga muy adictiva.

Existe un principio lógico llamado «la navaja de Ockham»: afirma que, en igualdad de condiciones, lo más probable es que la explicación más sencilla sea la correcta. Y la explicación de que el alcohol es una sustancia adictiva es mucho más sencilla que las enrevesadas teorías (ninguna de las cuales podemos probar o explicar con claridad) en torno a la personalidad y los defectos físicos y mentales que conducen al alcoholismo.

Nos cuesta aceptar que todo el mundo está bebiendo el mismo veneno adictivo; hacerlo implicaría aceptar que la diferencia entre el alcohólico y el bebedor moderado es el grado de adicción que ha desarrollado y la rapidez con la que ha avanzado en esa dirección; el punto al que han llegado en el proceso. Pero debemos aceptar que el alcohol no cambia de naturaleza si lo consume un alcohólico o un bebedor moderado; es la misma sustancia, con las mismas cualidades venenosas.

Con el tiempo, beber no proporciona ningún placer real. Cuando llegas al punto de la dependencia, esta verdad se vuelve ineludible, porque en la fase crónica incluso las ilusiones de placer desaparecen. El alcohol es un depresor físico que envenena el cuerpo y aprisiona el cerebro. Te destruye física y mentalmente. Embota tus sentidos y, por tanto, tus instintos de supervivencia. Te arrebata la felicidad de esta vida tan hermosa.

Sin embargo, ¿qué mensaje envía nuestra generación bebedora a sus hijos? Cuando yo bebía, mis hijos me preguntaban a menudo si podían tomar un sorbo. Y es que yo no me daba cuenta, pero veían el alcohol como un premio codiciado, algo de gente adulta que se morían por probar. Esto ahora me llena de temor; no quiero que experimenten nunca la adicción. Jamás me he sentido tan inútil como cuando era adicta. La adicción al alcohol es tan aterradora que la tasa de pensamiento suicida es 120 veces mayor entre adultos alcohólicos;[220] además, el alcohol está presente en un tercio de los suicidios que se cometen en Estados Unidos.[221]

No obstante, debatir sobre la naturaleza adictiva del alcohol con bebedores moderados no suele ser útil ni para ti ni para ellos. Yo misma he cometido ese error. La nueva información que les proporcionas les crea un conflicto interno que es doloroso. Por consiguiente, harán lo que puedan para convencerte a ti —y a sí mismos— de que están disfrutando su copa, de que siguen teniendo todo el control y que pueden dejarlo cuando quieran. No podrás deshacer décadas de condicionamiento inconsciente con una conversación rápida. En palabras de John A. Bargh, profesor de Psicología de Yale: «Los sistemas inconscientes proporcionan, de forma continua, sugerencias sobre lo que hay que hacer a continuación, y el cerebro actúa en consecuencia, incluso antes de que seamos conscientes de ellas. A veces esos objetivos están en consonancia con nuestras intenciones y propósitos conscientes, y otras veces no».[222] A lo mejor en un nivel consciente comprenden tu punto de vista, pero el vínculo inconsciente que tienen con el alcohol es fuerte y controlador.

De modo que si quieres convencer a un amigo o a un ser querido, deja que vean lo libre y feliz que te has vuelto, y espera a que te pregunten cómo lo has hecho. Luego ve despacio y con cuidado. Es gratificante ayudar a los demás, pero intentarlo antes de que quieran ayuda puede ser frustrante para ambas partes. Ah, y felicítate. Piensa en cuánto te has adelantado respecto al grupo de quienes creen que «pueden dejarlo cuando quieran». ¿Por qué? Porque no se puede solucionar un problema que no se sabe que existe.

Hora de autoevaluarse

¿Estoy diciendo, entonces, que cualquiera que beba algo de alcohol tiene una adicción? No, está claro que eso no es cierto. Sí creo que cualquier persona que desee el alcohol de forma irracional o automática está enganchada, sea o no consciente de ello. Cualquiera que sienta miedo ante la idea de no volver a beber ya tiene una dependencia emocional. Si alguien me dijera que no puedo volver a comerme una manzana porque acabará matándome, dejaría de comer manzanas. Sería una decisión lógica y no me llenaría de pavor. Me daría pena, sí, pero también me sentiría aliviada por no tener que morir antes de tiempo, y agradecida por haber descubierto la verdad sobre las manzanas y mi salud. Desde luego, dejaría de comer manzanas en cuanto se me presentaran las pruebas. Si solo bebes de vez en cuando y puedes «tomarlo o dejarlo», entonces ¿qué te impide dejarlo?

Tómate un momento para hacer una lista de todo lo que obtienes bebiendo. Esto es importante, porque has de entender con total claridad que el alcohol no te hace ningún favor. Si te da miedo, date cuenta de que esa una prueba de lo que estoy diciendo. Si te estuviera sermoneando sobre los efectos negativos de la carne roja podrías experimentar cierta decepción, ya que te gusta un buen filete, pero no sentirías un nudo en la boca del estómago. Ese sentimiento de pavor es la manifestación de la adicción: el miedo que crea el alcohol.

Entonces, ¿la ignorancia es sinónimo de felicidad? Pensar que obtengo placer bebiendo ¿no es casi lo mismo que obtener placer real? ¿No preferiría pasar mi vida con la ilusión del placer que vivir sin sentirlo?

Esa es, desde luego, una inquietud razonable, pero la ignorancia solo es felicidad cuando no hay nada que podamos hacer para mejorar la situación. En este caso, mediante el conocimiento y la educación alcanzas la libertad. Estás, de hecho, a punto de ser libre. Experimentarás mucho más placer siendo tú, una persona saludable y feliz, más de lo que nunca fuiste bebiendo. Ya no verás el hecho de dejarlo como un «nunca más podré beber», sino como un «nunca más tendré que beber». Así que sigamos adelante, hacia tu libertad.

20.
VIVIR UNA VIDA LIBRE EN NUESTRA SOCIEDAD

«Ayer era inteligente, así que quería cambiar el mundo.
Hoy soy sabio, así que estoy cambiándome a mí mismo».
Rumi

Por fin, la libertad

Una vez que hayas terminado de leer este libro y te hayas liberado, tendrás que considerar algunas opciones importantes respecto a tu estilo de vida. Decidir no beber será un placer, y no tendrás problemas por salir a un bar o estar cerca de tus amistades que siguen bebiendo, y tampoco tendrás que evitar situaciones que te gustan y disfrutas. No debes cambiar nada de tu estilo de vida. Pero sí hemos de mencionar algunas excepciones. Háblate con sinceridad: ¿hay actividades en tu vida que solo tienen sentido como excusa para beber, y que ya no te proporcionan ningún placer?

Quizá descubras que ciertas cosas que antes te resultaban atractivas ahora no son más que una pérdida de tiempo. Tal vez algunas solo hayan sido divertidas porque el alcohol ralentizó tu cerebro lo suficiente como para que lo fueran. No estoy hablando de pasar tiempo en el bar con tus verdaderos amigos ni de hacer nada que sí te guste, aunque otros estén bebiendo. Pero puede que te percates de que elegías planes que en realidad no tienen gracia y con gente que no te importa tanto, y que lo hacías solo por tener un sitio donde beber. Estas actividades ahora te parecen una pérdida de tiempo.

Tras dejar de beber, fui a Las Vegas. Habíamos planeado el viaje antes de *Libera tu mente*, cuando la idea de un viaje así sin beber habría sido insoportable. Habría cancelado el viaje. Una vez que lo dejé, la idea de ir allí sin el alcohol como compañero ya no me preocupaba. Esperaba el viaje con la absoluta certeza de que no sería necesario beber para pasarlo bien. Y eso fue lo que ocurrió. Nunca me lo había pasado tan bien en Las Vegas. Estaba con mis amigos más íntimos, disfrutando de conversaciones amenas y vibrantes. Me reí hasta llorar. No sufrí ni una sola resaca, y no había ninguna sombra negra sobrevolándome. Me sentí libre de verdad. No tenía preocupaciones ni cargas, y me despertaba cada día con muchísima energía. Cada comida parecía saber mejor que la anterior. Es curioso hasta qué punto el alcohol embota la capacidad gustativa,[223] así que ahora la comida me sabía mejor.[224] Sin beber, podía experimentar mejor uno de los mayores placeres de la vida: comer.

A lo largo de este viaje, la bebida no ocupó espacio alguno en mi cabeza. Estuve más presente y comprometida de lo que jamás había estado. Y, en secreto, disfrutaba en el desayuno viendo a mis amigos con dolor de cabeza, con las gafas de sol puestas y pidiendo mimosas para intentar librarse de esas tremendas resacas. Por mi parte, me sentía genial, sin dolor de cabeza ni náuseas, llena de energía para afrontar el día, y no podía evitar sonreírme complacida por lo lejos que había llegado.

Tuve que irme de Las Vegas un día antes que el resto para viajar al extranjero por trabajo. Como ya sabes, mi carrera profesional —con todas esas cenas cargadas de alcohol— fue un factor importante en mi caída. Aquel nuevo viaje no fue diferente, e incluyó muchas noches de copas. Salí cuatro noches seguidas con distintos colegas, proveedores y clientes. Disfruté de las cenas y las conversaciones. Era mi primer viaje de negocios sin beber, y estaba decidida a hacer todo lo que solía hacer, incluido salir a continuar la fiesta después de cenar. Fue entonces cuando las cosas se pusieron raras: no entendía por qué no me divertía. Lo había hecho tantas veces antes… y siempre parecía disfrutar (aunque admito que no recuerdo muchos detalles). Es decir, *supongo* que me lo pasaba bien, porque lo repetía cada noche, muchas veces hasta bien entrada la madrugada.

Cuando volví a Estados Unidos, me entró un poco de pánico. Me preocupaba que ya no fuera capaz de volver a divertirme sin alcohol y no entendía por qué. Lo comenté con mi marido, que enseguida supo la razón. Era sencillo, y desde entonces he hecho muchos viajes de negocios sin ningún problema. La cuestión es que salir después de cenar con colegas o proveedores con quienes no tengo ningún vínculo real no es divertido. No éramos amigos íntimos disfrutando de la mutua compañía y la conversación. En realidad, si alguien del grupo dejara la empresa, casi seguro no volveríamos a vernos. Es decir, solo nos reuníamos para beber. Las conversaciones eran repetitivas y se centraban en cotilleos de oficina, lo cual no suele ser muy agradable. De modo que la realidad es que esa situación, sin tener los sentidos embotados por el alcohol, no resulta atractiva. Ahora salgo y disfruto de buenas cenas en lugares exóticos y luego me retiro a mi habitación del hotel. Allí leo, escribo o, lo más divertido (si los husos horarios lo permiten), hago videollamadas con mis hijos. Por las mañanas ya no me arrastro fuera de la cama 15 minutos antes de mi primera reunión; ahora suelo levantarme temprano para pasear y descubrir la ciudad antes de ir a la oficina.

Anoche me encontraba en una estación de tren de Londres, la de Charing Cross. Estaba con mi equipo de marketing del Reino Unido, tomando un café y charlando. A nuestro lado, unos viajeros solitarios se tomaban una copa rápida antes de volver a casa. Todo en esa escena parecía atractivo: la cerveza en un vaso de pinta en condiciones, muy británico; los acentos locales daban sofisticación a la escena. Disfrutar de una pinta en una concurrida estación de tren, mientras se pasa del ajetreo del trabajo a la relajación de la vida hogareña, era glamuroso.

Antes de mi experiencia con *Libera tu mente* me habría resultado casi imposible resistirme a pedir una cerveza. Me habría dejado llevar por las señales sociales, el ambiente y el momento. En cambio, ayer no sentía ningún deseo de beber cerveza. Vi la situación tal como era. En realidad, me entristeció ver a un grupo de personas inteligentes y sanas hundirse sin saberlo en un pozo mortal. La planta odre, esa flor carnívora que mencioné antes, es hermosa, pero letal. Mi experiencia de anoche fue liberadora, porque no caí en la tentación. Fui consciente de la verdad.

Como reacción al daño que el alcohol está causando a la sociedad británica, algunas organizaciones de salud pública han lanzado campañas como *Dry January* («Enero seco») y *Stoptober* («Octubre sin alcohol»). En Australia tienen el *Dry July* («Julio seco»). Son meses en los que se anima a la gente a experimentar la vida sin beber. Este año estuve en Londres durante el *Dry January.* Se notaba quiénes participaban, porque iban por ahí con cierta actitud de santidad; parecían sentirse superiores a quienes no habían sido lo bastante valientes como para dejar la bebida. Al principio no entendía esa chulería, pero pronto me di cuenta de que era un mecanismo de defensa: para mantener la sobriedad necesitaban minimizar su deseo de beber. Así que menospreciaban a los bebedores. Nada dice más de una persona adicta que el intentar demostrar que no lo es.

Estás a punto de gozar de una perspectiva muy distinta. En lugar de sentir deseos de beber y tener que evitar los lugares donde la gente lo hace, te sentirás libre. En realidad, tener bebedores a tu alrededor será uno de los mejores recordatorios de tu libertad. Verás lo irracionales que son muchas de esas «razones» que la gente da para beber. Si hubiera preguntado al tipo de la estación de tren por qué bebía, a lo mejor me habría dicho que le gusta el sabor de la cerveza. Pero el caso es que pidió y se bebió la cerveza en menos de dos minutos para poder tomar el tren; no tuvo tiempo de saborearla. Yo estaba bebiendo un zumo de naranja recién exprimido, y lo tomaba muy despacio. En Inglaterra tienen un zumo increíble, y yo quería disfrutar de cada sorbo.

Es muy fácil averiguar esas razones colectivas para beber. Solo tienes que mirar a tu alrededor y entender por qué lo hacen los demás. Verás que no están tomando decisiones racionales. En realidad, las razones que dan son solo excusas, ni siquiera entienden por qué beben. Estos «bebedores habituales», en lugar de ser una tentación, se convierten para ti en un poderoso recordatorio de la suerte que tienes al ser libre.

No solo les observarás sin resentimiento, sino que empezarás a reconocer a quienes se hallan en lento (o rápido) descenso hacia el abismo de la adicción. La mayoría de la gente, sin darse cuenta, va bebiendo más con el tiempo, quizá más de lo que nunca quiso.

Puede llegar a ser confuso, porque el alcohol está por todas partes en nuestra sociedad. Construimos bares como santuarios a la bebida, y algunos son realmente preciosos. Tu mente inconsciente es vulnerable, y aunque a través de este libro estés eliminando tus deseos emocionales del alcohol tendrás que asegurarte de no volver a permitirle contaminarte. Si día tras día ves a la gente beber alcohol sin preocupación, puedes volver a autoengañarte y pensar que, después de todo, beber tendrá algo de especial. Así que recuerda que tu principal recurso es usar el cerebro. Las personas que beben aún no saben lo que tú sabes, y como sociedad ejercemos una gran resistencia a ver los riesgos del alcohol. Cuando le digo a la gente que esta sustancia es un carcinógeno conocido, hecho que se demostró científicamente en 1988, se sorprenden. No hace mucho yo misma me sorprendí al descubrir que mi adorado vino no era esa saludable bebida que siempre había creído. La clave está en pensar. Sé consciente del bombardeo constante de mensajes al que te someten cada día. Cuando empieces a dudar, recuérdate la verdad sobre el alcohol y elimina de forma consciente esas influencias, y hazlo cuanto antes. Tu mente inconsciente es susceptible a los mensajes que te dicen que el alcohol es fundamental para vivir. Así que debes estar en guardia y no dejarla ser una casa de huéspedes para esa basura. Saca la basura en cuanto te des cuenta de que está entrando.

Toma el control de tu mente y lucha por ver la verdad. Tal vez la siguiente anécdota te resulte divertida y te dé fuerzas. Un día estaba comiendo en un restaurante con una barra preciosa, en otra estación de tren de Londres, la de King's Cross. Tiene enormes paredes de ladrillo y unos techos de al menos cuatro pisos de altura. La barra parecía un verdadero altar dedicado al alcohol: brillantes botellas de vidrio llenas de ese líquido ámbar tan intenso se alzaban hasta lo más alto. En realidad, la arquitectura y el diseño eran maravillosos. Los expertos en marketing han hecho estudios que demuestran que, cuando las botellas están bien dispuestas e iluminadas, se vende hasta un 40 % más de alcohol. Es asombrosa la influencia que ejerce una buena presentación sobre la mente humana. Me tomé un minuto para admirar esa postal, pero en lugar de desear formar parte de algo en apariencia tan bello tomé la decisión consciente de ver ese líquido ámbar como lo que era: una sustancia que destruiría mi cerebro y mi cuerpo; una bebida que me dejaría agotada, atontada y con resaca.

Conozco a un tipo que es asesor de bares y restaurantes. Su principal trabajo es ayudar a que los establecimientos de hostelería sean más rentables, es decir, a que vendan más alcohol. Él me contó que en los bares siempre debe haber caminos claros y diáfanos hacia la barra. Si es posible, esta ha de tener varios puntos de acceso. Las botellas se expondrán en alto para que la clientela pueda verlas por encima de las cabezas de otros clientes y, además, deben estar siempre iluminadas desde abajo. Dice que si un bar proporciona agua con cada bebida la gente no se emborrachará lo bastante rápido, lo que hará que acaben consumiendo más alcohol. Incluso existe una correlación entre la accesibilidad de los baños y los niveles de ruido y el hecho de fomentar un mayor consumo de alcohol. Aquel día, en el espectacular santuario al alcohol de King's Cross, sonreí para mis adentros y pedí orgullosa mi tónica con lima, sabiendo con total certeza que toda esa belleza era solo fachada.

No creas que eres inmune al asalto constante de mensajes que promueven el consumo de alcohol. Nadie lo es. Debemos reconocer las mentiras y ponerlas en el lugar que les corresponde. Piensa en lo intenso que debe de ser ese bombardeo para que la mayoría de la población adulta beba veneno con regularidad. Si la mayor parte de la gente a tu alrededor subiera a un barco que chocara con un iceberg y se hundiera,

¿les envidiarías? Tú, con suerte, te sentirías en la obligación de tenderles una mano para ayudarles a salir de ese barco que se hunde.

¿Es la moderación una opción?

Aunque hasta el momento te he presentado analogías, hechos y escenarios que favorecen que abandones el consumo de alcohol, no te he dado indicaciones definitivas para que dejes de beber por completo. Y es que lo paso mal con las normas: si hay una que debo seguir, mi instinto me lleva a romperla. Por tanto, dar una solución definitiva a esta cuestión no es fácil. No quiero escribir una norma y que los rebeldes como yo sientan que tienen la obligación de cumplirla. Prefiero presentarte todos los hechos y que puedas tomar la decisión que más te convenga.

La moderación con cualquier sustancia adictiva es difícil, y para cierta gente llega a ser imposible. Los cambios cerebrales provocados por la bebida pueden ser permanentes. En teoría, cuando alguien desarrolla una fuerte dependencia física, su cerebro y el resto de su cuerpo pueden haberse alterado hasta tal punto que ya no pueden funcionar sin alcohol. Voy a explicarlo mejor.

Hemos hablado de las alteraciones que se producen en tu cerebro como consecuencia del consumo de alcohol. También de cómo el alcohol aumenta el deseo, pero no el placer, al liberar dopamina. Ahora quiero profundizar un poco más en esa relación con la dopamina para explicar por qué algunas personas son incapaces de dejar de beber tras una única copa.

A modo de repaso: las drogas adictivas, desde la nicotina a la heroína, liberan niveles artificialmente elevados de dopamina en el cerebro. Aunque antes la comunidad científica creía que la dopamina estaba relacionada con sentir placer, ahora se sabe que está vinculada al aprendizaje, y el aprendizaje incluye desear, esperar y ansiar.[225] Por tanto, en lugar de darnos placer, la dopamina nos enseña cómo obtener placer; nos ayuda a aprender las formas más eficaces de estimular el centro del placer del cerebro.

Sabemos que el alcohol estimula de forma artificial esos centros de placer. También sabemos que, para mantener la homeostasis y protegerse, el cerebro reduce con el tiempo el placer obtenido por beber alcohol.[226] En eso consiste la tolerancia. Y por eso, al final de mi etapa como bebedora, estaba desesperada por tomar alcohol, pero apenas sentía placer, ni siquiera tras dos o más botellas de vino. La explicación es clara: mi cerebro fue sobreestimulado de forma reiterada y artificial por el alcohol, de modo que adquirió tolerancia y empezó a generar una sustancia que lo contrarresta: la dinorfina, que redujo la estimulación. Por tanto, con el tiempo necesitaba cada vez más alcohol para sentir algo. Y los placeres cotidianos ni siquiera se registraban, debido a los altos niveles de dinorfina que producía mi cerebro. Por eso el neurocientífico y profesor Polk afirma lo siguiente:

Considera lo que ocurre con alguien adicto cuando sobreestimula una y otra vez el cerebro con la droga que consume. El cerebro seguirá reduciendo la sobreestimulación y, con el tiempo, sentirá menos placer con la droga. El subidón no será tan gratificante, y necesitará cada vez más estimulación para obtener el mismo nivel de recompensa. Y, por supuesto, eso es lo que relatan los individuos drogadictos: necesitan cada vez más droga para sentir el mismo subidón: y al final necesitan consumir solo para sentirse normales.[227]

Profundicemos en el papel que juega la dopamina en la adicción para entender por qué algunas personas no pueden detenerse después de una sola copa. En esencia, el rol de la dopamina en el aprendizaje consiste en garantizar que se pueda volver a encontrar el placer. Wolfram Schultz señala: «Un organismo adaptativo debe ser capaz de predecir acontecimientos futuros, como la presencia de pareja, comida, peligro... Las predicciones dan tiempo a un animal para preparar reacciones conductuales y pueden emplearse para mejorar las elecciones que un animal hará en el futuro».[228] La dopamina, pues, juega un papel central en la forma en que las especies adaptativas, incluidos los seres humanos, son capaces de anticiparse y estar motivadas para perseguir una recompensa.

Terry Robinson y Kent Berridge formularon una teoría sobre la base neurológica del deseo compulsivo de consumir drogas, y la denominaron «teoría de la sensibilización a los incentivos de la adicción».[229] Según esta teoría, el consumo repetido de drogas adictivas vuelve el centro dopaminérgico del cerebro hipersensible a esa droga en concreto. Esto no ocurre igual en todas las personas: algunas presentan niveles naturales más altos de dopamina que otras. Sin embargo, tal como yo lo entiendo, es posible que esta hipersensibilidad a una droga específica (en este caso, el alcohol) se produzca en cualquier persona a lo largo del tiempo si el consumo es repetido.

Según Robinson y Berridge, «el consumo repetido de drogas adictivas produce neuroadaptaciones incrementales en el sistema neural, haciéndolo cada vez más —y puede que de forma permanente— hipersensible a la droga». Este sistema dopaminérgico hipersensible da lugar a un deseo creciente por la droga que puede producirse al margen de que esta te guste. Y ello puede producir «un comportamiento adictivo (búsqueda y consumo compulsivos de drogas) aunque disminuyan las expectativas de placer de la droga [...] e incluso ante fuertes consecuencias negativas, como la pérdida de reputación, trabajo, hogar y familia».[230]

¿Lo has pillado? Esto significa que, si bebes suficiente alcohol por un tiempo, puedes hacer cambiar la respuesta de tu cerebro a esa sustancia. Y una vez que se ha producido el cambio quizá nunca vuelva a la normalidad. Esto explica por qué alguien puede permanecer sobrio a lo largo de 30 años, tomarse una sola cerveza y acabar otra vez bebiendo hasta vomitar y perder el conocimiento. En otras palabras, una sola copa, incluso tras una abstinencia prolongada, puede estimular el ansia de alcohol, de modo que seguirás bebiendo sin importarte las consecuencias y, lo que es peor: *ni siquiera lo disfrutarás.*

Así es como se explica el caso de la persona alcohólica cuya pareja la amenaza con dejarla si no deja de beber, y aun así se siente incapaz de resistirse al tirón del alcohol. Así se explica también el comportamiento irracional que acompaña al consumo de alcohol y otras drogas. Cuando se ha liberado suficiente dopamina de forma repetida, tu cerebro responde al alcohol de un modo muy distinto.[231]

Me gustaría señalar que, incluso si has alterado tu cerebro hasta este punto, hay esperanza. Una vez que hayas roto el ciclo, tus ansias desaparecerán. No volverás a caer en el abismo de la adicción si nunca bebes esa única copa. Dicho de otro modo: aunque la hipersensibilidad dopaminérgica al alcohol existirá, permanecerá silente mientras no introduzcas alcohol en tu cuerpo.

Para mí, desear algo que ya no me gustaba era como si alguien se hubiera instalado en mi cerebro y agarrado el timón. Era como si mi rival se hiciera cada vez más fuerte a medida que yo me debilitaba; ese enemigo que terminaría matándome si yo no lo mataba primero. Lucy Rocca lo expresa así: «El monstruo quiere ser alimentado [...] el alcohol mantiene a la gente inmovilizada [...] el alcohol hace a la gente perder el poder y la convierte en esclava de la bebida».[232]

Es interesante señalar que el alcohol libera más dopamina en el cerebro de los hombres que en el de las mujeres,[233] lo que podría explicar por qué, en general, hay más hombres que consumen alcohol y desarrollan adicción. De hecho, los hombres representaron el 70 % de todas las muertes relacionadas con el alcohol en Estados Unidos (88.000) en 2014.[234]

También me gustaría decir que, si ya has llegado a ese punto en que no puedes resistirte a una copa, si no eres capaz ni de seguir sin beber el tiempo suficiente para leer este libro, necesitas buscar ayuda: acude a un lugar donde se te impida beber y donde el alcohol no esté a tu alcance mientras te desintoxicas. La buena noticia es que, una vez que el alcohol esté fuera de tu organismo y tu mentalidad haya cambiado, es decir, cuando veas que ya no lo necesitas, podrás recuperar el control.

«Intentar tomar "solo una copa" es como intentar derribar solo una ficha de dominó en una enorme fila de ellas».
Craig Beck

El estrés de la toma de decisiones

¿Sabías que tomar decisiones provoca estrés y consume recursos del cerebro? La investigación al respecto ha mostrado que las pequeñas decisiones consumen casi tanta energía neuronal como las grandes.[235] Y la energía cerebral, como la de cualquier otro tipo, se agota. De modo que, si empleas la energía de tu cerebro en montones de pequeñas decisiones (¿debo beber hoy?, ¿cuántas copas voy a permitirme esta noche?), agotarás tu capacidad de decisión. Por no mencionar que el propio alcohol, una vez que entra en el cerebro, afecta de forma negativa a la capacidad para tomar decisiones sensatas. No olvides que, con el tiempo, el alcohol daña la química de la corteza prefrontal,[236] una parte del cerebro vital para tomar decisiones sensatas y a largo plazo. Como ya hemos visto, el córtex prefrontal equilibra las regiones más primitivas del cerebro, las que buscan el placer, por lo que cuando está dañado por el abuso de alcohol su eficacia disminuye, se toman peores decisiones y es más difícil resistirse a la tentación. Esto es así porque las regiones primitivas del cerebro, las que buscan el placer sin tener en cuenta las consecuencias, se hacen más fuertes que las más mesuradas.[237]

Para mí, aquello era un ciclo de auténtica locura. Me hacía promesas de moderación y al principio las cumplía. Ese éxito me daba una profunda sensación de satisfacción y control. Me sentía orgullosa, invencible: podía disfrutar del néctar y luego salir volando. Pero siempre aparecían más motivos —en apariencia lógicos— para beber más, para ceder a la tentación. Al final, quedó claro que la moderación no funcionaba para mí, que había cruzado la línea. En aquel momento ya no podía parar. En el ciclo de la adicción, en la casa de los espejos, todo está distorsionado. Me sentía decepcionada conmigo, avergonzada de mí misma. No entendía por qué seguía haciendo lo que había llegado a odiar, y eso me aterraba. Me sentí sola y empecé a separarme de mis seres queridos, porque sabía que también los decepcionaría a ellos. Me convertí en una sombra de lo que había sido. A veces estaba tan engañada que no era consciente de hasta qué punto había caído. No veía lo dependiente que me había vuelto otra vez. Mi tolerancia aumentaba y, en cuestión de días, semanas o meses, volvía a la fase crónica.

Antes de la adicción, gozaba de una capacidad normal para disfrutar. En cambio, cuando era adicta ya no disfrutaba de las experiencias que antes me resultaban gratificantes. En una situación así, empiezas a temer que solo puedes sentir alegría con ayuda de la droga. Y este miedo te mantiene en las garras de la adicción. La experiencia te confirma que solo obtienes placer bebiendo. De lo que no te das cuenta es de que el «placer» de beber no es auténtico; y de que el placer cotidiano volverá en cuanto dejes de beber y permitas que tu cerebro y el resto de tu cuerpo se curen.

Te darás cuenta entonces del engaño y de que no necesitas el alcohol para relajarte ni para disfrutar: te hicieron creer que sí. Para llegar a ese punto debes derrotar a tu enemigo mortal.

Al principio del libro dividimos nuestro problema en dos áreas: el bebedor y la bebida. A primera vista, parece que tú, la persona que bebe, deberías ser capaz de controlarte. Sin embargo, la realidad de la adicción —una vez que se ha apoderado de ti y ha modificado tu cerebro— es que no puedes. Porque te arrebata el control. La buena noticia es que puedes controlar la otra parte del binomio, la bebida. Ahora que se ha revertido el condicionamiento inconsciente, eres capaz de tomar una decisión consciente, lógica y racional sobre el hecho de beber. Puedes controlar el alcohol para que él no te controle a ti. Aunque tener pleno control significará cosas distintas para cada persona, para mí supone permanecer alejada de la bebida. Y lo mejor es que ya no siento ningún deseo de beber un veneno adictivo que no me aporta nada. De forma casi milagrosa, gracias a este proceso, me siento feliz de no beber. Pocas cosas me han hecho tan feliz como recuperar por completo mi libertad frente al alcohol.

Es importante que no cometas el error de aferrarte a las antiguas ilusiones sobre el alcohol. Si conservas el deseo de beber, te pasarás el resto de tu vida preguntándote cuándo será un buen momento para tomarte esa próxima copa.

No subestimes el poder de tu mente. Pensaba en eso durante un vuelo reciente. Allí estaba yo, a 11.000 metros de altura, y si algo le hubiera ocurrido al piloto el avión habría sido capaz de volar y casi hasta de aterrizar solo. Y somos los seres humanos quienes fabricamos esta tecnología: sistemas de posicionamiento global que transmiten la ubicación exacta del avión. Poseemos la inteligencia suficiente para comprender cosas como la gravedad y la inmensidad del espacio; ponemos satélites en órbita para que el GPS pueda funcionar. Somos seres poderosos.

Mi primera experiencia consciente del poder de mi mente la tuve cuando la espalda se me curó mediante la educación y la comprensión mentales. Gracias al trabajo del Dr. Sarno, entendí que mi mente poseía mucho más poder e influencia sobre mi cuerpo y mis emociones de lo que jamás habría imaginado. Ahora sé, sin ninguna duda, que si elijo creer que seré desgraciada sin alcohol en mi vida lo seré; que si elijo creer que no puedo relajarme sin una copa, entonces no podré hacerlo. También sé que si elijo ver el alcohol como lo que es —una droga tóxica y adictiva que debe tratarse con precaución y no merece un hueco en mi vida— no tendré ningún deseo de beber. La elección es mía.

Ahora que conoces la cruda realidad sobre el alcohol y lo que te ha estado haciendo a ti, a tu cuerpo y a tu mente, podrás actuar. Tu mente inconsciente está cambiando, y beber se está convirtiendo de nuevo en una decisión consciente. Así que puedes emplear tu poderosa mente en liberarte del alcohol.

Una vez que contemplas la verdad, te das cuenta de que eres capaz de dejar ir tu deseo de tomar una copa de vez en cuando. Te percatas de que un solo trago es capaz de generar la adicción física, que a su vez crea la adicción mental. Y el ciclo continuará. Si mantienes el deseo de beber, será difícil (si no imposible) encontrar la libertad.

El alcohol es adictivo y, si después de conocer todos los hechos sigues deseándolo, me resulta difícil creer que tengas el control. Que la gente parezca controlar su forma de beber no significa que lo esté logrando. Hay ciertas cosas en las que puedes fijarte para comprobar si alguien tiene tanto control como cree:

- ¿Tienen disposición a entablar una conversación abierta y equilibrada sobre el alcohol? ¿Pueden hablar con comodidad de los pros y los contras de beber?

- ¿Se esfuerzan en justificar por qué beben, de una forma que no usarían con otras decisiones cotidianas (por ejemplo, tomar un refresco)?
- ¿Beber es para esas personas algo cotidiano y habitual, como automático, en lo que no piensan en realidad, como una parte más de su rutina?
- ¿Se les nota cierta incomodidad si tú no estás bebiendo? Esta es una señal clara de que no están en paz con sus propias decisiones.
- ¿Sienten la necesidad de justificar su forma de beber ante ti? ¿Sobre todo si no se lo has pedido?
- ¿Parecen incapaces de pasarlo bien si no hay alcohol de por medio?

De nuevo, sé amable. Aunque alguien esté controlado por el alcohol, tal vez no sea consciente de ello, y los humanos odiamos que se cuestione nuestro autocontrol. Quizá tengas que limitarte a sonreír y asentir, sabiendo que todo lo que has leído es cierto y que ya no estás dentro del ciclo del alcohol, que solo conduce en una dirección: hacia abajo.

Hace poco, durante unas vacaciones de esquí, todo el mundo estaba sentado bebiendo alcohol mientras yo disfrutaba de mi refresco con arándanos y lima (¡que me encanta!). Mis amigos discutían sobre las botellas de plástico y cómo las partículas de microplástico pueden filtrarse en el agua potable y envenenarnos. Todas las personas de la mesa eran inteligentes y parecían controlar su forma de consumir alcohol, pero allí estaban, bebiendo más de la cuenta un veneno conocido y hablando sobre cómo el plástico se filtra en el agua potable. Fue una demostración sorprendente de que, incluso cuando conocemos estudios científicos al respecto y comprendemos cómo funcionan los contaminantes cotidianos, el alcohol goza de privilegios.

La moderación es un juego peligroso. Es como decir que quieres lanzarte al vacío solo a medias o perder la virginidad, pero solo un poco. El alcohol nos engaña porque quienes beben ocultan el impacto real que tiene en su vida. Mucha gente no toca fondo de forma evidente. O les preocupa estar en peligro, pero pedir ayuda implica soportar el estigma. Así que pasan años preocupándose, preguntándose si de verdad tienen un problema.

Acabemos con esto de una vez

Mi objetivo con *Libera tu mente* es ayudar a la gente antes de que llegue a una etapa en la que el alcohol tenga tanto dominio sobre ella que su vida sea ingobernable. Espero dar libertad a esas personas antes de que caigan de una manera tan honda en la adicción al alcohol que el cerebro se les quede alterado para siempre. Quiero que tomen conciencia de los peligros de esta sustancia antes de que les esclavice. Está muy claro que deberíamos centrarnos en frenar el abuso del alcohol mucho antes de que la enfermedad haya avanzado hasta el alcoholismo total y empiece a destruir vidas.

Los individuos alcohólicos, debido al estigma, suelen tocar fondo —a menudo haciéndose daño a sí mismos y a otros— antes de pedir ayuda. Eso no está bien. Estigmatizamos a personas que no han hecho más que volverse adictas a una sustancia adictiva, como la abeja que cae en la planta carnívora. Por tanto, el estigma y el diagnóstico de una enfermedad incurable conspiran para que no pidamos ayuda en las primeras fases, cuando aún podemos evitar hacernos un daño profundo.

Cambiémoslo. Eliminemos el estigma y admitamos que, cuando se trata de alcohol y drogas, nadie tiene el control. De hecho, dejemos de separar «alcohol y drogas», y reconozcamos que el alcohol también es una droga, y una de las más peligrosa del planeta.[238] La adicción te bloquea la mente frente los daños de la droga y te hace creer que tienes el control, a pesar de que tus decisiones sean irracionales. Todos los alcohólicos empezaron con un trago; la única diferencia entre los bebedores que creen tener el control y quienes admiten que no lo tienen es el momento del proceso adictivo en el que se encuentran. Depende de cuánto soporten su cuerpo, sus circunstancias y su cartera con lo que beben. Lo cierto es que no tienen el control. Tú tampoco lo tenías. Y si decides volver a beber, renunciarás a él.

En definitiva, no envidies a la gente que parece controlar su forma de beber. Que el alcohol aparente volver mejor una ocasión placentera no significa que lo haga de verdad. Yo, que ya no bebo, disfruto en plenitud de momentos que antes asociaba al alcohol. Pero ahora soy libre, tengo todo mi ingenio a mi disposición y, como resultado, me río mucho más, y soy más divertida e inteligente sin beber de lo que nunca fui con los sentidos embotados. Sigo teniendo días malos, desde luego, pero incluso entonces me doy cuenta de que automedicarme con alcohol es una mala decisión. Mi amiga Mary lo resume así: «En pocas palabras, si no soy capaz de hallar alegría en una situación, desde luego no es por falta de alcohol». Si estás luchando contra la depresión o la ansiedad, es hora de buscar ayuda; seguir automedicándote con alcohol solo empeorará las cosas. Te lo digo por experiencia.

Efecto placebo

«El hombre es lo que cree».
Anton Chéjov

El efecto placebo demuestra el increíble poder de nuestro cerebro. Se produce cuando alguien toma una sustancia creyendo que le beneficiará. Aunque dicha sustancia carezca del principio activo correspondiente, la persona experimenta una mejoría o el resultado esperado. Un estudio de Slavenka Kam-Hansen publicado en la revista *Science Translational Medicine* demostró que, en el caso de algunos fármacos, más de la mitad del resultado se debe al efecto placebo: la gente mejora al tomarlos no por lo que contiene la sustancia, sino por el asombroso poder de la creencia humana.

Una vez estaba comiendo sola en París y se ocupó la mesa de al lado. Aquellas personas se sentaron con cara de haber tenido un largo día de trabajo. Apenas hablaban. Pero llegó el vino y se alegraron al instante, empezaron a reírse y a hablar con entusiasmo del vino. Alguien dijo que no era su favorito, pero que «cumple su función», que al parecer es una expresión francesa bastante común. Me pareció que habían empezado a pasárselo muy bien en cuanto llegó el vino. Es decir, sin haber bebido una sola gota, el ambiente pasó de un leve cansancio de oficina a una sucesión de risas y un estado general de euforia. El hecho de que su estado de ánimo cambiara antes de empezar a beber me confirmó que no era el vino en sí lo que daba alegría. No, se trataba, una vez más, del efecto placebo. Fue la promesa del vino lo que cambió su estado de ánimo. Si alguien les hubiera quitado esa botella, seguro que habría regresado la miserable sensación de haber sufrido una larga jornada laboral.

¿Ves, pues, como la adicción —al menos hasta que bebes lo suficiente como para que se modifique tu cerebro— es, en gran parte, mental? El alivio estaba llegando a la mesa, y eso bastó para cambiar el estado de ánimo de aquellas personas, incluso antes de que nadie bebiera ni una gota. Tenía que madrugar, así que no me quedé a ver cómo se desarrollaba la cena. Sin embargo, he sido la única persona sobria en muchas de esas ocasiones y puedo decir que lo que ocurre es lo siguiente: llega el vino y cambia el estado de ánimo del grupo, de modo que la conversación se vuelve inteligente, ingeniosa y llena de vida. Tras dos o tres copas la charla decae, incluso entre algunas de las personas más inteligentes. Y esto es porque vino hace lo que se supone que debe hacer: ralentiza la actividad cerebral y embota los sentidos.

Hay que tener muy claro que beber no hace divertidas a las personas aburridas. En realidad, el alcohol vuelve tontas y aburridas incluso a las personas más inteligentes y atractivas. Esto es así porque su propia naturaleza ralentiza la actividad cerebral y adormece el ingenio y los sentidos. Las personas que se anulan a sí mismas no lo están pasando bien. ¿Qué puede haber más aburrido que la monotonía de vivir solo con una parte de tus sentidos activos? No es divertido que te controle un veneno.

¿Recuerdas el alivio de aquel grupo de comensales cuando llegó el vino? ¿El alivio de que pronto se calmaría un deseo? Lo bueno de no beber es que ya vivo *en el lugar del alivio* o, más bien, de la libertad, lejos del deseo. Ya nunca tengo que soportar el dolor y la ansiedad del anhelo. No tengo síntomas de abstinencia. Estoy preparada para una buena carcajada y para disfrutar de lo que venga después. Me encanta no tener que pasar por una tienda de licores para disfrutar de la noche. Y, aunque todo el mundo tiene días malos, los míos son cada vez menos frecuentes y más llevaderos. Porque ya no convierto un mal día en dos, emborrachándome y pasando el día siguiente con resaca. Es hora de que logres esa misma libertad.

21. LIBERA TU MENTE

«El conocimiento en sí mismo es poder».
Francis Bacon

Estás cerca. Con cada palabra que has leído y cada idea que has sopesado, has ido deshaciendo el condicionamiento de toda una vida de tu mente inconsciente. Has empleado el pensamiento liminar para profundizar más allá de lo obvio, cuestionando tus observaciones, experiencias y suposiciones. Pasito a pasito, pero con seguridad, recuperando la perspectiva de alguien que nunca ha tomado una copa, que nunca ha tenido adicción al alcohol.

Y ahora cuentas con una ventaja: has experimentado la adicción al alcohol, y sabes lo cruel y traicionero que es. Yo tengo una perspectiva que quien nunca ha bebido alcohol no tiene, porque he visto todo lo que es capaz de destruir. Sobrevivir a ello merece una medalla, no un estigma. Soy más fuerte que antes. Ahora dispongo de una armadura forjada a fuego contra los horrores del alcohol. Me siento con fuerzas para plantarme y luchar. Mi misión —la misión de *Libera tu mente*— es cambiar la forma en que nuestra sociedad ve el alcohol, sacar a la luz la verdad y ofrecer herramientas para que podamos tomar otro rumbo.

La investigación que he llevado a cabo para escribir este libro me ha hecho llorar en numerosas ocasiones. ¿Por qué? Porque me duele por todo el mundo, por la gente. La parte más destructiva de todo esto, de la más desenfrenada de todas las adicciones, es que nos roba la capacidad de respetarnos y cuidarnos. Y sin autorrespeto, todo lo demás se desmorona. Hay algo que nos ciega, y destruimos sin darnos cuenta a nuestros seres queridos, e incluso nos autodestruimos. Sin saberlo, contribuimos a las futuras luchas de nuestros hijos. Los resultados de un estudio reciente han mostrado que los niños a los que se permite tomar algunos sorbos de alcohol tienen mayor propensión a abusar del alcohol en la edad adulta, y los que tienen padres o madres alcohólicos presentan cuatro veces más riesgo de sufrir problemas con la bebida al llegar a la adultez.[239] En la escuela reciben un mensaje de precaución contra el alcohol, pero en casa reciben otro mucho más potente: el que transmite esa botella de vino siempre presente.

El alcohol causa la adicción más peligrosa de la sociedad y cuatro veces más muertes que todas las sobredosis de medicamentos recetados e ilegales combinadas.[240] Y las cifras van en aumento. El número de fallecimientos por consumo de alcohol sube cada año, y ya ha superado al sida como la principal causa de muerte en el mundo entre los hombres de 15 a 59 años.[241] Hay más personas adictas al alcohol que a cualquier otra droga en el planeta.

Y, sin embargo, lo que hemos estigmatizado es el hecho de no beber. Lo vivo todo el tiempo. Rechazar una bebida alcohólica invita a la crítica y al juicio. La suposición cuando alguien no bebe es que debe de estar recuperándose de un problema grave. Y esto no solo es insultante, sino que además alimenta esta adicción descontrolada y destructiva.

Si no cambiamos, estamos en una senda peligrosa. En todos los sentidos, el sufrimiento provocado por el alcohol va en aumento. Nunca en la historia se ha invertido tanto en publicidad de bebidas alcohólicas como ahora. Cada vez más adolescentes prueban el alcohol, más jóvenes universitarios beben hasta perder el control, y la tasa de suicidios entre estudiantes está en su punto más alto. Jamás se habían registrado tantos fallecimientos relacionados con el alcohol. Y, aun así, seguimos abrazando esta sustancia como si fuera el «elixir de la vida». Nuestra generación lo perpetúa. Yo lo hice. Se consume tanto vino que la última moda son los clubes de vino, en los que se adquiere esta bebida por cajas. Nuestros hijos crecen creyendo que el alcohol es esencial para disfrutar la vida. Así que depende de ti y de mí; es nuestra responsabilidad cambiar las cosas y desenmascarar al alcohol. Una vez que se te abren los ojos, lo ves claro: contemplas a toda la sociedad atrapada en una planta carnívora, deslizándose hacia el fondo, y es aterrador.

El alcohol puede traer consigo pobreza, pérdida de la vivienda, violencia doméstica, abuso infantil, homicidio, violación, muerte y destrucción. Y no solo afecta a quien lo consume, sino a todas las personas que le rodean. Tenemos una obligación con nosotros mismos y con las generaciones venideras: dar visibilidad a la horrible realidad de esta enfermedad. Y contamos con una opción. Esto nos lo estamos haciendo, es como tirar piedras contra el propio tejado. Pero también podemos ser el cambio, romper el ciclo. Ya pusimos al tabaco en su lugar. Entonces ¿por qué no hacemos lo mismo con el alcohol?

Al principio de este libro, asumí que la idea de no volver a beber nunca más te llena de inquietud, incluso de pánico. Yo temía la mera posibilidad de pasar mi vida sin alcohol. A estas alturas, el control que esta sustancia tiene sobre ti debería empezar a aflojarse. La idea de no tener que beber resulta emocionante y liberadora.

Si plantearte dejar el alcohol para siempre todavía te hace sentir algo de inquietud, no pasa nada. A muchas personas, la verdadera prueba de que la vida puede ser —y será— disfrutable les llega cuando se liberan de las garras del alcohol. Solo entonces descubren la alegría de saber que nunca más tendrán que beber.

No importa dónde estés mentalmente; lo importante es que tengas en cuenta todos los hechos a la hora de decidir qué lugar tendrá el alcohol en tu vida. Una vez más: da igual si aún sientes apego por el alcohol y miedo a una vida sin él.

Es crucial tomar una decisión, adquirir un compromiso, incluso si es solo para intentar tener una vida sin alcohol por un tiempo. Y lo es por dos razones. En primer lugar, el esfuerzo que se necesita para tomar una única gran decisión es el mismo que para tomar mil pequeñas decisiones. Permítete sentir la libertad que acompaña a un único compromiso, una única elección definitiva: es embriagador. Segundo, sin tomar una decisión no sabrás cuándo eres libre. Nuestra sociedad se encuentra llena de condicionamientos; están por todas partes. Nos reunimos con otras parejas y sus hijos para el Día de San Patricio, y todos estaban bebiendo. Es difícil cuando ves a personas que conoces, amas y respetas tomando alcohol como si fuera el elixir de la vida. Y es difícil no porque quieras beber de ese veneno, sino porque conoces la verdad. Ahora tienes una perspectiva que ellos no tienen, y agradeces saber que eres libre.

Pero es difícil por la misma razón que lo es la disonancia cognitiva. Sabes que algo es cierto, pero la evidencia que hay frente a tus ojos —tus seres queridos bebiendo con normalidad, diciéndote que pueden «dejarlo cuando quieran»— genera un conflicto. No porque pienses que tienen razón, sino porque no entiendes cómo son incapaces de ver lo que tú ya ves. Recuerda que su mente inconsciente —la que controla sus deseos y emociones— todavía cree que el alcohol es necesario para divertirse en situaciones sociales. Su actitud despreocupada frente a la bebida choca con todo lo que tú ya sabes que es verdad. Estas experiencias no te hacen cuestionar tu compromiso ni tu punto de vista, pero no hay duda de que resultan difíciles. Al fin y al cabo, tener una opinión distinta a la de quienes te importan nunca es fácil.

A los seres humanos nos gusta pertenecer, formar parte del grupo. No sentirás la tentación de beber solo por beber; de hecho, en casa ni siquiera se te pasará por la cabeza. Pero en una situación social te puede tentar el deseo de encajar o de minimizar la distancia que sientes que hay entre tú y tus amigos. No es fácil ser diferente. ¿Recuerdas en la escuela, cuando todo el mundo empezaba a vestir con ciertas marcas y tú les suplicaste a tus padres que te compraran la misma ropa que llevaban tus compañeros? Es parte de la naturaleza humana: querer ser parte de un grupo, encajar.

Ahora bien, aunque no sea fácil ser diferente, sí que es bueno. Y tú eres fuerte. El hecho de que tu decisión de dejar el alcohol provoque reacciones emocionales en los demás es una prueba del carácter adictivo de esta sustancia. Cuando dejé de comer huevos nadie se alteró, ni se ofendió, ni cuestionó si nuestra amistad seguiría siendo tan estrecha como lo era antes. Por mucho que tus amistades se preocupen por ti, no importa cuánto cuidado tengas al tomar tu decisión, es probable que surja una discrepancia. Si les preocupa tener un problema, el hecho de que tú no bebas aumentará su ansiedad, aunque sigan sintiendo todo ese apego emocional y mental por el alcohol que tú también sentías antes de empezar este libro. Y esa es otra razón fundamental para firmar un compromiso contigo: una vez que lo hayas hecho te será más fácil prepararte para estas situaciones.

De todos modos, está bien que no siempre sea fácil. Nada que valga la pena es fácil. Al ser diferente, estás lanzando un mensaje firme. Me reí mucho en aquella celebración de San Patricio. Tus amistades te ven reír, disfrutar de la noche sin una gota de alcohol, y eso tiene un impacto. Y a lo mejor, con el tiempo, si mantienes una actitud tranquila y no te muestras como si fueras «mejor que los demás», alguien te pregunte cuál es tu secreto. Tal vez entonces se abra la puerta a una conversación con esa persona sobre su propia relación con el alcohol.

Volvamos ahora con Beth, una mujer en proceso de recuperación que asiste a reuniones de AA y lleva cinco años sobria. Sabe que estoy escribiendo este libro y me preguntó si podía enseñarle a beber con moderación. Le pregunté si quería que le enseñara a beber aceite de motor con moderación. Me miró como si estuviera loca: ¿por qué querría hacer eso? Bien, de eso se trata. Si ves el alcohol como lo que es —nada más que un veneno de sabor horrible que está destruyendo nuestra sociedad, nuestras familias, nuestras relaciones y nuestros cuerpos—, ¿por qué querrías beberlo, aunque solo fuera de vez en cuando?

Como parte de mi investigación acerca de la moderación, leí en algunos foros sobre un enfoque llamado «gestión de la moderación». Los participantes se registran en plataformas online e informan de cuántas copas tomaron en una semana; tratan de obtener un número objetivo semanal. Les obsesiona cuándo y cuánto beberán, y si alcanzarán su meta. Es decir, en lugar de liberarse del alcohol, siguen en sus garras. Es como lo de nuestra amiga la abeja: entra en la planta tratando de evitar deslizarse mientras bebe el néctar; un néctar hecho de descomposición y putrefacción. Si da un paso en falso, se queda atrapada, se desliza hacia el fondo y acaba convertida en parte de ese néctar.

Dime, si no tienes ganas de beber, ¿por qué probar una sola copa y volver a darle poder a tu enemigo? Como dice Carr, una vez que ves la verdad sobre el alcohol, el miedo a no poder beber nunca más se transforma en la emoción de *no tener* que volver a hacerlo jamás. La sensación es de euforia. Contemplas toda tu vida —larga y saludable— mostrarse ante ti. Te entusiasma la idea de disfrutar de esta vida extraordinaria y de todas las experiencias maravillosas que te aguardan.

Bebí tanto tiempo que olvidé lo hermosa que podía ser la vida. Olvidé lo que se siente al despertar con energía y ganas de ver qué puede ofrecerte el día. Beber te arrastra hacia abajo. Cuando bebes, estás invitando a tu enemigo mortal a regresar. Es el monstruo del alcohol, que se alimenta de más alcohol y te destruye en el proceso. Su sed siempre crece y nunca está satisfecho. Por supuesto, una copa aliviará por un momento el deseo, calmará al monstruo durante un tiempo. Sin embargo, es este consuelo temporal lo que nos engaña. Pronto verás tu copa vacía. Recuerdo con total claridad haber pensado en mi próxima copa antes de terminar la que tenía en la mano. Pasa lo mismo con cualquier sustancia adictiva: todas crean una sed insaciable de sí mismas.

Imagina que llegas a una casa en venta con jornada de puertas abiertas. El agente inmobiliario la ha abierto para posibles compradores, y tú eres una de las muchas personas que la visita. Entras y te pones a explorar. El agente inmobiliario ha horneado galletas para que la casa huela de maravilla. Te ofrecen estas galletas recién horneadas. Tú comes. Exploras por un tiempo, pero de pronto te das cuenta de que hay algo que no te cuadra en ese lugar. No es el hogar que pensabas que sería al contemplar la fachada. No es para ti. Decides irte y, al tratar de salir, te percatas de que te has perdido. Recorres largos y oscuros pasillos, atraviesas puertas misteriosas, subes y bajas escaleras hasta que ya no reconoces dónde estás o cómo llegaste allí. La casa se ha convertido en un laberinto aterrador. Además, las galletas te están sentando mal, pero son la única comida disponible, por lo que tienes que seguir comiéndolas. Es una experiencia escalofriante. Ves a otros posibles compradores, todavía paseando por la casa y disfrutando de las galletas. No se han dado cuenta de que esos dulces son puro veneno ni de que la casa es un laberinto mortal. El hecho de que aún no se sientan como tú no significa que no lo estén, ni que las galletas sean menos venenosas. La realidad es aterradora, lo entiendan o no.

Un grupo de investigadores llevó a cabo una evaluación comparativa del riesgo de distintas drogas, incluidos el alcohol y el tabaco, utilizando el enfoque del margen de exposición (MOE, por sus siglas en inglés). El MOE es la relación entre la ingesta y la toxicología. Un MOE de menos de 10 se clasifica como de «alto riesgo», y un MOE de entre 10 y 100 entra en una categoría de «riesgo». La cocaína, el alcohol, la nicotina y la heroína fueron las únicas drogas que entraron en la categoría de alto riesgo (menos de 10). Al ajustar los datos a nivel poblacional, solo el alcohol permanecía en esa categoría de alto riesgo. Todas las demás drogas (excepto el cannabis, que obtuvo un MOE superior a 10.000) entraron en la categoría de «riesgo».[242] Se trata de hechos; no hay debate posible. Pero nuestra sociedad insiste en que el alcohol está, de alguna manera, separado de las drogas; incluso decimos «drogas y alcohol» en lugar de aceptar que el alcohol es la droga más peligrosa de todas.[243]

Tendrás que mantenerte alerta, porque es fácil creer a quienes dicen que no tienen ningún problema con el alcohol y que pueden dejarlo cuando quieran. Y no hay ninguna razón para no creerles. Confiamos en la gente cercana. Y no te están engañando a propósito; creen lo que dicen. Todavía parecen estar disfrutando del recorrido por la casa. En muchos casos, la razón principal por la que creen que pueden dejarlo cuando quieran… es que nunca han intentado dejarlo.

Imagina que te digo que a veces me paso un día entero sin mascar chicle. ¿No pensarías enseguida que estoy obsesionada con el chicle? O piensa en los fumadores. Parecería que alguien que fuma tres paquetes al día disfruta fumando más que quien fuma un solo paquete al día. Pero si le preguntas a la persona que fuma tres paquetes te dirá que desearía poder fumar solo uno. Envidian a la persona que fuma menos.[244] ¿Por qué, entonces, no se limitan a reducir el consumo? Si no están disfrutando de todos los cigarrillos que fuman, ¿por qué siguen fumando? Pues el caso de la bebida es igual: sufren cada vez que intentan moderarse o dejarlo. Un fumador empedernido ya no cree que esté obteniendo placer de fumar; de hecho, odia fumar, pero no siente que pueda enfrentarse a una vida sin tabaco. Eso no es control, es adicción.

Quizá pienses que ahora, con todo este conocimiento, serás capaz de volver a beber con moderación y mantenerte ahí. Y tal vez tengas razón; si el alcohol todavía no ha alterado tu cerebro, a lo mejor consigues moderarte por un tiempo. Yo no tengo ningún deseo de esforzarme por moderarme, porque el alcohol ya no me resulta atractivo. Si decidiera beber con moderación sería solo para encajar, no porque quisiera beber. Y soy consciente de que es una razón estúpida para envenenarme. No tomaría ibuprofeno si no lo necesitara solo para sentirme parte del grupo, y beber es mucho más peligroso.

No fue mi deseo pasar de «disfrutar» una copa de vino con la cena a «disfrutar» de una botella entera. El alcohol crea una tolerancia, una inmunidad, que no es otra cosa que tu cuerpo intentando protegerse del veneno que estás consumiendo. Eso nos empuja a beber más y más. ¿Cuándo decidí beber más?

No lo hice. Poco a poco el lobo del vino se fue instalando en mí y desarrolló una sed insaciable. Alimenté esa sed, y esta creció. Una vez que ya estaba envenenándome a diario, la vida se volvió muy estresante. La sensación sutil de «necesito un trago» era constante. Como la vida era demasiado estresante, bebí para afrontar el estrés. No puedo expresar lo agradecida que estoy por haber sido capaz de salir de esa horrible pesadilla. El alcohol no vale el riesgo de volver a entrar en el ciclo miserable que supone la adicción.

Echa la vista atrás y contempla tu trayectoria con el alcohol. ¿Cuántas veces has bebido demasiado y vomitado? ¿Qué hay de las resacas? ¿O del dolor de cabeza? ¿Cuántas noches están borrosas en tu memoria o incluso borradas por completo? ¿Cuántas veces dijiste o hiciste cosas de las que luego te arrepentiste? Quizá fuiste cruel sin necesidad con tus amigos o tu familia. ¿Empiezas a darte cuenta de la suerte que tienes? ¿Entiendes ya lo maravilloso que es no tener la necesidad de volver a vivir jamás ninguna de esas experiencias?

Un breve repaso

Tal vez ya estés sintiendo lo maravilloso que es no tener por qué volver a hacerte daño, ni pasar por una resaca, ni hundirte en la miseria otra vez. Lo maravilloso que es no *tener que* volver a beber. Si aún no has vivido esa experiencia, no te preocupes; puede que no la sientas hasta semanas o incluso meses después de dejar el alcohol. Tu cuerpo necesita sanar. Es posible que necesites experimentar la vida sin alcohol para darte cuenta de que todo lo que te cuento es verdad. No hay problema. Ahora que tu mente inconsciente está cambiando, te resultará más fácil abstenerte, darte tiempo para curarte y vivir una vida sin alcohol. Ahora reconocerás las mentiras que la sociedad te ha ido contando. Si todavía sientes dudas concretas, vuelve a leer el capítulo donde hablé sobre esas preguntas.

Empezaste a leer este libro porque sentías que el alcohol era un problema en tu vida y querías recuperar el control. Sin embargo, cuando trataste de reducir su consumo descubriste que controlar la ingesta de alcohol era casi imposible, y la idea de no volver a beber te resultaba aterradora. Esta reacción fue diferente a la de cuando trataste de controlar el consumo de, por ejemplo, ciertos alimentos. Mira este ejemplo.

Desarrollé alergia a los huevos tras el nacimiento de mi segundo hijo. Me gustaban los huevos, y al principio los comía sin pensar en ello, olvidándome de mi alergia. Pero sufría una reacción brutal. Después de varios de estos dolorosos recordatorios desterré por completo los huevos de mi dieta. No fue muy complicado, y desde luego no me supuso ningún trastorno emocional. No me paso la vida pensando en que ya no como huevos. De hecho, apenas pienso en ello, a menos que alguien me ofrezca un huevo, y entonces lo rechazo sin problemas. Aunque los huevos son deliciosos y nutritivos, no me lamento por no poder comerlos. No siento dolor alguno por el hecho de no consumir huevos. Cuando mi médico me hizo las pruebas pertinentes y de entrada me diagnosticó esta alergia, supe que implicaría un cambio de hábitos, pero no sentí temor; no había dependencia emocional. Al contrario, me sentí agradecida, porque por fin podía entender la fuente de mis dolorosas reacciones alérgicas.

Al comparar estas dos experiencias reconocerás que nos autoengañamos cuando creemos que podemos controlar el alcohol como si fuera cualquier otro alimento. Pero el alcohol no es otro alimento; es una droga adictiva. Aun así, negamos nuestra dependencia y decimos que podríamos dejar de consumirlo si quisiéramos. Esto ocurre por la desconexión entre la mente consciente y la inconsciente. Una vez que ves que el alcohol te está causando problemas, tu mente consciente quiere beber menos. Sin embargo, la evidencia demuestra que los procesos rutinarios y habituales de toma de decisiones (como beber con regularidad) no se producen del todo en la mente consciente. Según el Dr. Chris Firth, profesor de Neuropsicología en el University College de Londres, hay un proceso de toma de decisiones «de abajo hacia arriba», en el que las partes inconscientes del cerebro evalúan las recompensas, toman una decisión e interactúan con sus regiones conscientes más tarde, si es que llegan a hacerlo.[245] Por tanto, tu mente inconsciente controla tus deseos y emociones. Funciona con programas ya conocidos, formados a lo largo de años de condicionamiento ambiental.[246] Es allí donde se forman y refuerzan con el tiempo tus creencias, hábitos y comportamientos.[247]

La distancia entre lo que decides de forma consciente (beber menos) y lo que sientes en el inconsciente (que quieres una copa) provoca sufrimiento. Esa división interna, o disonancia cognitiva, genera angustia y dolor. Puedes optar por obedecer a tu mente consciente y sentir la privación de no beber; o puedes ceder ante tus antojos más profundos y beber. Y cuando bebes sin querer hacerlo de verdad no entiendes por qué has perdido el control. Te sientes débil, incapaz de cumplir con tus decisiones o compromisos.

Bebiste, tu cuerpo se volvió inmune a la bebida y bebiste más. Tenías la costumbre de escuchar esa vocecilla que decía: «Una copa suena bien», así que bebías siempre que querías. Este es tu punto de partida, que va aumentando con el tiempo, porque tu tolerancia también aumenta.

En mi caso, al final estaba bebiendo dos botellas de vino cada noche. Moderar mi consumo de alcohol implicaba ya dedicar mucho tiempo y energía a negarme los antojos. Esto me causó un grave estrés, porque mi cerebro estaba dividido, mi yo interior estaba partido en dos. Muy pronto, mi vida empezó a girar en torno a cuándo me permitiría la siguiente copa y cuántas me tomaría. Quizá estuviera bebiendo con moderación, pero me encontraba lejos de ser libre. El alcohol me controlaba más que nunca.

Solo decidimos reducir el consumo cuando empezamos a notar que beber nos está trayendo problemas. Aunque nos han hecho creer que el alcohol proporciona placer o alivia el estrés, lo cierto es que cuando bebíamos todo el tiempo eso ni siquiera nos parecía tan importante; no pensábamos en ello antes de que se convirtiera en un problema. Apenas lo recordamos con claridad. Lo más probable es que lo diéramos por hecho. Era solo una parte más de nuestro estilo de vida.

Pasarte la vida queriendo algo que no puedes tener no es libertad. Si te pasas el día esperando que sean las cinco de la tarde, entonces no disfrutas del resto del día. Dan las cinco, la espera ha terminado y caes en la trampa de creer que esa copa era la solución mágica; pero en realidad solo calmas un antojo, satisfaces el anhelo.

Al principio, cuando tu determinación era fuerte, parecía que podrías beber menos. Como resultado, sentiste que habías recuperado el control y que te sentías mejor contigo. De repente tenías más dinero y tu salud mejoró. Estas mejoras conspiraron contra ti, ya que te hicieron olvidar por qué renunciaste a beber alcohol. Igual que cuando te pones a dieta y la comida se vuelve más valiosa, el alcohol también se revaloriza cuando te abstienes. La moderación es una especie de dieta alcohólica que seguirás el resto de tu vida. Cuanto más anheles una bebida, mayor será la ilusión de disfrutarla cuando cedas.

Pero ten en cuenta también que la fuerza de voluntad es un recurso finito, similar a un músculo, que puede fatigarse. Mark Muraven, doctorando en la Case Western Reserve University, quería entender por qué, si la fuerza de voluntad es una habilidad (como montar en bicicleta), a veces parecía tenerla y otras no. Así que puso en marcha un experimento para demostrar que la fuerza de voluntad es más eficaz cuando se reserva, y que si se sobrecarga puede agotarse. A los participantes, bajo el pretexto de que formaban parte de un experimento de degustación, se les llevó a una sala con dos cuencos sobre la mesa: uno con galletas recién horneadas y otro con rábanos. A la mitad de los sujetos se les pidió que comieran galletas e ignoraran los rábanos; a la otra mitad, que comieran rábanos e ignoraran las galletas. Después de cinco minutos se les propuso un acertijo que parecía fácil, pero que en realidad no tenía una solución; debido a que era imposible de resolver, continuar trabajando en él requería de fuerza de voluntad. Bien, pues los sujetos que habían usado antes la fuerza de voluntad para ignorar las galletas trabajaron en el rompecabezas un 60 % menos de tiempo que quienes no habían «gastado» ninguna de sus reservas de fuerza de voluntad. Además, el contraste de actitud entre las personas obligadas a comer rábanos y aquellas a las que se permitió comer galletas fue drástico: los «comedores de rábanos» estaban irritables, frustrados, e incluso algunos llegaron a estallar contra los investigadores.[248]

Es fácil entender cómo el hecho de forzar y fatigar nuestra fuerza de voluntad para evitar el alcohol, día tras día, puede hacernos sentir amargura e infelicidad. La fuerza de voluntad se agota, y entonces bebes. Esa bebida te proporciona un alivio ilusorio, el síndrome de la fruta prohibida. El «placer» del alivio se intensifica porque te habías abstenido. Te arrepientes casi en el mismo momento en que terminas de beber, y gestionas ese arrepentimiento… sirviéndote otra copa. Cuanto más dependiente eres del alcohol, más te convences de que no puedes disfrutar de la vida o enfrentarte al estrés sin él, y más rápido te consume. Tu vida se vuelve menos satisfactoria. Desarrollas o refuerzas una dependencia física, lo que garantiza que dejes de recibir placer o estimulación en el núcleo *accumbens* gracias a las actividades que antes disfrutabas.

Esta experiencia es como abrir la puerta principal de tu mente e invitar a la depresión a vivir allí. Debes recordar que el alcohol altera el cerebro desde el punto de vista físico y destruye tu capacidad para disfrutar de las cosas normales.[249]

Está claro, pues, que la fuerza de voluntad no es la respuesta. La solución es simple: tomar conciencia de que el alcohol es lo que nos crea problemas. Una vez que se revierte ese condicionamiento inconsciente de toda una vida, la mente inconsciente —la parte de la misma que gobierna los deseos y emociones— dejará de desear una copa. A partir de ahí, beber —o no— pasa a ser una decisión del todo consciente. Hasta ahora solo te costaba tomar decisiones racionales respecto al alcohol porque tu mente inconsciente había sido condicionada para creer mentiras sobre él, y porque su propia naturaleza adictiva te afectaba en el plano físico. La clave es tomar la decisión consciente de ver el alcohol tal y como es en realidad. Permitirte eso, y decidir, con una sonrisa socarrona, que es lo último que querrías meterte en el cuerpo, porque este merece respeto. Tendrás, eso sí, que hacer un esfuerzo consciente (y constante) por ver el alcohol como lo que es. Esto que ahora tienes tan claro quizá no lo tengas igual de presente en el futuro. ¿Por qué? Porque nada ha cambiado en nuestra sociedad: los medios de comunicación, tus amistades e incluso tu familia seguirán bombardeándote la mente inconsciente con mensajes positivos sobre el alcohol; y esta seguirá siendo susceptible a todo tipo de condicionamientos. La clave es darse cuenta de ello para ser capaz de hacer un esfuerzo consciente y combatirlo. Luchas contra él siendo consciente de que está ocurriendo. Por eso en cuanto vuelva a aparecer el deseo de una copa debes darte cuenta de inmediato de que te están condicionando. Entonces podrás cuestionarte de forma consciente de dónde viene ese deseo. Examínalo y pregúntate si existe una razón sólida y racional para beber, o si lo que ocurre es que, sin darte cuenta, has dejado que se filtren viejas mentiras. Mientras seas consciente de lo que está sucediendo, el condicionamiento será fácil de deshacer, y con el tiempo forjarás una armadura sólida contra él. Podrás resistir el condicionamiento social al ser consciente de ello y tomar medidas inmediatas para revertirlo recordando las verdades que ahora conoces.

La nueva perspectiva que has adquirido no puede ser ignorada con facilidad. Es como lo que ocurre con una ilusión óptica: al principio ves una cosa, hasta que adquieres una nueva perspectiva y ves otra. Una vez que ves lo nuevo, es difícil volver a lo que viste al principio. Yo también creí en la mentira de que beber un líquido que me envenenaba de forma sistemática y me robaba la confianza y la salud era bueno para mí. Qué distinto es creer la verdad: que el alcohol es un veneno adictivo. Y que todo lo que tengo que hacer si quiero ser libre para siempre es dejar de beber.

Una vez que comprendí la base científica de la adicción y lo que el alcohol estaba haciendo a mi cuerpo y a mi cerebro, dejarlo fue fácil. Cada día que pasa estoy más —no menos— segura de mi decisión. Se me han abierto los ojos al sufrimiento de otros y, como resultado, me siento agradecida por esta libertad.

Una vez más, insisto en que no es fácil ser diferente de la mayoría, sobre todo de la gente de mi entorno, pero me siento feliz por defender lo que sé que es correcto. El autodesprecio y la falta de autoestima han sido reemplazados por confianza. Me gusta ser quien soy cuando me acuesto por la noche y cuando me despierto por la mañana. Mi mente tiene más tiempo y espacio, ahora esa adicción no domina mis pensamientos. Gozo de tiempo para pasar con mi familia, para cuidarme, para progresar en mi carrera profesional, para escribir este libro, para pensar en cómo ayudar a los demás. Es hora de plantearse cómo iniciar una revolución en nuestra sociedad que despierte a la gente ante el peligro al que nos enfrentamos.

Al principio era extraño. Cuando bebía, mis noches se desvanecían en el olvido. Ahora estoy activa y alerta desde que me despierto hasta que me acuesto. Es un regalo. Decido cuándo irme a dormir guiada por el cansancio, no por cuánto he bebido. Mis recuerdos no son confusos, y no me arrepiento. Es increíble vivir una vida en la que no necesitas ocultar nada, en la que puedes ser honesta contigo misma.

Se necesita mucho coraje para ser diferente, para ir en contra de la mayoría; coraje que no habría tenido si continuara bebiendo y odiándome por ello. Pero ahora ya no me controla algo que detesto. Existe un verdadero placer en el hecho de dejar atrás la vergüenza y la miseria. Encuentro alegría en los desafíos que tengo ante mí, al romper con el estigma de la sobriedad y ayudando a perder la vergüenza a quienes eligen vivir libres del pensamiento colectivo del alcohol, eligiendo un camino diferente.

22. EL SECRETO PARA BEBER MENOS DE FORMA FÁCIL Y FELIZ

«El primer paso hacia el cambio es la conciencia. El segundo es la aceptación».
Nathaniel Branden

Nota especial. Leer este capítulo antes que el resto del libro no funcionará. Sé que es tentador, y me alegro de que compartas mi afán, pero las respuestas que buscas están en el viaje, no en el destino. Si no has leído o comprendido el resto del libro, tu inconsciente, que necesita tiempo para cambiar, no se habrá puesto al día con tu mente consciente. Seguirás creyendo, sin ser consciente de ello, que el alcohol es tu amigo. Y aplicar este enfoque mientras aún exista dentro de ti esta disyuntiva entre querer y no querer beber puede empeorar las cosas.

Hemos recorrido ya mucho camino en compañía, y ahora ya eres capaz de abrazar tu nueva comprensión y también el cambio. ¡Enhorabuena! Ya te habrás dado cuenta de que creo que eres más feliz si no bebes. Y cuando hablo de ello me refiero a beber mucho menos; de hecho, a no beber en absoluto.

Esta idea puede provocarte cierta ansiedad, y si continúas sintiendo esa aprensión no pasa nada. Tal vez necesites experimentar la alegría de vivir sin alcohol para darte cuenta de la verdad de lo que has leído. Eso no es un problema, se trata de un territorio inexplorado y no sabes qué esperar de él. No quieres asumir un compromiso que no tienes la seguridad de poder cumplir.

Lo importante es que desconfíes —por todas las razones expuestas hasta ahora— de la moderación. No existe una postura intermedia una vez que has caído en la adicción. Tu cerebro cambia tanto física como químicamente, lo que hace de la moderación casi un imposible. Y si tu cerebro no ha sufrido cambios químicos todavía, estos llegarán en cualquier momento. Porque es la acumulación de alcohol en el cuerpo, por poco que bebas cada vez, lo que crea vías de adicción en el cerebro. El problema con el alcohol es que el cerebro no lo olvida sin más. La dopamina es la molécula del aprendizaje, y tu cerebro ha aprendido ya a desear el alcohol. Puedes abstenerte, y el deseo desaparecerá, pero si vuelves a beber tu cerebro lo recordará al instante. Esto es así porque una respuesta condicionada suele persistir.[250]

Por eso una sola copa es capaz de devolverte al doloroso ciclo de la adicción. Pasas de disfrutar una bebida al punto más bajo de tu caída. La clave en cada ciclo es recordar que eres fuerte. Pero para ser lo bastante fuerte como para elegir la libertad debes perdonarte cada fracaso. El perdón y la amabilidad contigo —sin importar lo que dure ese viaje personal— son esenciales para hallar tu libertad.

Lo bueno es que, una vez tomada la decisión, verás el alcohol como a una especie de villano traidor en lugar de como algo sugerente y seductor. Una decisión global firme te librará de todas las pequeñas decisiones diarias que las personas alcohólicas sufren su vida entera. Así, en lugar de renunciar a cada cerveza que te ofrezcan a lo largo del resto de tu vida, decides, de una vez y para siempre, ver la verdad sobre el alcohol. Esta única elección significa libertad, y es mucho más fácil para tu psique que todas esas decisiones que habrías de tomar a diario.

La verdadera diferencia estriba en que esta única elección no trata de si beber —o no beber— una única copa, sino del espacio que le darás al alcohol en tu vida. Una decisión única es como una ruptura o, mejor aún, como un matrimonio para una vida nueva y más sana. Una vez casada, ya no tienes que decidir cada día que no vas a flirtear con ese hombre guapo del avión. Esa decisión ya está tomada. Estás casada. Al principio, cuando alguien flirtea contigo, requiere cierta práctica pensar en tu marido y en lo afortunada que eres al tenerlo. Del mismo modo, la requiere recordarte a ti misma que lo que contienen las botellas de ese precioso bar es un camino hacia la destrucción. Tendrás que hacer un esfuerzo consciente para proteger tu mente inconsciente.

Una vez adquirido un compromiso firme, ya no te enfrentas a ninguna decisión más. Cuando ese hombre guapo te sonríe, no necesitarás ninguna fuerza de voluntad para permanecer fiel a tu pareja; tan solo recordarás que estás casada, para bien o para mal. Y en el bar tampoco tienes que preguntarte si es buen momento para tomarte ese trago; te limitas a recordar tu decisión y repasas las verdades que ahora conoces. Una única y firme decisión, tomada con plena consciencia, te libra de tener que hacer uso de la fuerza de voluntad, de los cientos de decisiones que habrías de tomar si optaras por tomar una copa de vez en cuando.

Y no lo olvides: si cedes y te tomas esa única copa, tu enemigo —la adicción— puede volver de inmediato. Se planta en tu cerebro en el mismo punto donde lo dejó, y sigue su camino. Porque las vías de la adicción siguen ahí. No lo notarás cuando se muestre débil, pero una vez alimentado se hará fuerte. ¿Por qué? Porque tu cerebro lo recuerda. Este enemigo es la dependencia física. Deseos irracionales, comportamientos inexplicables. Si lo dejas entrar, la sed de alcohol puede ser más fuerte que cualquier cosa que tengas en tu arsenal de recursos. Recuerda que desear no es disfrutar.

La adicción no solo ataca a un determinado segmento defectuoso de nuestra población llamado «individuos alcohólicos». Sí, avanzará a ritmos diferentes en función de cómo esté cableado tu cerebro. Y sí, cada persona presentará distintas reacciones físicas, lo que hace el subidón artificial del alcohol más o menos potente en la mente. La cuestión es que no puedes caer en la adicción al alcohol si no bebes;[251] y que, seas quien seas, si bebes lo suficiente, generarás una adicción. Nadie está a salvo; todo el mundo debe acercarse al alcohol con precaución.

Aunque bebas con moderación, es fundamental que seas consciente de que lo más probable es que aumentes tu consumo de alcohol —en vez de disminuirlo— con el tiempo. Hay algunas excepciones, por supuesto. Por ejemplo, mi amigo Todd: él se acerca al alcohol con extrema precaución, y por eso se permite una sola cerveza el viernes y otra el sábado. Nunca bebe más de una, y solo esos dos días. Es estricto con estas normas. Es su forma de asegurarse de que la adicción no se apodere de él. Es probable que, mientras mantenga este mismo nivel de firme autocontrol, pase toda su vida sin desarrollar una dependencia física. Dicho esto, el cuerpo de Todd está desarrollando tolerancia a esas únicas cervezas, y el efecto real que él cree que tienen es inexistente.

Aunque resulta estupendo gozar de ese nivel de autocontrol, la mayoría no somos como Todd. Su compromiso con el consumo moderado de alcohol es el resultado de su religión y su compromiso con su fe. Sin embargo, incluso en esta situación, me pregunto: ¿por qué beber? Con el tiempo, ese par de cervezas deja de tener efecto, así que ¿para qué beberlas? En mi opinión, este comportamiento se puede comparar con fumar dos cigarrillos a la semana. Quizá haya cierto efecto placebo de autoindulgencia, pero no le veo sentido. Y, además, si Todd desea la cerveza de verdad, seguro que quiere más de una. Seguro que cada viernes y sábado por la noche siente algún tipo de vacío una vez que se ha bebido esa única cerveza. «Ah, bueno, pues ya está. Disfrutaré de otra la semana que viene».

Es importante darse cuenta de que, incluso en el caso extremo de Todd, no podemos suponer que será capaz de mantener su límite de dos cervezas a la semana para siempre. El mero hecho de que se las tome significa que disfruta bebiendo cerveza. Si algo cambiara en su vida, ¿quién asegura que no recurrirá al alcohol para hallar consuelo? E incluso, si se limitara para siempre a esas dos cervezas, ¿quién puede decir que no se convertiría en obsesión y que no se pasaría la semana esperando su cerveza del fin de semana? Nadie es capaz de predecir cuándo el consumo de alcohol se va a convertir en adicción. A algunos alcohólicos les ocurre en las primeras copas; a otros es posible que no les ocurra nunca en su vida. Hay millones de razones que influyen en ese proceso. Es imposible predecirlo.

También es importante que te des cuenta de cuándo te ha ocurrido, o que aceptes el hecho de que, si aún no has llegado a un punto de dependencia física del alcohol, no tienes forma de saber cuál será la copa que te empujará a cruzar esa línea. Con cada sorbo estás un poco más cerca de la adicción física al alcohol.

«Cuando puedes parar no quieres,
y cuando quieres parar no puedes...»
Luke Davies

Tu enemigo se hace fuerte cuando se lo alimenta, y te presionará. A lo mejor le has echado de tu casa, pero está esperando fuera, conspirando. Imagina que sería pretender lograr un consumo moderado de cocaína o heroína. Si quieres que tu mente sea libre y recuperar por completo el control, recuerda que la moderación no es ni control ni libertad. A menos que quieras que te consuma un veneno adictivo que no hará nada por ti, salvo acabar matándote, has de comprometerte a volar lejos de la planta carnívora, matar de hambre a tu enemigo mortal y deleitarte con tu libertad.

Pero, entonces, ¿cuál es el secreto? Bueno, es sencillo y consta de dos partes: conciencia y aceptación.

En primer lugar, sé consciente de que te has vuelto dependiente del alcohol en un plano emocional o físico. No puedes solucionar un problema del que no eres consciente. Estás en manos de tu adversario: el alcohol. Quizá sigas pensando que dejar de beber será difícil, que no podrás resistir las presiones sociales y que sentirás un enorme vacío. La verdad es que si decides —en el corazón y en la mente— que nunca más quieres permitir que el alcohol te esclavice, habrás acabado con cualquier indecisión. Habrás puesto fin a tu disonancia cognitiva. Habrás zanjado el conflicto interno.

No te voy a mentir: dependiendo de cuánto alcohol hayas consumido y por cuánto tiempo, puedes presentar algunos síntomas físicos de abstinencia. Pero cuando tu mente está en el lugar adecuado esos síntomas disminuyen en gran medida, porque sabes por qué existen y también que acabarán. Tal vez no sean cómodos, pero con cada malestar físico que sientas recuerda que es el alcohol lo que lo está generando. Si temes los síntomas de la abstinencia debido a tu nivel de dependencia, busca ayuda médica para vivir el proceso. Plantéatelo de este modo: estás luchando en una batalla, y los síntomas de la abstinencia significan que estás ganando, acabando con tu enemigo mortal. Puede surgir algún trauma en la lucha, pero en cuanto lo sacas de tu día a día ya eres libre de empezar a vivir una vida más feliz y sana de lo que nunca imaginaste.

Eres fuerte, y con comprometerte ya has ganado. Quizá la lucha no sea divertida, pero no durará para siempre; con suerte, no más de unas cuantas semanas, y lo peor habrá pasado al final de la primera semana. Puedes hacerlo, y cada día será más fácil. Estás batallando por tu vida, y la victoria es tuya. Sé que puedes, y, en lo más profundo de tu ser, tú también lo sabes.

Puede que incluso sea más fácil de lo que crees. Para mí lo fue. ¿Por qué? Porque es el ansia mental lo que hace difícil dejarlo. En la guerra de Vietnam, muchos soldados estadounidenses empezaron a consumir heroína con una regularidad alarmante. El Gobierno tenía la seguridad de que habría una generación entera de heroinómanos cuando acabara la guerra, y siguió la pista a esos soldados una vez que regresaron a Estados Unidos. Sin embargo, en cuanto los soldados estaban en casa y con su familia, dejaban la heroína sin muchos problemas, casi sin síntomas de abstinencia ni recaídas. Esto demuestra hasta qué punto la adicción está en la mente, y cómo la libertad llega gracias a una decisión clara. Aquellos soldados no estaban dispuestos a consumir heroína en casa, así que decidieron no hacerlo.[252] Es muy probable que no experimentes ningún síndrome de abstinencia, o que este sea mínimo. ¿Quién no aceptaría una enfermedad de unas pocas semanas para curarse de una enfermedad supuestamente incurable? No olvides que todos los síntomas que sufres fueron causados por el alcohol. Ya no tendrás que volver a experimentarlos.

¿Qué puedes esperar de este proceso? Pues dependerá de cuánto tiempo y con qué intensidad hayas bebido. Yo sufrí ansiedad y falta de concentración. Y sudores nocturnos; creo que era mi cuerpo deshaciéndose de las toxinas que había consumido. Algunos describen la experiencia como una gripe leve. Pero no me importaban mis síntomas, porque significaban la victoria. Sabía que beber empeoraría las cosas. Me invadió la felicidad y la euforia de saber que mi vida había cambiado para siempre, lo que hizo que el malestar físico fuera mínimo. Sentí como si con una operación me hubieran extirpado el deseo de beber, y el resultado fue… el vértigo. Esto superó con creces cualquier malestar físico.

«Estás en plena transición y […] la enfermedad es el medio por el que un organismo se libera de lo que le es ajeno; así que solo hay que ayudarlo a estar enfermo, a tener toda su enfermedad y a estallar con ella, ya que así se mejora».
Rainer Maria Rilke

Algo más ocurre cuando dejas de beber: que empiezas a contemplar tu trayectoria «bebedora» desde una perspectiva diferente, a través de la lente de la aceptación y la honestidad. No es fácil enfrentarse a todas las cosas que hiciste y dijiste, ni a todas las personas a las que hiciste daño. Te puede resultar muy difícil perdonarte. Pero tienes que dejarlo pasar, discúlparte con la gente si te sientes en la obligación de hacerlo, pero lo más importante es perdonarte a ti. Sé consciente del cautiverio en el que estabas, de la prisión en la que te mantenía tu adversario, la adicción. No hay razón alguna para desperdiciar tu brillante futuro reviviendo los errores del pasado, aunque de vez en cuando vuelvas a visitarlo y recuerdes los horrores de la adicción. La adicción es una bestia que agarra a una persona considerada y honesta, y la destroza hasta que es capaz de hacer las cosas más horribles. Además, recuerda que no fue culpa tuya. El alcohol cambió el funcionamiento físico de tu cerebro. Te engañaron. Ahora te estás curando y no tienes por qué volver a sufrir esa enfermedad.

Cuando una persona exalcohólica sigue deseando consumir alcohol meses o años después de haber conseguido dejarlo, ya no se debe a la naturaleza adictiva de la droga: ese deseo es físico y más o menos fácil de tratar una vez que el alcohol ha abandonado por completo el organismo. Dicho de otro modo:

la adicción física desaparecerá en cuanto el alcohol esté fuera de tu organismo. Si bebes de forma crónica y hasta el punto de sentirte fatal, pero sigues bebiendo, es probable que hayas alterado tu cerebro hasta tal punto de necesitar aislarte del alcohol mientras este sale de tu organismo. Puede que necesites ayuda profesional —por ejemplo, acudir a un centro de rehabilitación—, y te animo a que la busques. Podrás superar las ansias físicas porque conoces la cura. Sabes que estás en el camino de ser una persona feliz y plena. El ansia mental, que suele ser más fuerte, solo aparece cuando sientes que estás haciendo un sacrificio, renunciando a algo deseable. En cuanto veas que no hay nada que merezca la pena desear, esas ansias desaparecerán. Se te antojará el alcohol tanto como beber aceite de motor.

Lo bello de *Libera tu mente* es que, una vez que comprendas la base científica de tus inexplicables comportamientos y la verdad de lo que el alcohol les hace a tu cuerpo y a tu mente, no es probable que vuelvas a ser víctima de la adicción. Aunque te lleve unos cuantos ciclos de recaída comprender esa verdad, serás consciente, te habrás educado y tendrás los suficientes conocimientos. Y eso es vital para tu libertad definitiva. Ya no sufrirás la división mental causada por un lado de tu cerebro que desea beber y el otro que siente que debes reducir la cantidad. Ambos están impulsados por el miedo: a ser infeliz sin beber y a hacerte daño bebiendo. Ahora estás a punto de poner fin a esa disyuntiva. No la sufriste antes de tu primera copa ni la sufrirás después de la última.

«Cuanto más dependes del alcohol, más te convences de que no puedes pasar sin él y más rápido mueres por dentro. Entonces tu vida es menos satisfactoria y, cuando esto ocurre, dependes cada vez más del alcohol para llenar ese vacío. Por eso tenía tanto miedo a parar».

Jason Vale

En segundo lugar, debes aceptar la verdad sobre el alcohol. Decide abandonar tu apego a esa sustancia aceptando que no te aporta nada. Cuando dejas de beber estás matando a tu enemigo mortal. Te ha robado o te robará más de lo que puedas imaginar; de momento, más de 2,4 millones de horas de vida (solo en Estados Unidos) cada año.[253]

Ahora sabes que estás ganándolo todo, no renunciando a nada. Estás venciendo a tu enemigo, no perdiendo a un amigo. Puedes ser libre de la forma más fácil: aceptando la verdad sobre el alcohol; o puedes ponértelo difícil conservando parte del condicionamiento inconsciente y viendo el alcohol como algo deseable. Si conservas el deseo de beber, tendrás que privarte cada vez que decidas no hacerlo, durante el resto de tu vida. ¿Por qué no ponértelo fácil? ¿Por qué no permitirte la libertad que mereces? Todo el dolor que has sufrido, el que has causado, ha sido por culpa del alcohol. Quizá sientas cierta emoción, o recelo, o creas que no cuentas con la suficiente preparación. No pasa nada. Es natural sentir un poco de miedo. Te estás aventurando en lo desconocido, lo que puede causar desconfianza. Pero no te preocupes. A veces es necesario tomar impulso y saltar, y dejar que la felicidad de vivir sin alcohol te demuestre cuánto ha mejorado tu vida. Empieza el viaje con alegría: estás a punto de lograr algo asombroso.

¡Empieza ya!

El primer secreto para dejar de beber con facilidad es decidir que quieres ser libre. Ten una buena charla contigo, con personas cercanas, con quienes te harán responsable mientras tomas esta decisión. Nunca ha habido un momento mejor que este.

Si las dudas no desaparecen o sigues creyendo que el alcohol proporciona felicidad o alivio, relee los puntos de inflexión o únete a thisnakedmindcommunity.com para obtener apoyo de la comunidad. Creer que una bebida te proporcionará placer es distinto a tener unos cuantos antojos; los antojos son normales y, en general, fáciles de afrontar. Estás cambiando tu vida de arriba abajo, y es posible que te cueste acostumbrarte. Quizá tengas antojo de beber en los próximos días, meses o incluso años, pero será pequeño y consciente. La comprensión que has adquirido gracias a este libro te permitirá abordarlo de manera racional, tomando una decisión basada en hechos. Recuérdate en todo momento los principios de este libro, y el deseo desaparecerá. Así, puesto que no sufrirás un deseo de beber inconsciente e inexplicable, podrás poner en su sitio cualquier antojo: solo tienes que recordar la verdad sobre el alcohol y ver que no hay nada que anhelar.

A lo mejor tu cerebro ha sido condicionado a creer que *quieres* una cerveza mientras ves un partido; de acuerdo, tendrás que cambiar eso. Has estado bebiendo mucho tiempo, y este es un gran cambio, hay que acostumbrarse. Si te permites seguir deseando beber o preguntándote si hacerlo es agradable, estarás reacondicionando tu inconsciente para que vuelva a creer las mismas viejas mentiras. No lo hagas, no es necesario. Observa con sinceridad la sensación, identifica de dónde procede (lo más probable es que se produzca porque todo el mundo a tu alrededor bebe y tú te sientes fuera de lugar) y date cuenta del sinsentido que supone beber veneno de mal sabor solo para encajar. Toma partido por ti, date cuenta de que no quieres tener nada que ver con el alcohol. Sé valiente y diferente.

Elige dejar atrás tu deseo de alcohol. Elige ver el alcohol en su verdadera forma. La sociedad lo pinta como algo bello, pero eres capaz de mirar más allá de las seductoras señales sociales que ocultan el peligro. Nuestro condicionamiento nos atrae hacia él como polillas a la luz, como una abeja a la planta carnívora. Pero esa belleza es una ilusión. Ahora ves más allá de la superficie, y allí no hay más que muerte.

«Cada vez que te despiertas después de beber, estás física, mental, emocional, social y económicamente peor que si no hubieras bebido».
Jason Vale

Una vez que te das cuenta de que quieres ser libre, solo queda una cosa por hacer: asestar el golpe mortal a tu adversario. Córtale el suministro de alimentos:

Deja de beber

Permítete ver el alcohol tal y como es, elimina tu deseo de alcohol y libérate de la infelicidad de la adicción.

A veces es buena idea tomarse una última copa. Con esto comienza una nueva etapa; ahora sabes que eres libre de verdad. Que no sea una copa de tu bebida favorita: sírvete algún alcohol fuerte. Puedes hacer de ello un ritual, una especie de compromiso con tu nueva vida. Concéntrate en lo mal que sabe y pregúntate cómo has podido dejar que este líquido tóxico te controle y por qué, además, has pagado por ese «privilegio» (los grandes bebedores pueden llegar a gastar unos 400.000 dólares en alcohol a lo largo de su vida, así que tu última copa sería como si te tocara la lotería).[254]

Que decidas tomar una última copa o no, eso no importa. Lo fundamental es saber, *sin lugar a dudas*, que eres libre. Libre para disfrutar de esta hermosa vida. Los recordatorios que figuran a continuación te ayudarán a orientarte por esta vida nueva y abundante.

Recordatorios para el viaje

«Si de verdad quieres eliminar una nube de tu vida, no hagas un gran espectáculo, solo relájate y sácala de tu pensamiento».
Richard Bach

Libera tu mente habla tanto a tu mente consciente como a la inconsciente, invirtiendo el condicionamiento que has recibido de los medios de comunicación, las amistades, la familia y la sociedad. No debes olvidar que estos mensajes continúan a tu alrededor, y que te seguirán bombardeando con ellos cada día. Es difícil no dejarse influir. Cada uno tiene como objetivo engañarte para que creas que te estás perdiendo algo por no beber. Para mí, volver a los principios del programa revierte con rapidez cualquier condicionamiento involuntario. Puedes hacerlo uniéndote a thisnakedmindcommunity.com. Los diarios, los blogs y la comunidad en sí han demostrado ser útiles en este proceso. Nuestro sitio web te permite tener tu propio blog, donde puedes dar y recibir ánimo y apoyo. Si quieres, puedes unirte con un seudónimo para hacerlo de manera anónima. Puede serte útil para conocer el proceso de otras personas o para intercambiar ideas.

También es útil que releas parte o la totalidad de este libro. Una de mis primeras lectoras lo leyó cuatro veces en sus primeros 16 días sin alcohol. Ahora sigue siendo libre, pero los condicionamientos de su vida eran tales que necesitaba asegurarse de que la información se le quedaba grabada. No pasa nada, haz lo que necesites para asegurarte de que comprendes la verdad, tanto ahora como en el futuro.

Aquí tienes algunos consejos que me han ayudado:

No pospongas el día en que decidas dejar de beber. ¿Por qué no hacerlo hoy? Siempre habrá una excusa. ¿Una boda? ¿Un partido de fútbol? Tal vez tengas que enfrentarte a diversas situaciones de estrés en tu vida. No caigas en ese error. Es lo que has estado haciendo hasta ahora, y no ha funcionado. Beber solo añade más estrés a tu existencia. No hay necesidad de esperar ni de tener miedo. En el momento en que decidas ser libre, serás libre. No necesitarás evitar a tus amigos ni las situaciones sociales. De hecho, las disfrutarás mucho más.

Hoy puede ser el primer día del resto de tu vida. Conviértelo en una celebración: has logrado algo increíble. Celébralo como quieras, pero haz algo especial y conmemorativo. Proclama tu libertad. Tu vida está a punto de empezar. Disfruta del momento. Volver a ser libre no es poca cosa. Ya lo eres. Haz tuya esa sensación. Comprométete contigo y, si quieres, haz partícipes de tu libertad a tu familia y amigos. En el momento en que yo misma supe que era libre, envié un correo electrónico grupal, diría que demasiado entusiasta. Fue cursi, lo sé, pero me hizo sentir genial. Y tú te mereces sentirte genial. Bien hecho y ¡enhorabuena!

Es posible que ya hayas experimentado la increíble constatación de que tu vida ha cambiado y eres libre. Yo misma lo recuerdo como si lo estuviera viviendo ahora; me quedé pasmada. Ha sido uno de los momentos más felices de mi vida. Si esto no es lo que te ha ocurrido a ti, no pasa nada. Hay gente a la que le ocurre al final del libro, y a otra unas semanas o meses después de dejar el alcohol, cuando se dan cuenta de que todo es verdad: de que la vida es maravillosa sin alcohol. Lo importante es no forzarlo. Llegará. Tal vez sea después de una ocasión que nunca imaginaste que podrías disfrutar sin beber, como una fiesta, una barbacoa o una noche de discoteca. De repente te das cuenta de que te lo has pasado muy bien y ni se te ha cruzado por la mente beber alcohol. Deja que llegue el momento. Ve y sorpréndete cuando de repente sientas que eres libre.

Durante los primeros días o hasta una semana, tu cuerpo se desintoxicará. El alcohol tarda a veces más de diez días en abandonar por completo el organismo. Como se han alterado tus niveles de dopamina, es probable que tengas antojos. Esto es una realidad, y has de matar de hambre a esos antojos, dejarlos morir. Morirán, te lo aseguro. Cuando se elimina el deseo psicológico de beber, los aspectos físicos son manejables. Como tu mente está libre, matar esas ansias puede ser incluso una experiencia agradable: estás matando de hambre a tu enemigo mortal. Aun así, tales ansias pueden tardar algún tiempo en desaparecer. También es normal. Piensa en ello como en tu monstruo de la dopamina, uno al que quieres empequeñecer cada vez más, hasta que se calle y se vaya. Y lo hará. Ahora eres tú quien tiene el control, no son tus ansias. No lo olvides. Y cuídate. Haz cosas que te hagan sentir bien; te lo mereces.

Siéntete libre de pensar en el hecho de que ya no bebes, pero piensa en términos de «no tengo que beber» en lugar de «no puedo beber». Es verdad. Eres libre. No tendrás que volver a experimentar otra resaca, ni vergüenza o dolor de cabeza relacionados con la bebida. Y lo mejor de todo es que no sentirás el estrés mental de preguntarte cuánto es demasiado ni notarás la sombra negra que aparece cuando sabes que estás bebiendo más de lo que deberías. Porque no tendrás que volver a beber. Nadie te obligará. Vuelves a tener el control de tu destino. Esto es una gran noticia.

Recuerda que esta nueva vida implicará cierto ajuste. Durante años, quizá décadas, has echado mano de la bebida por todas las razones imaginables; es comprensible, pues, que los hábitos perduren. Pero si determinas con precisión por qué deseas esa copa, pronto descubrirás que tu ansia desaparecerá de nuevo. Te darás cuenta de que la razón es solo una excusa, y que en realidad no quieres beber. Es solo tu mente jugándote una mala pasada. Si el ansia continúa, relee algunas partes del libro o visita nakedmindcommunity.com, donde encontrarás herramientas adicionales para apoyarte en este maravilloso cambio que estás haciendo.

Tomar una sola copa reinicia el círculo vicioso, pero tal vez seas tan cabezota que necesites descubrirlo por tu cuenta. Si en algún momento lo haces, no te castigues. Aprende. Y ámate. Recuerda que solo eres un ser humano. Pero mantente en guardia. La sociedad seguirá diciéndote lo increíble que es el alcohol, y quizá alguna voz se cuele sugiriéndote que te lo estás perdiendo. No son más que mentiras. Cuanto más me alejo de mi pasado de bebedora, mejor es mi vida.

Jugar a tomarte «solo una» te nublará el juicio y te causará dolor. Nada ha cambiado, el alcohol sigue siendo adictivo y el peligro continúa presente. Te has dado cuenta de que no hay verdadero placer en beber. Comprendes que no lo necesitas; solo pensabas que lo necesitabas. Cuando empiezas a jugar al juego de «solo unas pocas», te dejas engañar de nuevo, haciéndote creer que hay placer en el hecho de beber. Llevas tiempo librando esta batalla mental. Recuérdate la verdadera naturaleza del alcohol, que lo único que hace en realidad es embotar tus sentidos hasta la inconsciencia..., ah, y servir de combustible para tu coche. Recuérdate que la vida con alcohol es homogénea y que con cada trago no solo estás perdiendo años, sino también preciosos recuerdos de la única vida que tienes.

A veces, cuando la sociedad y mi entorno alaban la bebida como el «elixir de la vida», es difícil ver el daño que puede hacer una sola copa. Pero en cuanto empiezo a considerar la idea de «solo una» me siento muy incómoda. Está claro por qué: la indecisión genera división mental, que a su vez causa dolor. En cuanto me doy cuenta de lo que ocurre, me recuerdo que el alcohol nunca fue mi amigo, sino un enemigo disfrazado. Rememoro el dolor de la adicción y lo agradecida que estoy de ser libre. También me percato de que no obtengo ningún beneficio real de la bebida; solo me cansa y me pone de mal humor. Y el dolor se esfuma. Recuerda que eres más fuerte que cualquier deseo. Tú tienes el control. E intenta no preocuparte por ello. No ocurre nada. Pasará. Tu cerebro puede desear cualquier cosa, y si empieza a gritarte que necesitas una copa, recuerda quién manda: tú.

Tu cambio no será fácil para los bebedores con quienes te relacionas. Tal vez lo vivan como una pérdida. Es fácil entender el motivo. Si estás en una habitación llena de gente que toma la misma droga, es más fácil no pensar en ello. Pero toda esa gente se está engañando a sí misma sin saberlo, diciéndose mentiras y creyéndolas.

Si olvidas que ya no bebes, tampoco pasa nada. Un día estaba bebiendo tónica con lima y la camarera me preguntó si quería otra. Respondí: «Sí, ginebra y tónica, por favor», y luego me di cuenta y lo corregí. Fue vergonzoso. Seguro que pensó que me moría de ganas de tomarme una ginebra. La verdad es que no estaba pensando en no beber, solo que las palabras habituales se me escaparon. Si alguna vez has intentado dejar de decir palabrotas (un grave vicio mío), sabes que las palabras se escapan sin más. En realidad, esto es una gran noticia: significa que no estás pensando en el alcohol. Cuando estás haciendo un esfuerzo consciente por no beber y ejercitas la fuerza de voluntad no cometes ese tipo de errores. Pero el alcohol estaba tan lejos de mi mente que no recordaba que ya no bebía. Eso sí que es ser libre.

Esto es la vida, la vida real. Tendrás días buenos, geniales, malos y horribles. No pasa nada. Recuerda que, si beber te hiciera feliz, nunca habrías sido infeliz bebiendo. El alcohol no te hace feliz, pero sí sabemos que puede hacerte muy infeliz. Está bien vivir esta vida tal como es, en toda su cruda y desnuda belleza. Está bien llorar, gritar, frustrarse y sentir. Esta es tu vida, y es la única que tienes. Acéptala y acéptate. Eres un ser humano increíble y tienes mucho que dar. Si gozas de un gran día, celébralo. Si se te presenta un día de mierda, recuerda que pasará. Y si por alguna razón no pasa, si al dejar de automedicarte con alcohol descubres que en realidad estás luchando contra la depresión o la ansiedad, por favor, busca ayuda. Recuerda que el alcohol nunca te ayudó; estaba tapando un problema real que hay que solucionar. Es importante encontrar el tratamiento adecuado. La depresión no es una debilidad; es una enfermedad. Puedes encontrar ayuda que sí mejore tu vida en lugar de robártela como hace el alcohol. Por favor, hazlo.

Hay algunas cosas que, en contra de la creencia popular, deberías hacer. En primer lugar, con el enfoque de *Libera tu mente* no pasa nada por pensar en el hecho de que ya no bebes. No hay razón para no hacerlo. Has llegado hasta aquí cuestionándolo y examinándolo todo, y permitiéndote ver las cosas de otra manera. No dejes de pensar forma crítica ahora. Encontrar tu verdad, en todos los ámbitos de la vida, es hermoso.

Mucha gente dice que sueña con beber tras haberlo dejado. No pasa nada; es natural. A mí me ha pasado muchas veces. Me daba cuenta de que iba por la mitad de una cerveza (en mi sueño) y entraba en pánico (en mi sueño), preocupada por estar de nuevo atrapada en la red de la adicción al alcohol. El hecho de despertar me recuerda lo agradecida que estoy de ser libre. Si sueñas que bebes y lo disfrutas, no pasa nada. Llevas años bebiendo, es comprensible que tu yo onírico necesite un poco de tiempo para ponerse al día. No significa que estés dando pasos atrás ni que tengas un deseo sincero de beber. No hay por qué preocuparse. Lo más probable es que te pase como a mí, que te despiertes con el alivio de haberte liberado y de saber que la bebida es parte de tu pasado.

En segundo lugar, no es necesario que evites a tus amistades que beben ni los lugares a los que solías ir a beber. Eres libre de hacer lo que quieras, pero sé amable contigo y ve solo si de verdad disfrutas de la actividad y la compañía. No tiene sentido malgastar esta hermosa vida haciendo cosas o pasando tiempo con personas no te aportan auténtico placer. Eres libre. Disfrútalo. Cuanto más te recuerdes el hecho de que eres libre del alcohol, más feliz serás.

Yo no estaba preparada para lo fuertes que serían las reacciones ajenas cuando dejé de beber. Quienes consumen alcohol de manera habitual sienten mucha curiosidad cuando alguien deja de beber de repente. Asumen que has perdido el control y que eres alcohólico. Lo irónico es que eres tú quien ya no bebe, pero se supone que eres quien tiene el problema. Los demás siguen bebiendo mientras me preguntan si tengo un problema con la bebida.

Y la gente puede ser muy insistente al exigirme razones. Y, una vez que lo explicas, empiezan a contarte las razones por las que ellos beben. Sin que nadie se lo pida, todo el mundo se pone a decirme por qué no tiene ningún problema con la bebida. Es curioso, ¿verdad? Cuando le dije a la gente de mi entorno que ya no comía huevos, nadie empezó a contarme sus justificaciones para comer huevos ni a insistir en que no tenían un problema con el consumo de huevos.

Prepárate para reacciones de todo tipo. No pasa nada. No lo has hecho por los demás; lo has hecho por ti. Es posible que ahora sientan celos de ti. Se preguntan cómo es posible que sigas disfrutando, feliz y con aspecto relajado. Se preguntarán cómo lo lograste; se quedarán con la boca abierta ante tu fuerza.

Recuerda que la ignorancia no es felicidad. Incluso si alguien no es consciente de que le están esclavizando, no está experimentando felicidad. El alcohol no cambia; sigue dañando su salud, robándole el dinero y la energía y crispándole los nervios. Esa persona está desarrollando tolerancia, y no hay duda de que dentro de un año, o de cinco, beberá más que ahora. Con el alcohol, la ignorancia no lleva a la felicidad.

Aún tienes mucho que vivir. A mí me encantó darme cuenta de que lo que me gustaba era la compañía de la gente, no el alcohol. Así que disfruta haciendo todo tipo de cosas por primera vez. Empieza hoy mismo. Y, con cada experiencia, maravíllate del hecho de que es la vida, y no el alcohol, lo que hace que las cosas merezcan la pena. Antes de *Libera tu mente*, seguro que pensabas que dejar de beber sería horrible, que la vida se convertiría en un aburrimiento. Pues la verdad es justo la contraria, y es gloriosa. Puedes pasártelo de maravilla sin emborracharte ni envenenarte. Es una gran noticia.

Ahora que eres libre, asegúrate de proteger tu libertad cuidando tu mente. Todas las decisiones son tuyas, pero cuando las tomes recuerda que el alcohol no cambia; te intentará engañar y te embaucará. Te creará una necesidad, y cuando caigas en la adicción física (lo que puede ocurrir tras una noche de copas o solo después de unas cuantas) tu mente dejará de ser tuya. Empezarás a creerte los trucos con los que intenta influirte. Estos consiguen que alimentes el aspecto físico de la adicción al alcohol, la necesidad que él tiene de sí mismo. Volverás a sentir cierta división y harás algunas cosas para acabar con ella. A lo mejor justificas tu comportamiento o cierras la mente a las verdades que ahora conoces. Se trata de una pendiente resbaladiza, y el alcohol no cambiará. Es adictivo, y cuando intentas moderarte acabas dedicando un tiempo y un esfuerzo excesivos no a vivir, sino al mero hecho de moderarte, de determinar cuándo beber y cuándo no. Hay una salida fácil, pero tienes que decidirte a dar el paso. Hoy tu inconsciente, toda tu mente, ya no ansía el alcohol como antes. Aprovecha esta oportunidad para liberarte.

Algunos bebedores piensan que dejar de beber es como perder a su mejor amigo. Tú sabes la verdad: que ese amigo es en realidad un demonio traidor que quiere matarte copa a copa, destruyendo cuerpo y mente. Este amigo es tu enemigo mortal y, si tiene la oportunidad, te involucrará en una horrible y confusa batalla hasta tu muerte. No lo permitas. Mátalo ahora y para siempre. Disfruta de su muerte, baila sobre su tumba y recuerda que no hay nada que lamentar.

Repasa las verdades de este libro y visita el foro de thisnakedmindcommunity.com para leer historias y darte ánimos. Es difícil vivir en un mundo como este, en el que se nos bombardea con cientos de mensajes a favor de la bebida cada día. Tendrás que estar alerta, o de lo contrario volverás a ser víctima de tu enemigo mortal, y te robará la vida sin prisa, pero con astucia.

Mi último consejo es que seas feliz. Ahora puedes ver que esta renuncia no tiene por qué ser trágica. Cuando contemples la verdad no podrás evitar alegrarte por tu nueva libertad. No hay nada que lamentar, has matado a tu enemigo, no has perdido a un amigo. Acabas de añadir horas preciosas a tu vida y de volver a guardarte una cantidad significativa de dinero en el bolsillo. A partir de ahora, dedica tu tiempo y tu dinero a hacer cosas que te aporten verdadera felicidad. Puede ser divertido hacer una lista de qué tipo de cosas te gustan y te hacen ilusión. Luego, hazlas. ¡Y disfruta de tu maravillosa *vida en libertad*!

23.
EL VIAJE: «RECAÍDA»

«Es mejor no ceder.
Se tarda diez veces más en recomponerse que en desmoronarse».
Los juegos del hambre. Sinsajo

Libera tu mente trata sobre tomar conciencia, dejar atrás lo falso y encontrar la verdad. Tu vida será mucho mejor cuando el alcohol sea una parte minúscula e irrelevante de ella. Creo que tu mejor oportunidad para alcanzar la paz en tu relación con el alcohol es dejar morir de hambre a ese monstruo y hacer que se pudra.

No me gusta la palabra «recaída»; parece imponer reglas y juicios invisibles, cargados de estigma. Pero tampoco podemos ignorarla. Tu monstruo del alcohol puede volver a despertar, quizá más de una vez, en tu proceso de dejarlo atrás para siempre. Incluso con las mejores intenciones y firmes compromisos, tal vez un día vuelva a aparecer en tu vida. Hay que afrontar esta realidad. No podemos escondernos de ella. Nuestra inteligencia nos permite protegernos, evitar las trampas al comprender cómo funcionan. La conciencia del riesgo lo reduce.

Tal vez volver a beber no sea un gran problema, pero lo más probable es que se convierta en algo demasiado doloroso. El monstruo del alcohol despertará con más fuerza que antes. Quizá te hundas más que nunca. Tus seres queridos te han visto sanar. Aunque nunca hayas verbalizado tus compromisos, se han notado a través de tus actos. Volver a beber significará romper esos compromisos, no solo con tus seres queridos, sino, lo que es más duro, contigo. Puedes perder la confianza en tu propio criterio, en tu determinación y en tu fuerza. Pero esto no es motivo para evitar los compromisos. Tus decisiones firmes son una parte vital en el hecho de romper tu dependencia del alcohol. Pero si caes de nuevo podrías encontrarte en lo más profundo de un pozo de autodesprecio, adicción y desesperación. Tan profundo que llegues a creer que no hay salida.

La adicción es una guerra en la que hay mucho en juego. Para mí, lo más aterrador de la recaída es lo fácil que resulta creer que, al recaer, hemos perdido esa guerra. La sociedad te dice que, si no eres capaz de mantener tus decisiones, eres débil. Si rompes tus promesas, ya no se puede confiar en ti. Es fácil creer que cometer errores nos convierte en inútiles. Pensamos que, si «nos caemos del carro», ya da igual y más vale «caer hasta el fondo», porque «ya es demasiado tarde». Sentimos que no tenemos arreglo, que ya no valemos la pena. Acumulamos culpa, bajo el convencimiento de que merecemos el desprecio de quienes nos quieren. Así que nos castigamos, a menudo bebiendo más, incluso hasta enfermar. Bebemos hasta alcanzar el olvido, bebemos sin parar para adormecernos ante el horror de nuestro fracaso. Odiándonos cada vez más. Cayendo más bajo y sintiéndonos más en el fondo que nunca.

Sin embargo, es un error creer que al perder una batalla hemos perdido la guerra. La verdad es que cada batalla nos hace más fuertes, siempre que sigamos con un firme compromiso por un mañana mejor. Debemos librar esa batalla con compasión y perdón, permitir que esa otra batalla perdida sea un recordatorio de todas las razones por las que dejamos de beber, en lugar de un error imperdonable. Debemos recordar que perder una batalla no significa que hayamos perdido la guerra.

Beber te recordará por qué dejaste de hacerlo. Recordarás cuánto esfuerzo te costó moderarte, lo dolorosas que son las resacas. Recordarás la lucha interna, la recriminación y la decepción. Todo eso puede llegar después de esa primera copa, o más adelante, tras un tiempo de aparente moderación, cuando se agote tu fuerza de voluntad. Deja que tus errores se conviertan en poderosos motivos para seguir siendo libre. Permite que cuenten la historia de lo lejos que has llegado, que sean un peldaño más en tu ascenso hacia la libertad.

Analiza por qué bebías. Quizás, a medida que sanas, tus razones para no consumir alcohol parezcan menos importantes. El dolor se desvanece y te preguntas: ¿de verdad era el alcohol tan malo como pensaba?, ¿me estoy perdiendo algo? ¿Puedo ahora, con suficiente distancia, moderarme?

A lo mejor sientes cierto aislamiento social y deseas relacionarte. Te preguntas si encajarías mejor o si tendrías más amigos si tomaras una copa de vez en cuando. Si luchas contra la soledad, necesitas hallar vínculos reales. Pero el alcohol nunca curará tu soledad ni te proporcionará amistades de verdad.

Si estás luchando contra la depresión o la ansiedad, es posible que empieces a preguntarte si beber una copa te aliviaría. Pero recuerda que beber es como apagar la luz de aviso del motor: aplacará los síntomas por un tiempo, pero nunca podrá sanarte.

Es posible que bebas para llenar un vacío en tu vida. El condicionamiento social te hace creer que el alcohol es la clave para llenar esos «agujeros internos». Pero eso nunca sucederá; el alcohol solo puede romperte aún más por dentro.

Y de nuevo, si tienes una fuerte adicción física, la libertad puede no ser fácil de alcanzar, tal vez no sea posible sin ayuda externa. A lo mejor necesitas ir a un centro de rehabilitación o contar con un grupo de apoyo permanente. O pedir refuerzos. Bien, pues hazlo ahora. Habla de esta posibilidad con las personas más cercanas; asegúrate de que pueden luchar contigo cuando llegue el momento. Pide tanta ayuda como necesites. Pedir ayuda no te hace débil, sino fuerte.

Vas a superarlo. Deja que cada tentación, cada batalla te acerque a ganar la guerra. Aprende de cada lucha, descubriendo la verdad sobre el alcohol y su papel en tu vida. El alcohol no te define, no te da valor. No arreglará tus problemas, ni resolverá tu soledad ni te dará las respuestas que buscas.

Se trata de un viaje, no de un destino. Es un camino que nadie puede recorrer por ti. Son decisiones que nadie puede tomar por ti. Pero debes saber que, al comprometerte con un futuro diferente, por muchas batallas que tengas por delante, la guerra ya está ganada.

24.
COMPARTE TU LIBERTAD

«No malgastes tu valioso tiempo preguntándote: "¿Por qué el mundo no es un lugar mejor?". La pregunta que debes hacer es: "¿Cómo puedo mejorarlo yo?". Para esa sí hay respuesta».

Leo F. Buscaglia

La vida es una experiencia increíble. Puede ser difícil comprender por qué estamos aquí y qué significa todo esto. Estoy convencida de que nuestra responsabilidad como humanos es cuidarnos y respetarnos mutuamente, y también a este planeta, nuestro hogar. Pero para ello primero debemos cuidarnos y respetarnos, cada cual a sí mismo. Tú estás en el grupo de los valientes. Serás alguien pionero en este camino, ayudando a salvar a nuestros hijos, a la sociedad y el futuro.

Primero debemos amarnos, cuidarnos, cambiar nuestros hábitos y comportamientos, y luego podremos cambiar el mundo. ¿Cómo superar la guerra o el hambre, o salvar a nuestra hermosa Madre Tierra si primero no nos amamos, cada cual a sí mismo? ¿Cómo vamos a alcanzar un estado de conciencia, una mente lo bastante abierta como para aceptar a otros seres humanos con amor y respeto, si ni siquiera respetamos nuestras propias decisiones?

Ni te imaginas todo lo que conseguirás cuando alcances la plena salud mental y física. Cuando combinas tu salud con un verdadero sentido de autoaceptación, autorrespeto y amor propio, no hay nada que no seas capaz de hacer. Esta es la forma de cambiar nuestro mundo; puede sonar a frase hecha, pero en realidad empieza en el interior de cada cual. Al resolver los problemas con el alcohol, tendremos la capacidad mental, el amor interno y la energía necesarios para resolver los problemas del mundo. Dicen que la paz empieza en casa, y tu hogar más auténtico está dentro de ti.

Tómate tu tiempo; adáptate a tu nueva vida. Disfruta rompiendo todos esos vínculos con el alcohol. Para mí ya casi es un juego: hacer algo que no imaginaba sin una copa y disfrutarlo más que antes. Eso refuerza mi determinación y me llena de gratitud.

«La vida es una serie de cambios naturales y espontáneos.
No te resistas a ellos; eso solo genera sufrimiento.
Deja que la realidad sea la realidad.
Deja que las cosas fluyan de forma natural».
Lao Tzu

Tu cuerpo y tu mente se curarán pronto del daño del alcohol y de odiarte por ello. Tu cuerpo es asombroso; se purgará con rapidez del veneno. La mente puede tardar un poco más. Tal vez tengas dudas, antojos persistentes o momentos de incredulidad. No pasa nada, no te preocupes. Y no intentes dejar de pensar en ello. Un estudio de Harvard publicado en 1987 confirmó que cuando intentas reprimir ciertos pensamientos se vuelven aún más recurrentes.[255] No pasa nada por pensar en lo que te venga a la cabeza de forma natural. Deja que tus pensamientos fluyan. Eso es lo que cuenta.

Cuídate; te lo mereces. Un día, en un futuro muy cercano, cuando te sientas en paz y con plena satisfacción, tal vez notes que tu gratitud se desborda. Hay un poder increíble en regalar a otra persona lo que se te ha dado a ti, en ayudar a alguien a liberarse. Ayudar es algo asombroso que afirma la vida. Ya sea a título personal o uniéndote a mí en este movimiento, asegurémonos de que tanto nosotros como nuestros hijos tratamos el alcohol con la precaución que merece. Hay mucho por hacer, desde ayudar a una sola persona hasta dar el paso de compartir este mensaje y difundirlo más.

Ayudar a los demás es uno de los grandes secretos de la felicidad. En realidad, la compasión es una forma de autocuidado. El Dalai Lama dijo en una entrevista para *ABC News*: «La práctica de la compasión es, en última instancia, para beneficiarte a ti mismo. Así que suelo decir: somos egoístas, pero seamos egoístas con sabiduría (ayudando a los demás), en lugar de egoístas necios (solo autoayudándonos)».[256] De hecho, practicar la compasión y ayudar a otras personas es muy satisfactorio. Los escáneres cerebrales muestran que los actos de bondad activan las mismas zonas del cerebro que el placer, de forma parecida a cuando comemos chocolate. Los mismos centros de placer se activan al recibir un regalo que al hacer un donativo a una organización benéfica.[257] Ayudar a los demás, al final, te ayuda a ti; es un subidón asombroso y natural. Se ha demostrado una y otra vez que el servicio a los demás es una parte esencial de nuestra felicidad como seres humanos.

Hazlo. Devuelve lo que has recibido. Pero ve con cuidado y recuerda que debes evitar juzgar a los demás. El cambio empieza aquí, ahora, y tú eres la parte más importante de él. El mundo necesita que des lo mejor de ti, que contribuyas a salvarlo, una persona cada vez. Al fin y al cabo, *Libera tu mente* trata de una mente que aprende a cuidarse y respetarse, tal como es, tal como llegó a este mundo: libre. Elimina de tu vida los tóxicos contra los que estás luchando. Cuando lo hacemos nos salvamos y dejamos preparado este asombroso planeta, y a todos sus increíbles habitantes, para nuestros hijos, para las generaciones que vienen.

Devuélvelo. Es tu turno.

Querido lector, querida lectora:

Si sientes el impulso de devolver un poco de lo que has recibido, hay una acción sencilla y muy potente que puedes poner en práctica ahora mismo: comparte tu historia. Tal vez te preocupe que no tenga importancia, o que nadie pueda identificarse con ella. Pero la adicción al alcohol no discrimina; afecta a personas de todas las profesiones y condiciones sociales. Así que, sea cual sea tu historia, seguro que conmueves e inspiras a alguien relatándola. Tu experiencia dará esperanza; puede cambiar la vida de alguien.

Quizás estés pensando: «Espera, aún no soy capaz de dejar de beber del todo». No importa. *Libera tu mente* no va de reglas; se trata de conocimiento y conciencia, de acabar con la lucha interna y encontrar la paz interior, lo que sea que eso signifique para ti.

Lo que inspirará a la gente es cómo ha cambiado tu perspectiva. Si has emprendido pequeñas acciones, como decidir no beber en una sola ocasión y darte cuenta de que lo has pasado bien, ¡eso tiene mucho valor! Merece la pena compartirlo. Juntos podemos acabar con el condicionamiento social que nos dice sin cesar que el alcohol es una parte esencial de la vida.

Tu voz es importante. Puede ser igual de significativo dar a alguien la esperanza de que es capaz de disfrutar de una cena fuera sin vino que decirle que has renunciado al alcohol para siempre. Cuenta *tu* historia, tan cruda y verdadera como sea. Si hay esperanza, escribe sobre ello. ¿Hay paz? Escribe sobre ello. ¿Miedo? Escribe sobre ello. ¿Lucha? ¡Escribe sobre ello! Cuéntalo con sinceridad y desde el corazón.

La adicción al alcohol sigue siendo un problema oculto y estigmatizador, marcado por la negación y el miedo. Millones de personas sufren solas, con miedo a preguntarse: «¿Estoy bebiendo demasiado?». Nos preocupa que los demás piensen que tenemos un problema o tener que admitir que padecemos una enfermedad incurable. Así que nos decimos —y a quienes nos rodean— que estamos bien, guardándonos nuestras dudas para las búsquedas nocturnas en Google, con el navegador en modo incógnito. Ahí es donde tu historia —anónima o no— puede hallar a otras personas como tú. Ahí es donde puede inspirar, despertando la esperanza de alguien. Debemos actuar con valentía y empatía, para que quienes aún no han logrado culminar esta lucha sepan que no están solos. Debemos sacar a la luz estas preguntas y respuestas; hacer saber a la gente que hay esperanza y que la vida es mucho mejor cuando el alcohol es una parte minúscula e irrelevante de ella.

Si te lo estás pensando, pero no sabes qué escribir, te recomiendo que empieces por el principio. ¿Cuándo empezaste a beber y cómo te sentías? Habla de tu vida con el alcohol y de cómo fue progresando. Comparte algunos de los momentos más conmovedores de tu proceso. Describe cuándo te diste cuenta de que necesitabas cambiar y por qué. ¿Cómo ha sido ese camino hasta ahora? Concluye diciendo cómo te sientes hoy, en este momento. ¿Notas un atisbo de esperanza por primera vez en mucho tiempo? Compártelo. ¿Planeas dejar de beber? Compártelo. De nuevo, el único requisito es la sinceridad. Y a lo mejor te sorprendes: escribir tu historia puede ser un gran paso en tu propio viaje. Quizá descubras que escribir te hace sentir más libre. Que es curativo.

Hay muchas formas de compartir tu historia. Sería un honor para mí presentarla en mi blog (thisnakedmind.com/blog/). Puedes enviarme un correo electrónico a hello@thisnakedmind.com; también crear tu propio blog personal o unirte a mi blog social en thisnakedmindcommunity.com, donde la gente escribe sobre su experiencia y ayuda a otras personas que buscan apoyo e inspiración.

Gracias por plantearte compartir tu historia; sea cual sea tu elección, te deseo lo mejor en tu camino.

Eres increíble, no lo olvides nunca.

«Eres muy poderoso, siempre que sepas cuán poderoso eres».
Yogi Bhajan

Con cariño,
Annie Grace

P. D. Si buscas más apoyo en tu camino, visita thisnakedmind.com para acceder a recursos adicionales y a los próximos pasos que puedes dar, o suscríbete a mi boletín semanal en thisnakedmind.com/reader.

Quizá necesites una forma concreta de empezar. ¿Por qué no te animas a no beber alcohol durante 30 días? Únete a mí en el «Experimento del alcohol», un reto de 30 días cuyos detalles encontrarás en alcoholexperiment.com

NOTAS

1 Bergland, Christopher, «New Clues on the Inner Workings of the Unconscious Mind». *Psychology Today*, 20 de marzo de 2014, psychologytoday.com/blog/the-athletes-way/201403/new-clues-the-inner-workings-the-unconscious-mind

2 Carey, Benedict, «Who's Minding the Mind?», *The New York Times*, 31 de julio de 2007, nytimes.com/2007/07/31/health/psychology/31subl.html?pagewanted=all&_r=0

3 Bergland.

4 *Ibidem.*

5 Polk, Thad A., *The Addictive Brain*, The Great Courses, 2015.

6 «The Conscious, Subconscious, and Unconscious Mind–How Does It All Work?», *The Mind Unleashed*, 13 de marzo de 2014, themindunleashed.org/2014/03/conscious-subconscious-unconscious-mind-work.html

7 Siedle, Edward, «America's Best Doctor and His Miracle Cures: Dr. John E. Sarno», *Forbes*, 26 de septiembre de 2012, forbes.com/sites/edwardsiedle/2012/09/26/americans-best-doctor-and-his-miracle-cures-dr-john-e-sarno/

8 Sarno, John, «The Manifestations of TMS», en *Healing Back Pain: The Mind-Body Connection*, Nueva York: Warner Books (1991), 16.

9 Hoyt, Terence, «Carl Jung on the Shadow», *Practical Philosophy*, practicalphilosophy.net/?page_id=952

10 Ozanich, Steven Ray, «The Mind's Eyewitnesses», en *The Great Pain Deception; Faulty Medical Advice Is Making Us Worse*, Warren, OH: Silver Cord Records (2011): 145-151.

11 Anando, «It's now a proven fact—Your unconscious mind is running your life!», *Lifetrainings*, lifetrainings.com/Your-unconscious-mind-is-running-you-life.html

12 *Ibidem.*

13 Gray, Dave, «Liminal thinking The pyramid of belief», *YouTube*, youtube.com/watch?v=2G_h4mnAMJg

14 Gray, Dave, *Liminal Thinking: Create the Change You Want by Changing the Way You Think*, Two Waves Books, 2016.

15 Gray, «Liminal thinking».

16 *Ibidem.*

17 «The Conscious, Subconscious, and Unconscious Mind».

18 Weller, Lawrence, «How to Easily Harness the Power of Your Subconscious Mind», *Binaural Beats Freak*, binauralbeatsfreak.com/spirituality/how-to-easily-harness-the-power-of-your-subconscious-mind

19 Gray, «Liminal thinking».

20 *Ibidem.*

21 Harris, Dan, *10 % Happier: How I Tamed the Voice in My Head, Reduced Stress Without Losing My Edge, and Found Self-Help That Actually Works: A True Story*, It Books, 2014.

22 Weller.

23 «Alcohol Facts and Statistics», niaaa.nih.gov/alcohol-health/overview-alcohol-consumption/alcohol-facts-and-statistics

24 Cook, Philip J., *Paying the Tab: The Costs and Benefits of Alcohol Control*, Princeton University Press, 2007.

25 Vale, Jason, *Kick the Drink... Easily!*, Bancyfelin: Crown House, 1999 (77).

26 «Prosthetic Limbs, Controlled by Thought», *The New York Times*, 20 de mayo de 2015.

27 Fox, Maggie, «Surgeon Promising Head Transplant Now Asks America for Help», *NBC News*, 12 de junio de 2015.

28 Genetic Science Learning Center, «Genes and Addiction», *Learn. Genetics*, 22 de junio de 2014, learn.genetics.utah.edu/content/addiction/genes

29 Polk.

30 Vale.

31 Polk.

32 Genetic Science Learning Center.

33 A.A. General Service Office, «Estimates of A.A. Groups and Members as of January 1, 2015», aa.org/assets/en_US/smf-53_en.pdf

34 Alcoholics Anonymous World Services, Inc., *Alcoholics Anonymous: The Big Book*. 4.ª ed., Nueva York: Alcoholics Anonymous World Services, 2001.

35 *Ibidem.*

36 *Ibidem.*

37 *Ibidem.*

38 *Ibidem.*

39 *Ibidem.*

40 National Institute on Alcohol Abuse and Alcoholism, «Alcohol Facts and Statistics», 1 de marzo de 2015, niaaa.nih.gov/alcohol-health/overview-alcohol-consumption/alcohol-facts-and-statistics

41 Anónimo, «Alcoholism: An Illness», in *This is A.A.: An Introduction to the A.A. Recovery Program*, Nueva York: A.A. Publications, 1984.

42 Carr, Allen, *The Easy Way to Stop Drinking*, Sterling Publishing Co. Inc., 2003 (167)

43 Carr.

44 Polk.

45 Kraft, Sy, «WHO Study: Alcohol Is International Number One Killer, AIDS Second», *Medical News Today*, 11 de febrero de 2011, medicalnewstoday.com articles/216328.php

46 Task Force on the National Advisory Council on Alcohol Abuse and Alcoholism, «High-Risk Drinking in College: What We Know and What We Need to Learn», 23 de septiembre de 2005, files.eric.ed.gov/fulltext/ED469651.pdf

47 Castillo, Stephanie, «How Habits Are Formed, and Why They're So Hard to Change», *Medical Daily*, 17 de agosto de 2014, medicaldaily.com/how-habits-are-formed-and-why-theyre -so-hard-change-298372

48 *Ibidem.*

49 Vale.

50 National Foreign Assessment Center and Central Intelligence Agency, *The World Factbook*, s.f.

51 Berger, Jonah, *Contagious: Why Things Catch On*, Nueva York: Simon & Schuster, 2013 pp. 150-151.

52 Carr.

53 Kraft.

54 Vale.

55 Goldstein, Robin *et al.*, «Do More Expensive Wines Taste Better? Evidence from a Large Sample of Blind Tastings», *Journal of Wine Economics*, 3(1), primavera de 2008: 1-9, wine-economics.org/aawe/wp-content/uploads/2012/10/Vol.3-No.1-2008-Evidence-from-a-Large-Sample-of-Blind-Tastings.pdf

56 Bohannon, John *et al.*, «Can People Distinguish Pâté From Dog Food?», *Chance*, junio de 2010, wine-economics.org/workingpapers/AAWE_ WP36.pdf

57 Kempton, Matthew *et al.*, «Dehydration Affects Brain Structure and Function in Healthy Adolescents», *Human Brain Mapping* 32(1), enero de 2011: 7179, ncbi.nlm.nih.gov/pubmed/20336685

58 Carr.

59 Berger.

60 Nutt, David J. *et al.*, «Drug Harms in the UK: A Multicriteria Decision Analysis», *The Lancet* 376(9752), noviembre de 2010: 1558-1565.

61 Kraft.

62 Centers for Disease Control and Prevention, «One in 10 Deaths Among Working-Age Adults Due to Excessive Drinking», cdc.gov/media/releases/2014/p0626-excessive-drinking.html

63 Stahre, Mandy *et al.*, «Contribution of Excessive Alcohol Consumption to Deaths and Years of Potential Life Lost in the United States», *Preventing Chronic Disease*, 26 de junio de 2014.

64 Centers for Disease Control, «2013 Mortality Multiple Cause Micro-data Files», diciembre de 2014.

65 De Oliveira, E. Silva, E. R. *et al.*, «Alcohol Consumption Raises HDL Cholesterol Levels by Increasing the Transport Rate of Apolipoproteins A-I and A- II», *Clinical Investigation and Reports* 102, 2347-2352, doi:10.1161/01.CIR.102.19.2347

66 Holahan, Charles J. *et al.*, «Late-Life Alcohol Consumption and 20-Year Mortality», *Alcoholism: Clinical and Experimental Research* 34(11), noviembre de 2010: 1961-1971.

67 Höfer, Thomas *et al.*, «New Evidence for the Theory of the Stork», *Paediatric and Perinatal Epidemiology* 18, 2004: 88-92.

68 Carr, 144.

69 «Beyond Hangovers: Understanding Alcohol's Impact on Your Health», 2010, Bethesda, MD: Departamento de Salud y Servicios Humanos de Estados Unidos, Institutos Nacionales de Salud, Instituto Nacional sobre el Abuso del Alcohol y el Alcoholismo.

70 «Neuroscience: Pathways to Alcohol Dependence». *Alcohol Alert* 77, 2009.

71 «Beyond Hangovers».

72 Polk.

73 DiSalvo, David, «What Alcohol Really Does to Your Brain», *Forbes*, 16 de octubre de 2012, Forbes.com/sites/daviddisalvo/2012/10/16/what-alcohol-really-does-to-your-brain/

74 «Beyond Hangovers».

75 *Ibidem.*

76 *Ibidem.*

77 *Ibidem.*

78 *Ibidem.*

79 *Ibidem.*

80 *Ibidem.*

81 «Hypertensive Heart Disease», *Medline Plus,* 13 de mayo de 2014, nlm.nih.gov/medlineplus/ency/article/000163.htm

82 «Health Consequences of Excess Drinking» AlcoholScreening.org, alcoholscreening.org/learn-more.aspx?topicID=8&articleID=26

83 «Beyond Hangovers».

84 *Ibidem.*

85 *Ibidem.*

86 *Ibidem.*

87 *Ibidem.*

88 *Ibidem.*

89 *Ibidem.*

90 *Ibidem.*

91 Rehm, Jürgen *et al.,* «Alcohol Consumption», in *World Cancer Report 2014* (Stewart y Wild, eds.), Lyon, France: International Agency for Research on Cancer, 2014: 96-104.

92 Bagnardi, Vincenzo *et al.,* «Light Alcohol Drinking and Cancer: A Meta-Analysis», Annals of Oncology 24, 2013: 301-308.

93 Allen, N. E. *et al.*, «Moderate Alcohol Intake and Cancer Incidence in Women», *Journal of the National Cancer Institute* 101(5), 2009: 296-305.

94 «How Alcohol Causes Cancer», Cancer Research UK, cancerresearchuk.org/about-cancer/causes-of-cancer/alcohol-and-cancer/how-alcohol-causes-cancer

95 «Drinking Alcohol», BreastCancer.org, breastcancer.org/risk/factors/alcohol

96 «How Alcohol Causes Cancer».

97 *Ibidem.*

98 *Ibidem.*

99 «Alcohol and Breast Cancer Risk», Susan G. Komen, ww5.komen.org/breastcancer/table3alcoholconsumptionandbreastcancerrisk.html

100 «U.S. Breast Cancer Statistics», BreastCancer.org, breastcancer.org/symptoms/understand_bc/statistics

101 «Alcohol drinking», *IARC Monographs on the Evaluation of Carcinogenic Risks to Humans* 44, 1988: 1-378.

102 Lachenmeier, Dirk W. *et al.*, «Comparative Risk Assessment of Carcinogens in Alcoholic Beverages Using the Margin of Exposure Approach», *International Journal of Cancer* 131, 2012: E995-E1003.

103 «How Alcohol Causes Cancer».

104 Stokowski, Laura, «No Amount of Alcohol Is Safe», *Medscape*, 30 de abril de 2014, medscape.com/viewarticle/824237

105 «Alcohol Use Disorder», *The New York Times*, nytimes.com/health/guides/disease/alcoholism/possible-complications.html

106 *Ibidem.*

107 Stokowski.

108 Carr.

109 Lynsen, A., «Alcohol».

110 «Parenting to Prevent Childhood Alcohol Use», National Institute on Alcohol Abuse and Alcoholism, pubs.niaaa.nih.gov/publications/adolescentflyer/adolflyer.htm

111 «One in 10 Deaths Among Working-Age Adults Due to Excessive Drinking».

112 Carr.

113 Turner, Sarah y Rocca, Lucy, *The Sober Revolution: Women Calling Time on Wine o'Clock*, Accent Press Ltd., 2013.

114 Carey, «Who's Minding the Mind?».

115 Koch, Christof, «Probing the Unconscious Mind», *Scientific American*, 1 de noviembre de 2011, scientificamerican.com/article/probing-the-unconscious-mind/

116 *Ibidem.*

117 Harris.

118 «Yalom's Ultimate Concerns», Changingminds.org, changingminds.org/explanations/needs/ultimate_concerns.htm

119 Harris.

120 Kraft.

121 Carr.

122 «Ethyl Alcohol», *Encyclopedia Britannica*, britannica.com/science/ethyl-alcohol

123 Janet Hall, «Cancer figures prompt calls for health warnings on alcohol products», *Northumberland Gazette*, 16 de julio de 2015, northumberlandgazette.co.uk/news/local-news/cancer-figures-prompt-calls-for-health-warnings-on-alcohol-products-1-7361758

124 Weiss, Marisa, «Alcohol and Cancer: You Can't Drink to Your Health», BreastCancer.org, 9 de noviembre de 2011, community.breastcancer.org/livegreen/alcohol-and-cancer-you-cant-drink-to-your-health/

125 Dubner, Stephen J., «What's More Dangerous: Marijuana or Alcohol? A New Freakonomics Radio Podcast», *Freakonomics*, freakonomics.com/podcast/whats-more-dangerous-marijuana-or-alcohol-a-new-freakonomics-radio-podcast/

126 Iliades, Chris, «Why Boozing Can Be Bad for Your Sex Life», Everyday Health, everyday health.com/erectile-dysfunction/why-boozing-can-be-bad-for-your-sex-life.aspx

127 Arackal, Bijil Simon y Benegal, Vivek, «Prevalence of Sexual Dysfunction in Male Subjects with Alcohol Dependence», *Indian Journal of Psychiatry* 49(2), abril-junio, 2007: 109-112.

128 Fillmore, Mark, «Acute Alcohol-Induced Impairment of Cognitive Functions: Past and Present Findings», *International Journal on Disability and Human Development* 6(2), abril, 2007.

129 Anderson, P., «Is It Time to Ban Alcohol Advertising?», *Clinical Medicine* 9(2), abril, 2009: 121-124.

130 Smith, Lesley A. y Foxcroft, David R., «The Effect of Alcohol Advertising, Marketing, and Portrayal on Drinking Behaviour in Young People: Systematic Review of Prospective Cohort Studies», *BioMed Central*, 6 de febrero de 2009, biomedcentral.com/1471-2458/9/51

131 Bergland.

132 *Ibidem.*

133 Goldstein.

134 Beck.

135 *Ibidem.*

136 Hill, Kashmir, «How Target Figured Out a Teen Girl Was Pregnant Before Her Father Did», *Forbes*, 16 de febrero de 2012, forbes.com/sites/kashmirhill/2012/02/16/how-target-figured-out-a-teen-girl-was-pregnant-before-her-father-did/

137 Beck.

138 «Alcoholism Isn't What It Used To Be», NIAAA Spectrum, spectrum.niaaa.nih.gov/archives/v1i1Sept2009/features/Alcoholism.html

139 «Alcohol Deaths», Centers for Disease Control and Prevention, 30 de junio de 2014, cdc.gov/features/alcohol-deaths/

140 «Overdose Death Rates», National Institute on Drug Abuse, drugabuse.gov/related-topics/trends-statistics/overdose-death-rates

141 *Ibidem.*

142 «The Impact of Alcohol Abuse on American Society», Alcoholics Victorious, alcoholicsvictorious.org/faq/impact

143 *Ibidem.*

144 *Ibidem.*

145 Polk.

146 Mohr, Morgan, «The Role of Alcohol Use in Sexual Assault», Kinsey Confidential, 28 de abril de 2015, kinseyconfidential.org/role-alcohol-sexual-assault/

147 *Ibidem.*

148 Carey, Kate B. *et al.*, «Incapacitated and Forcible Rape of College Women: Prevalence Across the First Year», *Journal of Adolescent Health* 56(6), junio, 2015: 678-680.

149 Abbey, A., «Alcohol-Related Sexual Assault: A Common Problem Among College Students», *Journal of Studies on Alcohol Supplement* 14, marzo 2002: 118-128.

150 *Ibidem.*

151 Iliades.

152 Cain, Susan, *Quiet: The Power of Introverts in a World That Can't Stop Talking*, Nueva York: Crown, 2012.

153 «The Impact of Alcohol Abuse on American Society».

154 «Impaired Driving: Get the Facts», Centers for Disease Control and Prevention, cdc.gov/motorvehiclesafety/impaired_driving/impaired-drv_factsheet.html

155 Arackal y Benegal.

156 Duhigg.

157 Powell, Russell *et al.*, *Introduction to Learning and Behavior*, Wadsworth Publishing, 2012: 441.

158 Holmes, Andrew *et al.*, «Chronic Alcohol Remodels Prefrontal Neurons and Disrupts NMDAR-Mediated Fear Extinction Encoding», *Nature Neuroscience* 15, 2 de septiembre de 2012: 1359-1361.

159 Polk.

160 Danbolt, Niels, «Glutamate as a Neurotransmitter—An Overview», *Progressive Neurobiology* 65, 2001: 1-105.

161 DiSalvo.

162 *Ibidem.*

163 *Ibidem.*

164 «Neuroscience: Pathways to Alcohol Dependence».

165 DiSalvo.

166 Watson, Stephanie, «How Alcoholism Works», *How Stuff Works*, 8 de junio de 2005, science.howstuffworks.com/life/inside-the-mind/human-brain/alcoholism4.htm

167 «One in 10 Deaths Among Working-Age Adults Due to Excessive Drinking».

168 «Neuroscience: Pathways to Alcohol Dependence».

169 DiSalvo.

170 Vale.

171 *Ibidem.*

172 Hitti, Miranda, «⅓ Fully Recover from Alcoholism», *WebMD*, 19 de enero de 2005, webmd.com/mental-health/addiction/news/20050119/13-fully-recover-from-alcoholism

173 Flanagin, Jake, «The Surprising Failures of 12 Steps», *The Atlantic*, 25 de marzo de 2014, theatlantic.com/health/archive/2014/03/the-surprising-failures-of-12-steps/284616/

174 «Alcoholism Isn't What It Used To Be».

175 Polk.

176 Duhigg.

177 «Alcohol, Drugs, and Crime», National Council on Alcoholism and Drug Dependence, ncadd.org/learn-about-alcohol/alcohol-and-crime

178 *Ibidem.*

179 «Alcohol Use Disorder».

180 «The Impact of Alcohol Abuse on American Society».

181 *Ibidem.*

182 «Alcohol Awareness», National Clearinghouse for Alcohol and Drug Information, 1993.

183 Vale.

184 *Ibidem.*

185 Polk.

186 *Ibidem.*

187 *Ibidem.*

188 *Ibidem.*

189 Vale.

190 *Ibidem.*

191 Carr, 154.

192 Ibid, 60.

193 Brière, Frédéric *et al.*, «Comorbidity Between Major Depression and Alcohol Use Disorder from Adolescence to Adulthood», *Comprehensive Psychiatry* 55(3), abril de 2004: 526-533.

194 Turner y Rocca.

195 *Ibidem.*

196 Carr, 144.

197 Polk.

198 *Ibidem.*

199 Vale.

200 *Ibidem.*

201 Hepola, Sarah, *Blackout: Remembering the Things I Drank to Forget*, Nueva York: Grand Central, 2015: 17.

202 Melina, Remy, «Why Do Medical Researchers Use Mice?», *Live Science,* 16 de noviembre de 2010, livescience.com/32860-why-do-medical-researchers-use-mice.html

203 Hari, Johann, «The Likely Cause of Addiction Has Been Discovered, and It Is Not What You Think», *Huffington Post,* 20 de enero de 2015, huffingtonpost.com/johann-hari/the-real-cause-of-addicti_b_6506936.html

204 Turner y Rocca.

205 *Ibidem.*

206 «The Impact of Alcohol Abuse on American Society».

207 «What Happens During an Alcohol Detox and How Long Does It Last?», *Hologik.biz,* 19 de diciembre de 2016, hologik.biz/how_long_to_detox_from_alcohol/1886-1/

208 Polk.

209 *Ibidem.*

210 *Ibidem.*

211 *Ibidem.*

212 *Ibidem.*

213 *Ibidem.*

214 *Ibidem.*

215 *Ibidem.*

216 Littlefield, Andrew y Sher, Kenneth, «The Multiple, Distinct Ways That Personality Contributes to Alcohol Use Disorders», *Social and Personality Psychology Compass* 4(9), septiembre de 2010: 767-782.

217 *Ibidem.*

218 *Ibidem.*

219 Turner y Rocca.

220 Pompili, Maurizio *et al.*, «Suicidal Behavior and Alcohol Abuse», *International Journal of Environmental Research and Public Health* 7(4), abril de 2010: 1392-1431, ncbi.nlm.nih.gov/pmc/articles/PMC2872355/

221 Pedersen, Traci, «One-Third of Suicides Involve Heavy Alcohol Consumption», *Psych Central,* 21 de junio de 2014, psychcentral.com/news/2014/06/21/one-third-of-suicides-involve-heavy-alcohol-consumption/71515.html

222 Carey, «Who's Minding the Mind?».

223 Horsley, Victor y Sturge, Mary, *Alcohol and the Human Body: An Introduction to the Study of the Subject*, Londres: Macmillan and Co, 1909.

224 Carr, 262.

225 Polk.

226 *Ibidem.*

227 *Ibidem.*

228 Schultz, Wolfram *et al.*, «A Neural Substrate of Prediction and Reward», *Science* 275(5306), 14 de marzo de 1997: 1593-1599.

229 Robinson, Terry y Berridge, Kent C., «The Neural Basis of Drug Craving: An Incentive-Sensitization Theory of Addiction», *Brain Research Reviews* 18(3), septiembre-diciembre de 1993: 247-291.

230 *Ibidem.*

231 *Ibidem.*

232 Turner y Rocca.

233 Gupta, Sanjay y Cohen, Elizabeth, «Brain Chemical May Explain Alcoholism Gender Differences», *CNN*, 19 de octubre de 2010, thechart.blogs.cnn.com/2010/10/19/brain-chemical-may-explain-alcoholism-gender-differences/

234 «One in 10 Deaths Among Working-Age Adults Due to Excessive Drinking».

235 Levitin, Daniel J., «Why the modern world is bad for your brain», *The Guardian*, 18 de enero de 2015, theguardian.com/science/2015/jan/18/modern-world-bad-for-brain-daniel-j-levitin-organized-mind-information-overload

236 Polk.

237 *Ibidem.*

238 Lachenmeier, Dirk y Rehm, Jürgen, «Comparative Risk Assessment of Alcohol, Tobacco, Cannabis and Other Illicit Drugs Using the Margin of Exposure Approach», *Scientific Reports* 5, 2015: 8126.

239 Jackson, Christine *et al.*, «Letting Children Sip: Understanding Why Parents Allow Alcohol Use by Elementary School–Aged Children», *Archives of Pediatrics & Adolescent Medicine* 166(11), noviembre de 2012: 1053-1057.

240 «Overdose Death Rates».

241 Kraft.

242 Lachenmeier y Rehm.

243 *Ibidem.*

244 Carr.

245 Carey, «Who's Minding the Mind?».

246 «The Conscious, Subconscious, and Unconscious Mind».

247 *Ibidem.*

248 Duhigg.

249 Polk.

250 «Is There a Cure for Alcoholism?», *DrugAbuse.com*, drugabuse.com/is-there-a-cure-for-alcoholism/

251 Polk.

252 Hari, Johann, *Chasing the Scream: The First and Last Days of the War on Drugs*, Nueva York: Bloomsbury, 2015.

253 Stahre *et al.*

254 Carr, 262.

255 Najmi, Sadia y Wegner, Daniel M., «Hidden Complications of Thought Suppression», *International Journal of Cognitive Therapy*, 2009 (210-223).

256 Harris.

257 *Ibidem.*

SOBRE LA AUTORA

Annie Grace se crio en una cabaña de madera con una única habitación, sin agua corriente ni electricidad, en las afueras de Aspen, Colorado. Descubrió su pasión por el marketing y, tras cursar un máster en Marketing, se lanzó a la vida empresarial. A los veintiséis años, Annie era la vicepresidenta más joven de una multinacional, y fue entonces cuando su relación con el alcohol comenzó en serio. A los treinta y cinco ocupaba un puesto ejecutivo internacional de alto nivel en marketing, con responsabilidad sobre 28 países, y bebía casi dos botellas de vino cada noche. Sabía que necesitaba un cambio, pero no estaba dispuesta a resignarse a una vida de renuncias y juicios sociales, así que decidió buscar una forma de recuperar el control sin dolor. Annie ya no bebe y nunca ha sido tan feliz. Dejó su puesto de ejecutiva para escribir este libro y compartir *Libera tu mente* con el mundo. En su tiempo libre, a Annie le encanta esquiar, viajar (lleva 26 países visitados y sumando) y disfrutar de su hermosa familia. Annie vive con su marido y sus tres hijos en las montañas de Colorado.

Gracias

REM*life*